Eva-Maria Silber, geboren 1959, studierte Jura und arbeitete als Rechtsanwältin und Strafverteidigerin, bevor sie 2010 ihren Beruf wegen hochgradiger Schwerhörigkeit aufgeben musste. Seit sie nicht mehr ihrem Beruf nachgehen kann, schreibt sie Krimis und Thriller. Sie lebt sie mit ihrem Mann an der Nordsee und im Harz.

Kirsten Martha Wilczek, Autor/in/um, lebt und schreibt im niederrheinischen Nebel, macht beruflich irgendwas mit Recht, damit andere es behalten dürfen.

EVA-MARIA SILBER
KIRSTEN WILCZEK

DIE SCHWESTERN

EIN TRUE CRIME THRILLER

Zwei tote Mädchen – wurde damals
die falsche Täterin verhaftet?

*Zwei Wahrheiten können sich nie widersprechen.
Aber eine Lüge kann zu viel sein!*

Vorwort

Liebe Leser*innen,

wir freuen uns, dass Sie unser Buch lesen wollen. Um Enttäuschungen vorzubeugen, weisen wir darauf hin, dass der True Crime Krimi 2021 unter dem Titel Schwesterntod bereits erschienen ist. Jetzt wundern Sie sich sicherlich, warum so kurz danach der Krimi neu aufgelegt wird. Doch das hat einen besonderen Grund: In dem Mordfall Monika Böttcher (geschiedene Weimar), der unserem Kriminalroman zugrunde liegt, gab es ein Jahr nach der Veröffentlichung der ersten Auflage aufregende Neuigkeiten, die uns zeigten, dass wir mit unserer Tatversion fast richtig liegen könnten – im Gegensatz zu sämtlichen Ermittlern, Richtern und der Öffentlichkeit – über mehr als fünfunddreißig Jahre nach dem Doppelmord.
Diese neuen Tatsachen haben wir im Nachwort dargestellt. Wir würden uns freuen, wenn Sie zunächst das Buch komplett lesen würden, um dann im Nachtwort nachzulesen, was wir heute wissen! Wir haben bewusst darauf verzichtet, diese neue Tatversion in den Text einzuarbeiten, denn das kann jeder.

Prolog

„Hängt das Tommy-Flittchen!"

„Monster!"

„Hure!"

Die dunkelblonde Frau hielt schützend ihre Arme über den Kopf. Auch die sie umgebenden Polizisten konnten die auf sie herabsausenden Fäuste nicht abhalten. Wollten es vielleicht auch gar nicht. Hatten sie bereits vor dem Gericht verurteilt, als herauskam, dass sie ihren Mann betrogen hatte. Noch dazu mit einem Schwarzen.

Noch klingelten die Worte des Vorsitzenden Richters des Schöffengerichts am Landgericht Krefeld in Heidrun Mulders Ohren: „Im Namen des Volkes werden Sie des Mordes an ihren Töchtern Susanne und Claudia Bosman für schuldig befunden. Es wird die besondere Schwere der Schuld festgestellt."

Heidrun hatte fassungslos ihren Strafverteidiger Dr. Jung angestarrt. Bis zuletzt hatte er beteuert, dass das Verfahren nur in einem Freispruch enden könnte. „Die haben kein Motiv, warum Sie das gemacht haben sollten. Ohne das kann man Sie nicht wegen Mordes verurteilen."

Durch ihre Verwirrung und Panik drangen die Wörter „Hörigkeit", „Heimtücke", „Arglosigkeit". Sie konnte sie nicht in einen sinnvollen Zusammenhang bringen. Was sollte das bedeuten? Was hatte das mit ihr zu tun?

Einen Siegeszug hatte sie sich erträumt. Menschenmassen, die vor ihr, der Rehabilitierten, eine ehrfurchtsvolle Gasse bilden würden, ihr auf die Schultern klopfen würden. Von Blumen hatte sie geträumt.

Davon, vielleicht doch noch ein neues Leben mit ihrem Geliebten beginnen zu können. Vielleicht wirklich in England. Obwohl er sie verraten hatte. Obwohl er ihr nicht beigestanden hatte. Dabei hatte er ihr immer seine Liebe beteuert. Und sie fest daran geglaubt.

Und nun das!

Kapitel 1

„Erde zu Erde, Asche zu Asche, Staub zu Staub." Bei jedem dieser Worte prasselte Erde Hagelkörnern gleich auf den Sargdeckel des dunklen Eichensarges. Mit jeder Schippe, die der Pfarrer auf den Sarg warf, schien ein Teil von Marie-Louise Rebell ebenfalls in das Grab zu fallen. Zutiefst bereute sie, nicht einer Einäscherung zugestimmt zu haben. Alles war besser, als in der Erde versenkt den Würmern zum Fraß serviert zu werden.

Zweiundzwanzig Jahre Ehe, von denen ihr Mann sie nur die ersten achtzehn erkannt hatte, fielen mit in das Grab. Sie hatte es gewusst, schon lange gewusst. Und doch war der Moment unerträglich gewesen, als das geliebte Gesicht zu einem Eisblock erstarrte, in dem sie nur noch undeutlich das liebenswerte Lächeln ihres Mannes erkannte. Das Lächeln, mit dem er sie bei jeder Gelegenheit bedacht hatte. Es war vor seinem Körper gestorben. Jahre zuvor. Ebenso wie ihre Ehe, deren Versprechen bis zur Scheidung durch den Tod nur sie eingehalten hatte.

Ein Schluchzer stahl sich aus Marie-Louises Mund, ganz unbeabsichtigt und doch unaufhaltsam. Sie spürte die Hand ihrer Schwester auf ihrem Arm.

Der Blick der sonst so spröden Richterin am Oberlandesgericht Düsseldorf war seltsam weich. Ganz ungewohnt. Auch deren Leben würde sich ändern. Nächste Woche würde sie in Pension gehen. Neben ihrem Beruf hatte eine eigene Familie keinen Platz gefunden. Dann hatten sie beide das Wichtigste im Leben verloren. Marte hatte zwar noch ihre Arbeit bei der Stiftung, deren unsäglichen Namen sich Marie-Louise einfach nicht merken konnte, aber sie glaubte nicht, dass die das Loch, das die Pensionierung in Martes Leben riss, füllen konnte.

Marie-Louise war kurz nach der Erkrankung ihres Mannes in den vorzeitigen Ruhestand gegangen. Auch sie war Richterin gewesen, wenn auch nie so erfolgreich wie ihre Schwester. Dafür stand auf ihrer anderen Seite Tom, ihr Sohn, und hatte seinen Arm um sie gelegt. Doch der würde morgen wieder nach London verschwinden, um sein Auslandssemester zu beenden. Dass ausgerechnet ihr Sohn BWL studieren musste, konnte sie noch immer nicht fassen. Richtig fremd war er ihr geworden. Mit der Krankheit seines Vaters war er nicht zurechtgekommen und hatte ihn am Ende nur noch selten besucht. Sie fühlte sich von ihm alleingelassen. Trotzdem war sie nun froh, dass er sie stützte.

Ab morgen musste sie wieder alles allein bewältigen. Und sich auf Sinnsuche begeben. Überlegen, was sie mit ihrem restlichen inhaltslosen Leben anfangen wollte. Sie hatte keine Idee.

Der Pfarrer drückte ihr die Schaufel in die Hand. Verstört starrte sie auf das Ding. Auch sie sollte ihrem Herold Dreck auf den Kopf werfen? Nein, das würde sie nicht tun.

Sie reichte die Schippe weiter an ihren Sohn.

Das Wohnzimmer füllte sich mit immer mehr Richtern, Staatsanwälten und Rechtsanwälten. Die Kollegen ihres Mannes waren zahlreich erschienen. Wieder wurde Marie-Louise bewusst, wie wenige Verwandte sie noch hatte. Nur ihren Sohn und die ältere Schwester.

Michael Strättges, Staranwalt der Düsseldorfer Szene und langjähriger Freund, wenn auch hauptsächlich ihres Mannes, schüttelte ihre Hand und verkündete, wie furchtbar ihr Verlust sein müsse. Dabei ahnte er noch nicht einmal, wie tief das Loch tatsächlich war, das sich vor Marie-Louise aufgetan hatte.

Kaum ließ er ihre Hand los, fuhr seine an seinen Kragen und rückte die schicke schwarz-weiße Krawatte in die Mitte. Dabei glitzerte die brillantbesetzte Krawattennadel auf. Immer korrekt, immer schnieke, der Mann. Sie mochte ihn nicht, obwohl er zugegebenermaßen ein kluger Kopf war. Wenn ein hoffnungsloser Fall eine neue Chance bekommen sollte, dann schaffte Strättges das Wunder.

„Übrigens, das muss ich dir erzählen. Mich hat ein anonymer Anruf erreicht. Ein Mann behauptete, er kenne eine Zeugin, der gegenüber Bosman sich offenbart habe. Ich habe ihn erst mal aufgefordert, Ross und Reiter zu nennen. Er sagte mir daraufhin zu, er werde Rücksprache mit der Zeugin nehmen und die Erlaubnis einholen, ihren Namen und Adresse weiterzugeben. Außerdem sprach er von neuem Beweismaterial, das er beschaffen könne. Der kannte viele Details, die er nur von Bosman selbst oder aus Vernehmungsprotokollen kennen konnte. Ich habe das gecheckt, Akteneinsicht hat nach mir und dem Abschluss der letzten Instanz niemand mehr beantragt und gewährt bekommen. Die Akten sind inzwischen auch unter Verschluss im Staatsarchiv und dort nur mit Sondergenehmigung einsehbar. Auch hier Fehlanzeige. Klingt also zunächst mal seriös und nach einer neuen Spur."

„Was?", entfuhr es Marie-Louise. Ihr Gau, ihr größtes Versagen, ihr Desaster, ihr Fiasko, gleich in jungen Jahren. Ihr erster Job, den sie versaut hatte.

Das Blut sackte aus ihrem Kopf in Richtung Füße, ihr wurde schwindelig.

***

Da hatte ihr Schwager erst die Welt um sich herum vergessen, zuletzt das Atmen, und lag gerade unter der Erde, da pumpte dieser Tungara-Frosch schon seine Schallblasen auf, um im Teich des Verblichenen Balzrufe auszusenden. Oder traf *herumzuquaken* es besser?

Ob es eigentlich genauso hübsch knallte, wenn man mit Pfennigabsätzen auf einen aufgeblasenen Frosch trat, wie wenn man mit dem spitzen Fingernagel in ein Luftpolsterkissen stach? Fragen über Fragen, die Marte Campferbrinck wie lästige Mücken ansteuerten, seit sie Strättges erspäht hatte, der auf ihre Schwester einredete. Ein possierliches kleines Männlein in knapp sitzendem, dreiteiligem Konfirmationsanzug, bei dem die Weste offenbar die Funktion eines Korsetts übernommen hatte, um die Primitivo-Pasta-Plauze zu kaschieren, die es über die Jahre kultiviert hatte. Und wie es sich spreizte und dehnte, den Rücken durchdrückte, das Männlein, um die ganzen ein Meter sechzig und ein paar zur Geltung zu bringen. Lächerlich. Vermutlich trug Strättges auch Einlagen.

Kleine Männer waren ihr ein Gräuel. Und der Fußpilz der Schöpfung waren kleine Strafverteidiger. Schon während ihres Studiums in Köln und Münster hatte sie – gewissermaßen im Nebenfach und gänzlich unfreiwillig – Freilandstudien über die Akademisierung der Durchschnittlichkeit des Homo sapiens betrieben. Sie war zu dem Ergebnis gelangt, dass das Strafrecht in seiner intellektuellen Übersichtlichkeit Kommilitonen mit Veranlagung zur Hirnstarre begünstigte – unter großzügigem Ausschluss ihrer Schwester Marie-Louise als Ausnahme von der Regel. Bei Strättges war dieses Phänomen sicher inzwischen ausgeprägter als im Endstadium der Demenz ihres Schwagers, der noch sabbernd Haltung und Würde ausgestrahlt hatte.

Es war ein Jammer, wie das Leben mit diesem brillanten Geist umgesprungen war. Und nun saß er noch nicht ganz auf seiner Wolke, da musste er mit anschauen, wie sein „Freund" Strättges sich mit ausladenden Gesten um seine Mary Lou bemühte, die plötzlich unangenehm berührt wirkte.

Dem Spuk würde sie jetzt Herold zuliebe ein Ende bereiten, zumal sie noch eine Rechnung mit Strättges offen hatte. Gut war Marte seine Bemerkung in Erinnerung, dass sie in ihrer schwarzen Robe mit dem Samtkragen aussähe wie eine altersschwache Fledermaus, die nicht mehr fliegen könne. Ihr Beisitzer, eine Blitzbirne mit Veranlagung fürs Strafrecht, hatte ihr davon – vordergründig empört, jedoch verräterisch grinsend – berichtet. Sie hatte die Bemerkung mit einem sibyllinischen Lächeln quittiert und ihrem geschwätzigen Kollegen bei nächst passender Gelegenheit den Steigbügel gehalten, damit er den Vorsitz in dem Zivilsenat übernehmen konnte, der sich vorwiegend mit Streitigkeiten über die außervertragliche Haftung von Trägern der öffentlichen Gewalt wegen Verletzung ihrer Verkehrssicherungspflicht sowie der Wiedergutmachung für Bergschäden befasst. Da konnte er in der Rechtsfortbildung nicht allzu viel anrichten. Im Übrigen waren in den dort zu verhandelnden Fällen die Schäden ja bereits eingetreten.

Ob Strättges wusste, dass Tungara-Frösche auf dem Speiseplan der gemeinen Fledermaus standen, besonders jene Angeber-Exemplare, die mit ihrer Schallblase besonders viel heiße Luft produzierten? Sie machten Wellen im Teich, wodurch auch altersschwache Fledermäuse noch lange ihre Peilung aufnehmen konnten.

Schon flatterte Marte Campferbrinck los – ohne Robe, aber in einem neuen, schwarzen Kostüm, in dem sie auch nicht mehr hermachte. Sie war immer noch die hochgewachsene, hagere Frau, die in der Pubertät dem Pummelchen, in dem sie ursprünglich gesteckt hatte, entwachsen war. Die Wechseljahre hatten ihr nicht die fehlenden Pfunde für die fehlenden weiblichen Rundungen gebracht, aber eine fehlende Taille und Cellulitis an den Oberschenkeln. Sie nahm es sportlich und erfreute sich an ihrem fehlenden Hängebusen. Wo nichts war, konnte auch nichts dem Gesetz der Schwerkraft folgen.

„Michael Strättges, dich habe ich ja schon lange nicht mehr persönlich übersehen. Hoch an Jahren bist du geworden. Formidabel! Las ich doch, dass es deinem Berufsstand früh an den Kragen geht. Best before 57 ½, richtig? Wie bedauerlich. Andererseits, die jungen, hungrigen Kräfte drängen ja in hoher Zahl nach."

Strättges schnaubte wie ein genervter Gaul.

„Ach, verehrte Frau Doktor Campferbrinck, ich bin entzückt, dass stellvertretende Aushängeschild des Oberlandesgerichts Düsseldorf anzutreffen, wenn auch der Anlass ein trauriger ist. Ich war ja völlig perplex, dass der Justizminister dich nach dem Ausscheiden von Clausener bei der Nachfolge für das Präsidentenamt übergangen hat."

Dieser kleine Wichtel wusste um ihren wunden Punkt, wenn er ihn auch zehn Jahre und einen Nachfolger zu spät traf. „Günther, unser geschätzter Justizminister, war auch ganz perplex, von meinem geplanten Ausscheiden aus dem Richteramt und Wechsel in den Vorstand der Alwin Knapp von Dielen und Lautburg-Stiftung zu erfahren."

„Ach." Strättges wirkte auf interessierte Weise überrascht.

Marie-Louise war während des Geplänkels von einem Fuß auf den anderen getreten, was Marte durchaus bemerkt hatte. Sie nahm ihre Schwester beiseite und überließ Strättges seinem Staunen. „Meine Liebe, wenn du austreten musst, begleite ich dich gerne. Nur weg von diesem Mann."

„Du hast uns unterbrochen. Und eure Giftpfeile, könnt ihr die nicht ein anderes Mal aufeinander abfeuern? Muss das ausgerechnet heute sein?"

„Nein, natürlich nicht. Entschuldige bitte."

„Wobei habe ich euch denn unterbrochen?" Ihr Gewissen regte sich nicht allzu lange.

„Wir sprachen über den Fall Bosman."

„Bitte?", zischte sie. Der Name Bosman war in ihrem Wortschatz als Synonym für Schmähung zersetzenden Ausmaßes abgelegt. Alles, wo Bosman draufstand, drin war, was mit Bosman in Verbindung stand oder auch nur vorgab, damit etwas zu tun zu haben, war böse. Bosman war das erste und letzte große Ermittlungsverfahren ihrer Schwester, als sie frisch von der Uni in der Abteilung für *Kapital- und Leichensachen* gelandet war. Und prompt wurde sie mit dem Doppelmord an den Kindern Susanne und Claudia Bosman konfrontiert. Keine Sekunde hatte sie an die Täterschaft von Heidrun Bosman, der Mutter der beiden Mädchen, geglaubt. Beinahe besessen hatte sie die Täterschaft des Vaters nachweisen wollen, wurde dann aber nach einem Aufstand der ermittelnden Polizeibeamten abgesetzt. Verwunden hatte sie das nie und schließlich der Staatsanwaltschaft ganz den Rücken gekehrt. Ihr semierfolgreicher Nachfolger war heute Leitender Oberstaatsanwalt – ein Schattenparker mit schlaffem Händedruck, aber bestens vernetzt.

„Roland Bosman soll ein Geständnis vor Zeugen abgelegt haben. Ich hatte also doch recht." Marie-Louise wirkte wie ein jugendlicher Trotzkopf, dessen sich endlich jemand erbarmt hatte, die Funktionsweise einer Klinke zu erklären, damit er nicht länger versuchte, mit dem Kopf durch die Wand zu gehen.

„Und du findest es taktvoller, dir das heute unter die Nase zu reiben?"

„Ich finde das tröstlich."

„Dass deine damaligen Kollegen Dilettanten waren und einen Mörder nicht unter Anklage gestellt haben?"

„Nein. Dass ich mich nicht geirrt habe."

„Dass der Bosman inzwischen aktenkundig balla-balla ist und vielleicht nur wirr vor sich hin fabuliert hat, ziehst du aber schon noch ins Kalkül, nicht?"

„Warum sollen Bekloppte immer lügen?"

„Weil sie bekloppt sind?"

„Marte, deine Argumentationsketten waren schon mal schlüssiger."

„Das mag sein. Aber was willst du jetzt tun?"

„Strättges hat mir angeboten, ihn bei der Vorbereitung eines Wiederaufnahmeverfahrens zu unterstützen."

„Noch eins? Er ist doch bereits grandios gescheitert. Wie oft will er sich das noch geben? Und kommt die Bosman nicht sowieso demnächst raus? Sie müsste die Strafe doch längst abgesessen haben."

„Mulders heißt sie wieder seit der Scheidung. Und nein, es ist auf besondere Schwere der Schuld erkannt worden."

„Marie-Louise, ich bitte dich inständig, lass es. Das wird dir nicht guttun."

„Danke für deine Fürsorge. Aber das entscheide ich."

Marte wusste, dass ihre Schwester Feuer gefangen hatte und nicht mehr zu stoppen war. Nur noch aus Interesse fragte sie nach: „Was macht dich nur so sicher, dass sie es nicht war?"

„Lies dir bloß mal das Wuppertaler Urteil durch, das nach der Wiederaufnahme, dem Freispruch, der Revision und Rückverweisung durch den Bundesgerichtshof nach wie vor Bestand hat, dann wirst selbst du dir an den Kopf fassen."

Was? Wie? Wollte ihre Schwester sie gerade in etwas hineinquatschen?

„Dazu habe ich keine Zeit, meine Liebe. Morgen früh steige ich in meinen Zug und kehre zurück in mein Leben. Da stehen genug Veränderungen an. Sorry, keine freie Frequenz für Heidrun Mulders."

„Genau. Morgen, meine Liebe, morgen. Und bevor du dich um die Dielen des Alwin von und zu Lautburg kümmerst, hat Strättges noch einiges zu berichten. Und das hörst du dir jetzt an."

Ehe Marte sich versah, hatte ihre Schwester sich untergehakt und zerrte sie zu dem Männlein im Konfirmationsanzug, das mit der linken Hand ein Lachshäppchen vom Tablett angelte, hastig in sich hineinstopfte und mit der rechten das fest umklammerte Glas Rotwein zum Nachspülen an den Mund führte.

Na, denn Prost, dachte Marte Campferbrinck.

Kapitel 2

2010

Marie-Louise war über sich selbst verblüfft, wie schnell das abgrundtiefe Elend in der Senke verschwunden war, das der Tod ihres Mannes in ihr ausgelöst hatte. Fast hatte sie ein schlechtes Gewissen. Aber nur fast. Seit Jahren hatte sie gewusst, was auf sie zukam. Hatte Nächte mit sich gerungen, wie sie das langsame Verschwinden von Herold ertragen sollte. Irgendwann war ihr Selbstmitleid abgelöst worden von dem Mitleid, ihn so zu sehen. Ihn leiden zu sehen, als er nicht mehr allein essen konnte, Infusionskatheter die Venen in seinem Arm entzündeten und er zum Schluss Windeln tragen musste. Bei klarem Bewusstsein hätte ihr stolzer Mann das nicht über sich ergehen lassen. Doch sie war zu schwach für eine solche Entscheidung in seinem Namen gewesen.

Der lange Abschied Herolds aus allen Rollen, die er in ihrem Leben gespielt hatte, als Liebhaber, Partner, Vater ihres Sohnes, war einhergegangen mit ihrem eigenen Abschied aus all diesen Rollen. Am Ende befiel sie die Furcht, dass von ihr nur der Restmensch übrig geblieben war, der sich im und mit dem Erhalt seiner Vitalfunktionen erschöpfte. Was geblieben war, war die

Angst vor der Einsamkeit, vor dem Nicht-mehr-ge-braucht-Werden, vor der Sinnlosigkeit und Leere eines Lebens ohne ihn.

Sie war Strättges dankbar, dass er sie zumindest im Moment davor gerettet hatte. Marte allerdings würde das niemals sein, sie konnte den kleinen Mann nicht ausstehen und ließ ihn das auch ausgiebig spüren. We-nigstens hatte sie wegen ihr eingelenkt und sich bereit gezeigt, halbwegs vernünftig mit ihm zu reden. Ein Fortschritt, der nur Marie-Louises Trauer zu verdan-ken war.

Ihr wurde ganz anders bei der Vorstellung, dass Marte in Kürze in ihre Wohnung nach Düsseldorf heimkehren würde und sie allein zurückließ. Zumal Marte dort ebenfalls nur Einsamkeit erwartete. Ob ihr das noch nicht klar war? Nächste Woche sollte sie ver-abschiedet werden, mit allem Pomp. Aber auch der än-derte nichts daran, dass ihr Lieblingslebensabschnitts-partner, wie sie scherzhaft ihren Beruf nannte, von jetzt auf gleich verschwunden sein würde. Sie würde nicht mehr auf der Richterbank thronen und ihre ge-ballte Erfahrung, ihr imponierendes Fachwissen an Anwälten oder Beisitzern auslassen können.

Marie-Louise holte tief Luft. Manchmal hatte sie sich ernsthaft gefragt, ob sie tatsächlich von den gleichen Eltern abstammten. Unterschiedlicher konnten Schwestern kaum sein. Wirklich verblüfft hatte sie al-lerdings gestern Abend Martes Geständnis – anders konnte man das nicht nennen, kam es doch völlig un-vorbereitet, als endlich alle Trauergäste verschwunden waren. Marte, ihre Schwester Marte, gefürchteter Senatsdrache des OLG und über den Gerichtsbezirk hinaus bekannter Referendarsschreck, hatte sich in einen Mehrgenerationen-Öko-Hof nahe Düsseldorf eingekauft. Die armen anderen WG-Mitglieder. Ob sie ahnten, was auf sie zukam? Sicherlich nicht, sonst hätten sie den Hof in einen Öko-Hof ohne Generation 60 plus umgewandelt.

Nein, sie wollte nicht so hart über ihre Schwester urteilen. Immer wenn sie sie gebraucht hatte, war sie da gewesen. Und das war ziemlich einseitig gewesen. Marte war nie eine Schönheit und hatte das mit Fleiß und Disziplin kompensiert. Wenn sie nicht die Schönste sein konnte, wollte sie wenigstens die Beste sein. Liebeskummer schien sie nicht zu kennen. Ihre Affären hatte sie stets vor dem Frühstück verabschiedet. Sie wollte sich an niemanden gewöhnen; hasste Erwartungshaltungen, in deren Zentrum sie stand; glaubte nicht an eine Bestimmung füreinander und sah in Beziehungsarbeit die fortgesetzte Buße eines Auswahlverschuldens. Da war Marie-Louise bisher als Schulter, an der Marte sich hätte ausheulen wollen, nicht gebraucht worden. Ob sich das ändern würde, wenn ihr nur die Stiftungsarbeit und ihre neue Rolle als Teilzeit-Bäuerin blieb? Marie-Louise konnte sich ihre Schwester so gar nicht in Latzhose und Gummistiefeln mit Forke in der Hand vorstellen. Kannte sie Marte so wenig? Oder kannte ihre Schwester sich selbst so wenig?

Nun denn, wenigstens einen weiteren Tag Beistand hatte Marte ihr versprochen, nachdem sie von Michael Strättges die ganze Geschichte über Bosmans angebliches Geständnis gehört hatte.

Schon um acht hatte Strättges angerufen und ihnen mitgeteilt, dass Heidrun Mulders sie heute Nachmittag in der Justizvollzugsanstalt Willich II empfangen würde.

Kapitel 3

2010

Als wäre diese zarte Frau für irgendjemand anders als sich selbst eine Gefahr, hatte die Gefängnisverwaltung auf einen Trennscheibenbesuch bestanden. Das würde ihnen das Gespräch nicht gerade vereinfachen.

Umrahmt von der blau gestrichenen Fensterlaibung saß Heidrun Mulders, geschiedene Bosman, wie eine leblose Puppe vor ihnen. Tiefe Zornesfalten teilten ihr Gesicht in zwei Hälften. Dabei strahlte sie Demut aus, die ebenso wenig zu dem hellen Trauerschnäppereierblau ihrer Augen passte wie die Zornesfalten. Diese eisigen Augen waren es, die sie, verpackt in die obligatorische Gefängniskleidung aus Jeans mit Gummizug und waschgrauem Pullover, ausmachten. Die Züge verwaschen, dabei hübsch. Dieses Gesicht, diese Augen hatten den Mob in Krefeld vor dem Gerichtsgebäude zum Toben gebracht, hatten ihn „Hängt sie auf, dieses Tommy-Flittchen!" im Chor brüllen lassen. Nun saß sie also vor ihnen, dreiundzwanzig Jahre nach der Ermordung ihrer beiden Töchter. Für die sie verurteilt worden war, obwohl sie ihren Mann der Tat bezichtigt hatte. Durch drei Instanzen und ein Wiederaufnahmeverfahren – einmalig in der deutschen Rechtsgeschichte.

Ihr Haar war länger als Marie-Louise in Erinnerung hatte. Mit merkwürdig hoher, fast gläserner Stimme gab sie nur kurze Antworten, meistens jedoch antwortete sie nur mit der Bewegung ihres Kopfes, mal rauf und runter, mal nach links und rechts. Die Information, dass Roland Bosman den Doppelmord gegenüber Zeugen, die zur Aussage bereit waren, gestanden haben solle, führte zu keinem Nicken oder Schütteln des Kopfes. Zu überhaupt keiner merklichen Regung oder gar einem Gefühlsausbruch.

Doch Marte ließ nicht locker. Marie-Louise tat Heidrun Mulders fast leid.

„Wie alt waren Ihre Töchter, als sie ermordet wurden? Sechs und acht? Wie alt wären Ihre Töchter jetzt?"

„31 und 29."

„Und Sie sind jetzt 59 Jahre alt, richtig?"

„Ja."

„Statistisch liegt nur noch das letzte Lebensviertel vor Ihnen. Wann, wenn nicht jetzt, wollen Sie für Klarheit sorgen, wer Ihren Töchtern die Erfahrung von erster Verliebtheit, Liebeskummer, Sexualität, Mutterschaft vorenthalten hat? Bald wird Ihnen vielleicht die Kraft dazu fehlen. Und ein weiteres Bald später sind Sie tot."

Marte belauerte Heidrun Mulders regelrecht. Die starrte stumm auf den Boden.

„Haben Sie mich verstanden?", fasste Marte harsch nach.

„Ja."

„Würden Sie also bitte meine Frage beantworten."

„Es ist doch klar."

„Geht es auch in zwei Sätzen?" Marte wurde ungeduldig.

„Bitte?“ Heidrun Mulders wirkte abwesend.

„Was ist klar?“

„Meine Töchter und ich wissen, dass ich Ihnen das Leben nicht genommen habe.“

„Und das reicht Ihnen? Sie wollen nicht, dass Gerechtigkeit hergestellt und der wahre Täter zur Rechenschaft gezogen wird?“

„Gerechtigkeit. Was soll das jetzt noch sein?“

„Dass Ihr geschiedener Mann vor Gericht gestellt und für das, was er getan hat, abgeurteilt wird.“

Heidrun Mulders schwieg. Marte schüttelte den Kopf.

Angespannt hatte Marie-Louise die Befragung, die eher einem Verhör glich, verfolgt. Vor sich sah sie zwei völlig desillusionierte Menschen, die trotz der gleichen Gemütslage keine gemeinsame Basis fanden. Die Abgeurteilte hatte den Glauben an den Rechtsstaat und ihre Schwester an Heidrun Mulders als hilfebedürftiges Opfer aufgegeben, der bei Marte ohnehin schwach ausgeprägt war.

„Was ist los mit Ihnen? Sie müssten doch Genugtuung empfinden.“

„Genugtuung?“, wiederholte Heidrun Mulders lahm.

„Ja, eine innere Befriedigung, dass Ihre Unschuld endlich festgestellt werden kann.“

„Meine Kinder bleiben tot. Und das ist meine Schuld.“

„Wie meinen Sie das?“, fragte Marte scharf nach.

„Ich war nicht da.“

Zum ersten Mal hob Heidrun Mulders ihren Blick und schaute Marte an.

Und dann zuckte sie wieder nur mit den Schultern. Marte verfiel in ein undurchdringliches Schweigen, das sie erst aufgab, als die Gefängnistore sich hinter ihr, Strättges und Marie-Louise geschlossen hatten.

„Tja, damit hat sich die Sache wohl erledigt. Ob nun gefühlte oder tatsächliche Schuld, Heidrun Mulders sitzt nach eigener Auffassung zu Recht ein. Belassen wir es dabei."

„Auf gar keinen Fall!", protestierte Marie-Louise, „Ihre Skepsis muss man doch verstehen. Sie hat das schon einmal alles durchgemacht und am Ende verloren. Geben wir ihr die Zeit, die Neuigkeiten sacken zu lassen."

Strättges, der sich eine Zigarette angezündet und einen tiefen Zug getan hatte, nickte. „Ich spreche morgen noch mal mit ihr. Sie ist nicht der spontanste Mensch."

„Ach", hatte Marte Strättges' Feststellung kommentiert.

Den ganzen Abend konnte sich Marie-Louise nicht beruhigen. Dieses Lamm. Dieses vergeudete Leben. Für was opferte sich Heidrun Mulders? Hatte sie tatsächlich aufgegeben, resigniert? Das durfte nicht sein.

„Wenn wir unbedingt darüber reden müssen, dann hilf mir wenigstens auf die Sprünge, wie das damals genau war", fragte ihre Schwester irgendwann genervt.

Kapitel 4

1987

„Die Polizei bittet um Ihre Mithilfe. Seit heute Mittag gegen 12.00 Uhr werden die beiden Schwestern Susanne und Claudia Bosman aus Brüggen-Swalsen vermisst. Beide wurden zuletzt auf dem Spielplatz vor ihrem Elternhaus gesehen. Die achtjährige Susanne ist etwa ein Meter vierzig groß und schlank. Sie hat rotblonde Haare und ist bekleidet mit einem weißen T-Shirt, roten Shorts, gelben Socken und Sandalen. Die sechsjährige Claudia ist etwa ein Meter zwanzig groß und hat dunkelblonde schulterlange Haare. Zum Zeitpunkt ihres Verschwindens trug sie ein pinkfarbenes T-Shirt, eine kurze gelbe Strickhose sowie blaue Socken und Sandalen. Sachdienliche Hinweise werden von jeder Polizeidienststelle entgegengenommen."

Marie-Louise Campferbrinck, frisch ernannte Staatsanwältin bei der Staatsanwaltschaft Krefeld, hörte die Suchmeldung auf WDR 2 auf dem Rückweg vom Gericht.

Zufrieden mit sich, dachte sie an diesen widerlichen Kinderschänder, den sie eben noch im Gerichtssaal hatte verhaften lassen. Erinnerte sich an das Verschwinden seines selbstgefälligen Grinsens, als die fünfjährige Haftstrafe verkündet worden war, und das Erblassen, als ihm die Handschellen angelegt wurden.

Ein guter Tag, fand Marie-Louise, als sie mit unter ihrem Arm eingeklemmten Akten die Treppe zu ihrem winzigen und nach modrigen Akten muffenden Dienstzimmer hochstürmte. Sie hatte es eilig, wollte die Verhandlungstermine für den nächsten Tag vorbereiten, bevor sie ausnahmsweise früher Schluss machte. Auf dem Nachhauseweg musste sie einkaufen, üppiger als üblich und zusätzlich eine Flasche Spumante. Sie wollte Herold, ihren Freund, überraschen. Nein, beeindrucken. Um sieben wollte er kommen, sie hatte versprochen, zu kochen. Was noch nie vorgekommen war. Was sie auch nicht sonderlich gut beherrschte. Doch als Herold angezweifelt hatte, dass sie ein ordentliches Schnitzel zustande brächte, hatte sie das nicht auf sich sitzen lassen können und ihn eingeladen. Das erste Mal in ihre Mansardenwohnung, die sie erst vor vier Wochen bezogen hatte. Überall standen noch die Umzugskisten herum, die auszupacken Marie-Louise noch nicht geschafft hatte. Ihr neuer Job hatte sie völlig beansprucht. Das wollte sie alles erledigen, bevor er kam.

Sie saß noch nicht auf ihrem knochenharten Schreibtischstuhl, als das Telefon klingelte.

„Sie müssen nach Swalsen“, krächzte Herta Breuer, die Justizangestellte aus ihrer Geschäftsstelle.

„Was ist los?“

„Sie sind zuständig für die vermissten Kinder. Haben Sie das noch nicht mitbekommen?“

Irgendwann musste sich Marie-Louise diese Frau zur Brust nehmen. Nur weil sie jung war und die Breuer kurz vor der Pensionierung stand, durfte sie sich diesen Ton nicht gefallen lassen, wenn sie ernst genommen werden wollte. Doch heute war nicht der Tag dafür, die Verhältnisse zurechtzurücken.

„Meinen Sie die Kinder, nach denen im Radio gesucht wurde?“

„Ja. Die Polizei ist schon vor Ort, aber Reinhardt, Sie wissen schon, Kriminalhauptkommissar Reinhardt, hat Sie, also richtiger einen Staatsanwalt, angefordert. Er meinte, da steckt mehr hinter.“

Marie-Louise verkniff sich das „Muss das sein?“. Sie kannte Reinhardt gut genug, um zu wissen, dass der einen ausgezeichneten Riecher hatte, auch wenn er menschlich ein Arschloch war. Sie holte tief Luft.

„Also gut, wie lautet die Adresse?“

Eine Stunde später stieg sie vor einem zweistöckigen Sechzigerjahrebau in verwaschenem Weiß aus. Drei der Prachtstücke standen nebeneinander an einer schmalen Straße, die Ortsunkundige wie Marie-Louise mühsam suchen mussten. Zweimal war sie an der schmalen Seitenstraße, die irgendwo im Nirgendwo abzweigte, vorbeigefahren. Dann endlich hatte sie die blinkenden Blaulichter entdeckt. Die Stichstraße, die vor die Häuser führte, war bereits vollgeparkt mit grün-weißen Polizeiwagen. Frech stellte sich Marie-Louise mitten auf den Weg und stieg aus.

„Fahren Sie beiseite, Sie können hier nicht einfach stehen bleiben“, polterte ein Polizist, der aus dem Hauseingang gestürzt kam.

Marie-Louise zückte ihren frisch gedruckten Ausweis und hielt ihn dem noch jungen Beamten im Vorbeigehen unter die Nase. „Wo finde ich Reinhardt?“

Der Polizist schluckte und zeigte am Haus vorbei. Marie-Louise folgte dem Finger und entdeckte eine Gruppe Uniformierter hinter dem Haus bei einem Spielplatz. Reinhardt stach durch seine Größe hervor wie ein bunter Hund. Er überragte alle um einen Kopf, und seine dreißig Kilo Übergewicht ließen ihn wie ein Nilpferd in einer Herde Gazellen erscheinen. Marie-Louise schluckte. Der Kommissar hatte ihr bei den seltenen Treffen zu verstehen gegeben, dass er nichts von jungen Staatsanwälten hielt. Und von weiblichen Exemplaren schon mal gar nichts. Mit durchgestrecktem Rücken marschierte sie auf ihn zu. Was wenig nutzte, um ihn zu beeindrucken. Sie reichte mit Absätzen gerade einmal bis zu seinem Kinn. Hinter ihm hätten sich vier Marie-Louises verstecken können.

„Was, Sie?", kam auch prompt.

„Ja, ich", konterte Marie-Louise wenig schlagfertig. Der Mann nahm ihr den Mut. Auch dagegen musste sie was unternehmen, wollte sie in ihrem Job ernst genommen werden.

„Sie haben einen Staatsanwalt angefordert, und da bin ich. Was wissen Sie schon?" Trotzig reckte sie ihr Kinn vor bei der Frage.

Reinhardt schüttelte seinen Kopf, die ihn umgebenden Kollegen starrten sie neugierig an. Das konnte ja heiter werden.

„Zwei vermisste Mädchen, sind hier vom Spielplatz verschwunden. Seit heute Mittag um zwölf etwa. Ihre Mutter war einkaufen, und als sie zurückkam, waren sie weg. Ihr Mann war oben in der Wohnung, eine Nachbarin hat sie noch spielen sehen. Die Kollegen sind im Umkreis von zehn Kilometern unterwegs und suchen sie. Die Eltern, also der Vater, hat alle Verwandten in der Umgebung abgeklappert. Nichts. Jetzt haben wir Zoll, Bundesgrenzschutz und die freiwillige Feuerwehr von Viersen zur Unterstützung bei der Suche angefordert."

„Und mich. Ist das nicht ein bisschen früh?" Marie-Louise sah demonstrativ auf ihre Uhr. Es war jetzt kurz vor vier, die Kinder waren mittags verschwunden. Normalerweise wurde die Staatsanwaltschaft erst dann angefordert, wenn die Polizei davon ausging, dass ein Verbrechen passiert war.

Reinhardt trat vor, schnappte sie am Ellbogen und führte sie beiseite. Marie-Louise entriss ihm ihren Arm gröber als beabsichtigt. Sie konnte es nicht ausstehen, angefasst zu werden. Und von diesem Kerl schon gar nicht.

Der wies mit dem Kopf auf eine schlanke Frau, nur wenige Meter entfernt auf der Treppe des Hinterausgangs sitzend.

„Nicht so laut, die Mutter muss ja nicht gleich alles mitbekommen." Er räusperte sich. „Ja, ich denke, nein, fürchte, dass es hier nicht nur um zwei Mädchen geht, die abgehauen sind. Dazu sind die zu jung. Und verlaufen werden sie sich auch nicht haben. Sie waren immer ganz brav und haben hier gespielt. Nein, mein Riecher sagt mir was anderes."

Marie-Louise nickte. Ob sie den Mann nun mochte - oder nicht, er war gut in seinem Job, war bekannt für seine Intuition und Sorgfalt bei den Ermittlungen. Wenn auch ein wenig zu überzeugt von sich, wie man in der Staatsanwaltschaft munkelte.

„Okay. Dann machen Sie mal weiter. Ich spreche mit der Mutter."

Das war ihre erste Begegnung mit Heidrun Bosman. Eine junge Frau mit stahlblauen Augen in einem erstarrten Gesicht, umrahmt von dunkelblonden Haaren im Stil der überschätzten Lady Di. Eine viel ältere und eine jüngere Frau umrahmten sie. Großmutter und Schwester, wie Marie-Louise erfuhr. Mehr erfuhr sie jedoch nicht. Alle schwiegen angstvoll.

Sie blieb eine Weile bei den Frauen sitzen und ließ die Umgebung auf sich wirken.

Die nächsten vier Tage wurden dominiert von hektischer Betriebsamkeit sowie über den Häusern kreisenden Polizeihubschraubern und Polizeiwagen mit sich ständig wiederholenden Lautsprecherdurchsagen im gesamten Gemeindegebiet von Brüggen, dessen Honschaft Swalsen war. Hundertschaften Bereitschaftspolizisten durchforsteten die Gegend und zogen immer größere Suchkreise um die drei Häuser. Und den ersten Gerüchten um die Ehe der Bosmans, sorgsam unauffällig gestreut von der Augenzeugin, die die Kinder kurz vor ihrem Verschwinden auf dem Spielplatz gesehen haben wollte. Eine rechteckige, fast quadratische Frau mit freundlichem Gesicht, das im deutlichen Kontrast zu ihrem Auftreten stand, hatte Marie-Louise anvertraut, dass sich die ach so hingebungsvolle und nun laut jammernde Bosmansche Schlonz, wie sie Heidrun Bosman nannte, Nacht für Nacht mit einem Engländer, noch dazu Schwarzen, herumtrieb.

Kapitel 5

2010

An diesem Punkt ihrer Erzählung angekommen, konnte sich Marie-Louise nicht mehr bremsen. Das geballte Unvermögen, beschwerte sie sich bei Marte, die Einseitigkeit der Ermittlungsführung der Kripo, die frühe Solidarisierung mit Roland Bosman als gehörntem Ehemann, dem nicht auch noch der Doppelmord an seinen Töchtern untergejubelt werden sollte, all das empfände sie noch heute als unerträglich.

„Nun mach mal halblang! An ihrer Verurteilung trägt sie selbst nicht wenig Schuld, so oft, wie sie sich widersprochen und nachweisbar gelogen hat", stoppte ihre Schwester Marie-Louises Tirade, die sie schon so unendlich oft gedacht und jetzt ausgesprochen hatte.

„Nein, ich lasse mich nicht wieder bremsen. Damals haben sie mich rausgeschossen, bevor ich Heidrun Bosmans Unschuld beweisen konnte. Das lasse ich kein weiteres Mal zu!"

„Und wie willst du das machen?"

„Ich beantrage meine Anwaltszulassung und nehme das Jobangebot von Strättges an."

„In der Sache Bosman kannst du nicht tätig werden, weil du damit bereits als Staatsanwältin befasst warst.

Das weißt du doch. Ich schiebe das mal auf deine Verwirrtheit nach Herolds Tod. Außerdem wage ich nach dem Termin bei Frau Mulders zu bezweifeln, dass sie dich als Anwältin auswählen würde. Und obendrein will sie gar nicht, dass auch nur irgendwer ihre vermeintliche Unschuld beweist. Du willst jemanden über die Straße führen, der sie gar nicht überqueren möchte."

Marie-Louise spürte das Blut in ihrem Gesicht, das sie sicherlich zur Tomate einfärbte. „Dann eben anders. Wart mal, ich habe da vor ein paar Tagen was gelesen."

Marie-Louise eilte in den Keller, wo sie alte Zeitungen stapelte. Im gleichen Kellerraum neben der Tür stand Herolds Rollator. Sie blieb stehen, starrte ihn an und schluckte. Dann sackte sie auf dem kalten Betonboden zusammen und ließ die Tränen fließen, die seit Tagen ihren Blick getrübt und ihr Gehirn vernebelt hatten. Irgendwann spürte sie Martes Hand auf ihrer Schulter.

„Ist ja gut. Wird schon wieder", flüsterte Marte ihr ins Ohr, während sie auf Marie-Louises Schulter klopfte. Das war wohl das Maximum, das sie an Trost von ihrer spröden Schwester erwarten konnte. Aber es funktionierte. Sie schnappte das ihr angebotene Tempotaschentuch, schnäuzte ordentlich und rappelte sich wieder hoch.

„Was wolltest du hier eigentlich?", fragte Marte.

„Komm mit." Marie-Louise eilte zu der Papiertonne und holte alle Zeitungen der letzten Tage heraus. Schon in der dritten fand sie es.

„Lies mal", forderte sie ihre Schwester auf.

Doch Marte schüttelte den Kopf. „Ohne Brille geht das bei dem Licht gar nicht. Also lass uns wieder hochgehen, einen ordentlichen Holunderlikör trinken und lesen."

„Und was soll ich jetzt damit?", fragte Marte knappe zehn Minuten später mit erkennbarer Verblüffung, den Blick noch immer auf den Artikel über die Haftentlassung eines verurteilten Mörders aus der Todeszelle in Los Angeles gerichtet.

„Na da, lies doch weiter." Marie-Louise schnappte sich ungeduldig das Zeitungsblatt aus Martes Hand. „,Durch den Abgleich genetischen Materials' bla, bla, bla, warte mal, da unten geht es weiter. ,Nach verschiedenen erfolglosen Anträgen auf Wiederaufnahme des Verfahrens begann die Hilfsorganisation *Judges find Justice* nach Indizien für die Unschuld des verurteilten Mörders zu suchen. Als die pensionierten Richter die Videos der Polizeiverhöre auswerteten, fiel ihnen auf, dass der damals Dreißigjährige zu dem Geständnis überredet worden war.' Verstehst du jetzt?"

„Was?", kam verständnislos von Marte.

„Nun sei nicht so begriffsstutzig. Wir gründen die erste Sektion Deutschlands der *Judges find Justice*, also Richter für Gerechtigkeit. Du bist Richterin, wenn auch nicht mehr lange, ich war es. Das passt doch."

Kapitel 6

2010

Marte hörte wohl nicht richtig. Schnappte ihre kleine Schwester nun völlig über?

Es war ja zu begrüßen, dass der Tod wie ein Schließer gewirkt hatte, der Marie-Louise endlich aus der Haft – nichts anderes war die ambulante Rund-um-die-Uhr-Pflege für Herold gewesen – entlassen hatte. Aber dass sie sich gleich in einen Teenie mit verrückten Ideen im Kopf, zu viel Fantasie und noch mehr Energie zurückverwandeln musste, tat nun wirklich nicht not. Geduld für eine zweite Pubertät ihrer Schwester war Marte nicht gewillt aufzubringen. Die erste hatte ihr gereicht. Alle Anfänge mussten im Keim erstickt werden.

„Ja, wir brauchen derlei Nachhilfe aus den USA dringend, damit auch wir künftig Länder, deren Regime uns nicht passt oder dessen Präsident eine unschöne Knollennase im Gesicht trägt, mit faustdicken Lügen als Schurkenstaaten abstempeln lernen, um vorsätzlich einen völkerrechtswidrigen Präventivkrieg führen zu können. Und natürlich brauchen wir auch dringend Nachhilfe aus den Vereinigten Staaten, um mit einem Patriot Act unser Grundgesetz auszuhöhlen. Die Freiheit des Andersdenkenden ist bekanntlich für die innere Sicherheit gefährlich, könnte der Andersdenkende ja ein Terrorist sein und unsere Demokratie gefährden. Da hauen wir doch lieber nach US-amerikanischem Vorbild unseren Rechtsstaat selbst in Klump."

„Was bitte hat das mit meiner Idee zu tun, die deutsche Ausgabe der *Judges find Justice* zu gründen? Deinen Assoziationsketten kann ich nicht mehr folgen."

Marie-Louise wirkte eingeschnappt. Wie immer, wenn Marte nicht auf den Zug sprang, in dem ihre Schwester gerade unterwegs war, um dieses oder jenes Ziel zu erreichen. Meistens lag das Ziel im Dagegen: gegen den sauren Regen und das Waldsterben, gegen den NATO-Doppelbeschluss, gegen Atomkraft, gegen Birne und seine geistig-moralische Wende und so weiter und so fort. Nicht, dass Marte nicht auch gegen das ein oder andere gewesen wäre, aber sie nervte der kategorische Impetus ihrer Schwester.

Die kannte damals nur schwarz oder weiß. Grautöne kamen in dem Weltbild der jungen Marie-Louise nicht vor. Marte nahm dann nicht selten die Gegenmeinung ein, um durch Polarisierung einen Kompromiss zu finden. So hielt sie es bis heute, weswegen die Vergleichsquote ihres Senats seit Jahren die höchste beim OLG Düsseldorf war.

„Ich meine, dass unser Rechtssystem nicht so fehlerbehaftet ist, dass es einer Korrektur durch solch eine importierte Vereinigung braucht; zumal es bei uns keine Todesstrafe gibt."

„Ach, weil wenigstens keiner zu Tode kommen kann? Und unsere Gerichte immer Recht sprechen und sich nie irren? Ja, auf dich trifft das bestimmt zu. Die Vorsitzende Richterin des 23. Senats des Oberlandesgerichts

Düsseldorf, Frau Doktor jur. Marte Campferbrinck, ist unfehlbar. Aber du kannst ja nicht überall sein. Da passieren dann Fälle wie Mollath oder Wörz, um mal nur die prominentesten Justizskandale der jüngeren Vergangenheit herauszugreifen. Oder möchtest du mir diese Fälle als Aushängeschilder der Justiz verkaufen, weil die beiden am Ende doch noch freikommen könnten?"

„Erstens bin ich nicht der Papst. Ich beanspruche keine Unfehlbarkeit für mich. Zweitens kotzt es mich an, dass Ausnahmen von der Regel zur Regel hochgejazzt werden. Und schon wird geunkt, der Rechtsstaat sei auf dem Weg zum Unrechtsstaat. Plötzlich fühlt sich der rechtschaffene Bürger zum Recht schaffenden Bürger berufen und setzt sein Rechtsempfinden mit Recht gleich. Gerechtigkeit wird zum Abstimmungsgegenstand. Die Mehrheit spricht dann künftig Recht. Gott bewahre uns vor dieser Entwicklung! Aber ich fürchte, wir sind schon auf dem Highway to Hell. Ich leiste dieser Entwicklung jedenfalls nicht Vorschub durch Mitgliedschaft in einer Vereinigung, die kraft ihrer bloßen Existenz Zweifel an der Effizienz unseres Rechtsstaates schürt. So, und jetzt noch mal in der Kurzfassung auf gut Deutsch gesagt: Du kannst mich mal!"

„Du bist so verknöchert und eingefahren, so von dir eingenommen. In deiner kleinen Welt des Gesellschaftsrechts, in der sich die Schönen, Starken und Großen gelegentlich mit ihren Champagner-Flöten beim Anstoßen auf den nächsten Coup in die Quere kommen, mag ja noch alles in Ordnung sein. Aber schau mal über den Tellerrand! Hättest du an meinem

Schreibtisch gesessen – ja, er stand nur im Sozialgericht Köln –, dann sähest du die Dinge anders. Wie oft musste meine Kammer Sozialhilfeempfängern unter die Arme greifen, um ihren ohnehin mickrigen Anspruch auf eine staatliche Transferleistung durchzusetzen, weil die Agentur für Arbeit und die Sozialämter zum Knausern angehalten sind und dabei oft gegen Artikel 1 unseres Grundgesetzes anrempeln.“

„Och Gottchen, kleiner hast du es wohl nicht? Ob bei der Bekleidungsbeihilfe noch eine Leggings abfällt, ist doch nicht gleich eine Frage der Menschenwürde.“

„Du bist so zynisch, du in deinem Elfenbeinturm. Es geht um Menschen, die das auf sie angewendete Recht als solches auch verstehen müssen, um es zu akzeptieren. Und wer, wenn nicht wir, sind die, die es erklären müssen?“

„Also jetzt schlägt es aber dreizehn! Ich muss doch einem Mörder nicht erklären, dass es verboten ist, einen anderen Menschen zu töten, damit der Abgeurteilte den Schuldspruch begreift. Gegenfrage: Was machst du, wenn er zu blöd ist, dir zu folgen? Ihn freilassen, damit er in seinem Vertrauen auf den Rechtsstaat nicht erschüttert wird?“

„Du und deine Polemik.“

„Ja, geschenkt. Menschen treffen Urteile auf der Basis eigener Vorurteile. Richter sind Menschen. Für sie gilt das also auch, Marie-Louise. Deswegen brauchen wir hier aber immer noch nicht diese *Judges find Justice*.“

„Und ob. Heidrun wurde verurteilt, weil sie nicht dem Stereotyp der biederen Mutter und Hausfrau entsprach, das damals noch die Denke blockierte. Auch die

der Richter. Aber sie ist ausgebrochen aus der ihr zuge-
dachten Rolle als Hausweibchen. Und das wurde ihr
zum Verhängnis!"

„Du möchtest jetzt aber nicht aus jeder Ehefrau, die
untreu ist, gleich eine Feministin machen, oder? Den
Seitensprung als Mittel der Emanzipation feiern?"

„Verdammt, Marte! Du weißt genau, was ich meine."

Kapitel 7

1987

„Willst du ihn wirklich heiraten? Ist es nicht verfrühte Torschlusspanik, die dich antreibt?", fragte meine Mutter zum wiederholten Male. Dabei hatte ich gedacht, dass Roland als Schwiegersohn willkommen wäre. Dass meine Eltern ihn mochten. Schließlich war er das Abziehbild eines Wunschschwiegersohns. Fleißig, gefällig, gutmütig und sah ja auch gar nicht schlecht aus. Er machte schon was her. Groß, stattlich, mit dem Gemüt und dem Aussehen eines Bärs. Hatte was von Raimund Harmstorf, fand ich, nur eben nicht in Rotblond, sondern mit dunkelbraunen Locken.

Ich hatte ihn beim Kegeln kennengelernt. Er war ein Freund meines Schwagers Herbert. Nicht gerade mein Traummann, aber auch nicht schlecht für eine Flunder ohne Hintern in der Hose und Busen im BH. Die anderen Mädchen in der Berufsschule hatten mich damit aufgezogen. Und damit, dass ich auch das Gesicht einer Flunder habe. Einer Backflunder. Was auch immer das sein mochte.

„Mach langsamer als ich. Lebe erst mal dein Leben, bevor du dich bindest. Ich habe viel zu früh geheiratet. Hab mich nie ausleben können. Nie Erfahrungen gesammelt. Und jetzt ist es zu spät", hatte ihre Mutter hinzugefügt.

Doch was sollte ich, was war ich ohne eigene Familie? Ohne Kinder? Roland war gut zu mir, treu, ehrlich, nahm sich Zeit. Nur nicht im Bett. Aber man konnte schließlich nicht alles haben, fand ich. Zum Schwangerwerden würde es reichen.

Wir hatten es gut miteinander, und das Schicksal meinte es noch besser mit uns. Keine vier Monate nachdem wir zusammengekommen waren, wurde in dem Haus in Swalsen, in dem meine Eltern und Schwestern mit Kind und Kegel lebten, eine Wohnung frei. Kurz entschlossen zogen wir zusammen ein. Richteten uns gemeinsam ein. Tapezierten gemeinsam und legten Teppichboden und Linoleum aus. Ein Wohnzimmer, ein Elternschlafzimmer und ein Kinderzimmer mit zwei Betten. Mehr brauchten wir nicht.

Anfangs begleitete ich Roland noch zum Kegeln und in den Schützenverein. Es klang so gut in meinen Ohren: mein Mann. Doch als die beiden Mädchen geboren waren, mochte ich nicht mehr. Blieb lieber zu Hause bei ihnen.

„Geh mit", hatte mir meine Mutter immer wieder gepredigt. „Irgendwann fragt er nicht mehr." Doch ich mochte es, abends vor dem Fernseher zu sitzen oder im Sommer auf den Treppenstufen vor dem Haus in der Abendsonne.

Meine Mutter sollte recht behalten: Irgendwann fragte Roland nicht mehr, ob ich mitkommen wolle. War einfach gegangen, ohne zu sagen, wohin. Hatte nicht geholfen, die schreienden Kleinen zu beruhigen oder beim Einkaufen die schweren Sachen zu tragen. Nicht mal mehr die Bierkästen trug er hoch. Ich konnte von Glück reden, wenn ich den Familien-Opel nachmittags nutzen durfte, während Roland sich von der Nachtschicht ausruhte.

Ich fing an, wie meine Mutter und Schwestern in den langen einsamen Stunden Versandhauskataloge zu durchstöbern. Otto, Bader, Quelle. Alle ließ ich mir ins Haus liefern. Verbrachte Stunden mit der Suche nach Dingen, von denen ich zuvor nicht gewusst hatte, dass ich sie brauchen würde: beheizbare Lockenwickler, Shorts, die anzuziehen ich niemals wagen würde, Bodenläufer, grellbunte Bettwäsche.

Dabei war Roland am Anfang so zuvorkommend gewesen. Hatte sogar noch seiner Mutter im Schweinemastbetrieb geholfen, nachdem sein Vater früh gestorben war.

Irgendwann kam mir der Verdacht, dass er wegen seiner ihn ständig herumkommandierenden Mutter so früh zu mir in mein Mädchenzimmer gezogen war. Als wir ein paar Wochen zusammen waren, begann er, ständig über sie zu schimpfen. Dass sie ihn scheuchen und als kostenlose Aushilfskraft ausnutzen würde. Schließlich war er nur der Zweitgeborene, sein älterer Bruder würde den Hof erben. Er mochte die Arbeit nicht. Deshalb hatte er eine Ausbildung zum Maschinenführer gemacht und in einer Ziegelei in Brüggen gearbeitet. Trotzdem musste er, solange er noch zu Hause gewohnt hat, den Bruder unterstützen und morgens und abends mit anpacken.

Als mein Vater an Lungenkrebs starb, änderte sich alles. Er war es gewesen, der die Familie zusammengehalten hatte. Der dafür gesorgt hatte, dass Jutta nicht ihren englischen Freund geheiratet hatte, nicht jede Nacht tanzen gegangen war im BaCa, der Disco im alten Bahnhof von Kaldenkirchen. Nur vier Wochen nach seiner Beerdigung wurde geheiratet. Drei Monate später konnte ich sie Nacht für Nacht die Treppe in ihre frisch von meiner älteren

Schwester Barbara gemietete Wohnung hochschleichen hören. Wenn ihr Endlich-Ehemann aufwachte, hörte ich den Streit durch die Decke.

Ich verstand meine Schwester nicht. Gerade erst hatte sie bekommen, was sie wollte, und schon war es nichts mehr wert? Und doch regte sich ein Ziehen in mir. Erst ganz leise, nur spürbar, wenn ich einen Katalog zuschlug und meine Wohnung sah, die so ganz anders aussah als die auf den vielen bunten, belebten Katalogseiten. Auf denen perfekte Familien glücklich lachend auf ihren hellen Sofas mit elegant gefüllten Schrankwänden gemeinsam blätterten, während ich einsam vor dem Fernseher die großen Prachtvillen und schönen Menschen in Dallas und Denver bewunderte. Nicht, dass ich ihnen das geneidet hätte. Doch ich spürte, dass Liebe anders sein konnte. Nicht dieses öde Nebeneinanderher Tag für Tag. Dass das Leben mehr bieten konnte als einen stets abwesenden Ehemann.

Ich bestellte immer mehr, egal was. Versuchte, die Leere mit Bowlensets und mintgrünen Badezimmervorlegern zu füllen. Doch die Bestellungen und vielen Hobbys von Roland schlugen durch auf die Haushaltskasse. Ich musste knapsen. Der Stress fing an.

Ich suchte mir eine Stelle als Aushilfspflegerin in einem Pflegeheim. Nur ein paar Stunden in der Woche. Und nur nachts. Wollte mehr Freiraum, auch finanziell. Genoss das Gefühl, gebraucht zu werden, von anderen. Nicht nur von der Familie. Meine Mutter unterstützte mich dabei, betreute die Kinder in der Zeit.

Doch Roland verstand das nicht. „Ich bring doch genug nach Hause. Die Kumpels werden denken, dass ich ein Versager bin."

Auch meinen Ärger verstand er nicht. Vorher sei es mir doch auch recht gewesen, wenn er ausgegangen war, rechtfertigte er sich. „Wir sind doch glücklich. Wir haben doch alles. Was nörgelst du auf einmal andauernd an mir rum? Ich mach doch alles für euch. Ich arbeite hart. Da werd ich mir doch wohl abends mal ein Bierchen gönnen dürfen."

Doch er war nicht mehr für mich da. War der Geldheimschlepper, der sich vor jeder Arbeit zu Hause drückte.

Und dann fing ich an, mich auch zu drücken vor meinen angeblichen Pflichten. Den ehelichen Pflichten, wie Roland sie vorwurfsvoll nannte. Mir reichte es: Roland nahm sich alles raus, auch im Bett. Wenn er fertig war, kullerte er zur Seite und schnarchte.

Anfangs rechtfertigte ich mich noch. Behauptete, Schmerzen beim Geschlechtsverkehr zu haben, damit Roland mich in Ruhe ließ, was er auch tat. Ein paarmal noch befriedigte ich ihn mit der Hand, damit er aufhörte zu quengeln. Aber in Wirklichkeit ekelte ich mich vor ihm. Nicht nur, weil er inzwischen eine ziemliche Bierplauze angesetzt hatte. Die ich ihm vorzuhalten wagte. Das hätte ich besser nicht getan.

Denn nun schlug er zu. Zum ersten Mal. Es folgten viele weitere Schläge, die ich widerspruchslos ertrug.

Doch dann ging er auch auf Susanne los, meine ältere Tochter.

Kapitel 8

2010

Am nächsten Vormittag standen sie pünktlich um halb zwölf am Empfang von Strättges' Kanzlei in der alten Gründerzeitvilla inmitten von Düsseldorfs Nobelstadtteil Oberkassel. Natürlich war der Herr Strafverteidiger noch nicht bereit. Sonst käme man ja vielleicht auf die Idee, er wäre nicht wichtig und viel beschäftigt, wie Marte ihrer Schwester zuflüsterte. Marie-Louise warf ihr einen giftigen Blick zu. Hoffentlich vermasselte ihre überkritische Schwester nicht alles.

Sie wurden in ein Wartezimmer verfrachtet, in dem angenehme, tragende Töne dominierten. Nur die Le-Corbusier-Sessel waren in kräftigem Rot gehalten. Auf einem Eileen-Grey-Tischchen wurde ihnen Cappuccino aus einer Maschine serviert, die von einem Ufo stammen könnte, merkte Marte an. Eins in Tonnenform. Für Astronauten in Spinnengröße.

Marie-Louise hätte sich daran gewöhnen können. Schade.

Sie hatten die Cappuccino-Becher der Porzellanmanufaktur Fürstenberg noch nicht an den Mund gesetzt, als eine von Michael Strättges entsandte Sekretärin herbeieilte samt silbernem Tablett. Auch die Tassen wollten angemessen transportiert werden, die sie ihnen abnahm und hochherrschaftlich vor ihnen hertrug. Na also, signalisierte Marie-Louise ihrer Schwester.

Beide folgten ihr eine breite Treppe hinauf, deren Pendant auf der gegenüberliegenden Raumseite sich spiegelverkehrt ins erste Obergeschoss wand, wo sich eine Doppelflügeltür wie von Zauberhand öffnete. Die Türzarge umrahmte Strättges, der auf einem extrahohen Stuhl hinter einem überdimensionierten Schreibtisch saß. In dem bodentiefen Fenster hinter ihm erkannte man das Rheinknie. Die ordentlichen Reihen der hellbraun gebundenen *Neuen Juristischen Wochenschrift* im Regal rechts von ihm waren kombiniert mit der kompletten Ausgabe der in einem dezenten Weinrot gebundenen *Neuen Zeitschrift für Strafrecht*. Alle dreißig Bände, wie Marie-Louise feststellte. Sie liebte den Geruch von alten Büchern. Konnte sich gut in diesen durchdesignten Räumen als Anwältin vorstellen. Ein tiefer Seufzer entschlüpfte ihr.

Derweil hatte sich Strättges von seinem Thron erhoben und eilte ihnen mit ausgestreckten Händen entgegen. „Welch Freude, euch in meinem bescheidenen Büro empfangen zu dürfen", versuchte er den Pomp kleinzureden. Was ihm nicht gelang. Was auch nicht beabsichtigt war. Denn er wies bei seinen Worten auf die elegante Sitzgruppe in der Zimmerecke, selbstverständlich ebenfalls von Le Corbusier, diesmal in weißem Leder, und zu der überreich verzierten Stuckdecke. Schaute selbst hoch, als habe er sie noch nie gesehen. Marie-Louises Blick schwang zu ihrer Schwester, die genervt die Augenbrauen hochzog.

Selbstgefällig geleitete er sie an den flachen Couchtisch, ein Gaetano Pesce, wenn Marie-Louise nicht irrte.

„Ich hoffe doch, dass wir dir heute dein zukünftiges Büro zeigen dürfen, liebe Marie-Louise", schmeichelte er.

Doch Marte holte ihn schnell und konsequent aus seinen Träumen. „Marie-Louise hat als Staatsanwältin in der Sache ermittelt, da wird sie als Anwältin wohl nicht tätig werden dürfen, Herr Kollege."

Das „Herr Kollege" wurde von einem schmallippigen Lächeln begleitet, an dessen Enden man sich schneiden konnte. Typisch Marte.

„Ja, was ich bedauerlich finde", mischte sich Marie-Louise ein, bevor die Stimmung kippen konnte. Diese Chance wollte sie sich nicht nehmen lassen. „Aber ich habe da eine Idee. Was hältst du davon, wenn wir uns ehrenamtlich für Heidrun Mulders engagieren? In Amerika gibt es bereits eine Gruppe von *Judges find Justice*, die sich um solche Fälle kümmern. Wir haben nun beschlossen, die erste Sektion in Deutschland zu gründen. Und unser erster Fall wird der Bosman-Doppelmord sein."

Sie sah Martes Hand vor die Augen fahren, dann aber – bemüht, die Haltung zu wahren – zur Stirn hinaufgleiten und darüberwischen. Einstweilen saß die große Schwester da, weil die kleine genau wusste, welchen Schalter sie umzulegen hatte, um Marte in der gewünschten Spur zu halten. Marie-Louise engagierte sich mit Haut und Haaren. Und Marte blieb in Rufweite, um die kleine Schwester an ebenjenen Haaren wieder aus dem Sumpf zu ziehen.

„*Judges find Justice?* Was ist das denn? Von denen habe ich noch nie gehört", hakte Strättges, offensichtlich wirklich interessiert, nach.

„Ich habe davon kürzlich in der Zeitung gelesen", berichtete Marie-Louise. „Bei der Initiative handelt es sich um eine gemeinnützige Organisation, in der sich ehemalige Richter zusammengeschlossen und sich zum Ziel gesetzt haben, Fehlurteile aufzuspüren und durch neue Beweismittel oder Aufdeckung von Verfahrensfehlern Wiederaufnahmeverfahren zu ermöglichen. Dafür gehen sie die Akten und Aussagen neu durch, um sie kritisch zu bewerten. Aufgrund ihrer Berufserfahrung können sie den alten Informationen viel skeptischer gegenüberstehen und haben dadurch deutlich bessere Chancen, doch noch herauszufinden, was wirklich passiert ist", verkündete sie selbstsicherer, als sie sich fühlte. Schon spürte sie den entnervten säuerlichen Blick von Marte.

Entschlossen fuhr sie fort: „Also ihrem Statement nach betrachtet die Initiative in den USA jede rechtswidrige Verurteilung als ein Versagen des Justizsystems im grundlegendsten Sinne. Sie arbeiten übrigens sehr erfolgreich, haben schon einige Todeskandidaten aus den Todeszellen geholt."

Sie hörte ein Stöhnen von Marte.

„Das ist ja ganz famos, das ist ja sogar noch besser, viel besser", jubelte Strättges.

„Na klar, kostet ja nichts, da pro bono", konstatierte Marte süffisant.

„Du unterstützt uns also?", hakte Marie-Louise schnell bei Strättges nach, bevor sich Marte in weiteren Bissigkeiten ergehen konnte.

„Aber selbstverständlich. Das sollten wir ganz groß aufhängen und rausbringen. *Judges find Justice*. Welch überzeugender Name. Ich stehe da voll hinter euch. Meine Kanzlei stellt auch gerne für euer Engagement einen Raum und Kapazitäten zur Verfügung."

„Langsam, langsam", fuhr Marte dazwischen. „Das ziehen wir allein auf, und eigene Räume haben wir genug. Herzlichen Dank. Uns würde völlig reichen, wenn wir die Akte Bosman bekommen könnten."

„Aber, aber, Frau Kollegin. Das geht ja nun nicht mehr, da deine Schwester nicht als Anwältin in meiner Kanzlei arbeiten darf, zumindest nicht in dieser Sache. Und im Übrigen habe ich das Mandatsgeheimnis zu wahren, nicht wahr?"

Touché, dachte Marie-Louise. „Nun, das sehen wir natürlich auch so, lieber Strättges. Was machen wir denn da?", riss sie die Antwort, die Marte bereits auf der Zunge modulierte, wie ihr leicht geöffneter Mund bewies, an sich.

Der lächelte sein überhebliches, gleichzeitig devotes Lächeln.

„Ich werde mit meiner Mandantin reden. Die wird der Herausgabe an euch sicherlich zustimmen, dafür werde ich schon sorgen. Sie war ja gestern noch hin- und hergerissen, ob sie nach dem Geständnis ihres Ex-Mannes den steinigen Weg in die Wiederaufnahme gehen soll. Aber heute Morgen klang sie schon so, als werde sie sich einen letzten Ruck geben. Ich kenne sie ja. Sie wägt erst lange ab, bevor sie eine Entscheidung trifft. Aber bei der bleibt sie dann auch. Die Urteile könnt ihr schon haben, die sind ja öffentlich. Ich lasse sie gleich auf Stick ziehen, oder hättet ihr die lieber klassisch in Papierform? Das dauert aber länger."

Marte winkte ab. Sie hatte es eilig, wollte zurück in ihre Wohnung, zu ihrer Arbeit, wie Marie-Louise bedauernd klar wurde. „Wie sieht es aus mit den Asservaten? Siehst du eine Chance daranzukommen? Die neu untersuchen zu lassen?"

„Aber liebe Frau Kollegin", ätzte Strättges weiter. „Glaubst du allen Ernstes, dass ich diesbezüglich nicht alles unternommen, alles auf links gedreht hätte? Schließlich habe ich in der Sache bereits eine Wiederaufnahme durchgezogen, die mit einem Freispruch endete. Und du weißt natürlich, wie selten das vorkommt. Glaube mir, da ist nichts mehr zu finden. Das wurde alles untersucht."

„Trotzdem, Herr Kollege", beharrte Marte. „Trotzdem würde ich die gerne selbst in Augenschein nehmen. Lässt sich da was machen?"

„Aber sicher doch. Ich werde mich bemühen und dir schnellstens Antwort geben."

„Gut, dann sind wir wohl fertig." Marte erhob sich halb vom Sofa.

„Aber, aber, meine Damen. So schnell lasse ich euch nicht gehen. Ich habe einen Tisch im *Muckel* reserviert. Für eure Mühsal muss ich euch doch entschädigen."

Marte öffnete den Mund, doch Marie-Louise kam ihr zuvor. „Gerne."

„Gut, wenn ihr mich bitte noch einen klitzekleinen Moment entschuldigen würdet. Ich muss nur noch ein wichtiges Telefonat führen. Frau Sanders serviert euch im Wartezimmer gerne noch einen Cappuccino."

Kapitel 9

2010

Dass Strättges das *Muckel* ausgesucht hatte, sprach ausnahmsweise für ihn. Das kleine Bistro-Café mit dem Filmkunstkino im Souterrain war eine Institution in Oberkassel. Immer rappelvoll, aber charmant. Immer laut, aber witzig. Die große, offene Fensterfront mit der Markise, unter der auch im Winter die Gäste gemütlich eingemummelt auf Schafspelzen sitzen konnten, wirkte einladend. Das *Muckel* hatte dieses gewisse Etwas, das ein Stadtviertel zu einem Zuhause macht. Und man musste nicht nach Paris fahren, um der Leichtigkeit des Lebens nachzuspüren. Marte fand auch die Namensgebung sympathisch, war es doch nach einem stadtbekannten Stromer und Wilddieb benannt, der auf der Straße lebte und für ein Taschengeld an der Kunstakademie Modell stand. Sie traf sich einmal im Monat mit ihrer guten Freundin Ida hier.

„Wusstet ihr übrigens, dass dieser Laden nach einem Stadtstreicher benannt ist?", fragte Strättges.

„Ach", kommentierte Marte.

„Wie originell", befand ihre Schwester mit Begeisterung im Timbre.

Einer der Kellner steuerte auf Marte zu.

„Oh, guten Tag Frau Campferbrinck. Schön, dass Sie heute außer der Reihe zu uns gefunden haben. Sie hatten reserviert?"

„Ich hatte reserviert." Der kleine Staranwalt deutete pikiert auf sich. „Auf den Namen Strättges."

„Ach ja. Bitte folgen Sie mir."

Der Kellner ging voraus in den hinteren, etwas höher gelegenen Teil des Lokals, in dem das Restaurant untergebracht war. „Bitte gleich da vorn Platz zu nehmen." Er deutete auf einen freien Tisch mit dem Schild „Reserviert". „Ich komme sofort und nehme die Bestellung auf."

„Du findest also öfter den Weg über den Rhein zu uns ins schöne Oberkassel? Sieh an."

Marte ging über Strättges' Bemerkung hinweg und setzte sich.

„Ja, mir hast du die hübsche Lokalität auch vorenthalten. Dabei bin ich doch gar nicht so selten in Düsseldorf", Marie-Louise stockte, „Bis auf die letzten drei …, also … eigentlich fünf Jahre." Ihre Stimme klang belegt.

„Wenn ich pensioniert bin, nehmen wir uns die Zeit und ich zeige dir alle meine Places-to-be. Was hältst du davon, meine Liebe?"

Marie-Louise nickte. Offenbar kämpfte sie gegen einen dieser von einem Trigger ausgelösten Anfälle von Trauer. Einem solchen, dem man schutzlos ausgeliefert war, weil er in jedem nächsten Anblick stecken konnte.

„Was empfiehlst du denn?", lenkte sich ihre kleine Schwester von der Traurigkeit ab. Marte kam nicht mehr zu einer Antwort, denn der Kellner geleitete einen mittelalten Herrn in einem schlabberigen beigen

Leinenanzug mit dunkelgrünem Poloshirt an den Tisch.

„Der Herr gehört zu Ihnen?", fragte er.

„Ja, das ist mein Freund Piet. Piet Lersmacher. Er ist Journalist beim *Komet*."

Marte wurde ganz flau. Was führte Strättges im Schilde?

„Piet, darf ich dir die *Judges find Justice* vorstellen? Das sind die Gründerinnen der deutschen Sektion nach US-amerikanischen Vorbild, Marie-Louise Rebell und Dr. Marte Campferbrinck. Ich konnte beide, übrigens echte juristische Hochkaräter, gewinnen, mich im Kampf gegen Fehlurteile zu unterstützen."

Lersmacher schnappte sich Marie-Louises Hand, verbeugte sich und deutete einen Handkuss an. Das Gleiche versuchte er bei Marte, der der Sinn nicht nach Schmäh stand. Sie griff beherzt zu und verabreichte dem Repräsentanten der vierten Macht im Staat einen kräftigen Händedruck.

Hatte Strättges, dieser Knilch, mit seinem letzten Anruf vor ihrem Aufbruch doch tatsächlich die Presse informiert. Nun erläuterte er weitschweifig Marie-Louises Idee, die man gemeinsam über die trennenden Grenzen des Richtertisches hinweg entwickelt habe. Man habe gewissermaßen die Roben getauscht, sich in die Arbeitsbedingungen des jeweils anderen versetzt, um das wechselseitige Verständnis zu erneuern. Und so sei die Überzeugung gereift, dass eine unabhängige, überparteiliche Vereinigung von Richterinnen und Richtern wie ein Revisor wirken könnte. Ein Korrektor, der die Qualität der Prozessführung im Nachgang prüfen und im Falle eines Fehlurteils Alarm schlagen könne.

Marte räusperte sich lautstark und blickte Strättges tadelnd an.

„Also, ich meine, sich Gehör verschaffen und Wege zur Korrektur aufzeigen könnte."

„Na, da bin ich ja beruhigt", zischte sie, „dass wir kein Blaulicht auf dem Kopf tragen müssen, sondern auch Topfschlagen können, um im Falle eines Falles auf uns aufmerksam zu machen."

„Siehst du, Lersmacher. Hier hast du schon ein Beispiel dafür, wie wichtig präzises Formulieren ist, um Missverständnisse zu vermeiden. Denn selbstredend soll eine solche Vereinigung nicht effektheischend skandalisieren und somit die Furcht vor der Dysfunktionalität des Rechtsstaates schüren, sondern seriös analysieren und unaufgeregt das Ergebnis präsentieren. Schön wäre, wenn eine solche Vereinigung wie ein TÜV verstanden würde, bei dem ja auch die meisten Fahrzeuge die Hauptprüfung bestehen."

Strättges schwallte weiter. Vom Vertrauen in den Straßenverkehr, von der Sicherheit, bei Einhaltung der Regeln nicht überfahren zu werden. Und so weiter und so fort. Inzwischen wurde die Indische Linsensuppe serviert, die alle – bis auf Lersmacher, der sich an einer Tasse Espresso festhielt – bestellt hatten.

Marte beobachtete ihre Schwester, deren Anflug von Trauer einer aufkeimenden Verärgerung gewichen war. Ihre Wangen glühten. Dass es nur am Curry lag, schloss Marte aus. Gleich würde es sicherlich *Pöff* machen. Und siehe da, schon platzte Marie-Louise wie ein Grillwürstchen.

„Michael, das ist ja alles wunderbar, was du aus unserem fünfminütigen Vorgespräch herausgefiltert hast. Doch darf ich darauf hinweisen, dass wir uns in der Phase des Ideensammelns befinden und von der Gründung noch ein gutes Stück entfernt sind. Und im Übrigen hätten wir es vorgezogen, wenn wir unser Projekt zu einem Zeitpunkt der Presse vorgestellt hätten, der uns genehm ist."

Marte grinste, sie lag richtig.

„Ach, Mary-Lou, du kennst mich doch. Wes das Herz voll ist, des geht der Mund über. Auf jeden Fall freue ich mich, dass ihr mich mit eurer Expertise und eurem Netzwerk in einem exemplarischen Fall unterstützen wollt. Ein Probelauf sozusagen, nämlich der Fall Bosman."

Nun war Lersmacher hoch interessiert, der den vorherigen Ausführungen nur wohlwollend nickend, eher gelangweilt, gefolgt war.

„Siehst du, Verzeihung, sehen Sie eine Chance für eine erneute Wiederaufnahme?"

„Ja", antwortete Strättges lapidar, als hätte man ihn gerade gefragt, ob er den Salzstreuer anreichen könne.

„Vielleicht", unterbrach Marie-Louise. „Es zeigen sich gute Gründe. Ob sie reichen, möchten wir unterstützend prüfen."

Um Gottes Willen, dachte Marte, hoffentlich konnte sie den Mann davon abhalten, sie namentlich zu erwähnen. Dem beißenden Spott ihrer Noch-Kollegen wollte sie sich nicht so kurz vor dem Zieleinlauf aussetzen.

„Piet, hör mal, du weißt ja, dass ein Wiederaufnahmeverfahren teuer ist. Könntest du mal in eurem Laden nachfragen, ob euer Budget noch für einen Exklusivvertrag reicht? Ihr könntet uns dann exklusiv bei der Vorbereitung begleiten. Da wird einiges los sein, inklusive Rekonstruktion des vom Gericht unterstellten Tatablaufs. Und ihr hättet Heidrun Mulders auch exklusiv vor dem Mikro. Was meinst du?“

Ach, da lief der Hase lang. Marte entspannte sich etwas. Nur Marie-Louise konnte sie an der Nasenspitze ansehen, dass die Michael Strättges' Vereinnahmung ihrer Idee nicht akzeptieren würde.

Aber die Retourkutschen ihrer kleinen Schwester fuhren selten am gleichen Tag.

„Hat er das andere Kind, die Claudia, nicht geschlagen?“, fragte Marte Marie-Louise auf der Heimfahrt. Ihre Schwester tobte noch immer wegen Strättges Vorpreschens in Sachen *Judges find Justice*. Vielleicht konnte sie ihre Schwester durch Ablenkung beruhigen.

„Nicht Claudia, die sein erklärtes Lieblingskind war, so lieb, so anschmiegsam, so hübsch. Als das Thema Scheidung aufkam, wollte er Claudia behalten, nicht aber Susanne.“

„Hast du damals angenommen, das könnte tiefere Gründe haben?“

„Was meinst du damit?“

„Na ja, wenn sich die Ehefrauen verweigern oder abwesend sind, kommen so manche Männer auf die Idee, sich der Töchter zu bedienen.“

„Also ein sexuelles Motiv lag der Ermordung wohl nicht zugrunde. Die Kinder wurden nicht vergewaltigt. Es gab auch keine Spuren früheren Missbrauchs."

„Okay, aber wie ging es denn nun weiter?"

„Sie stand also da mit den zwei Wunschkindern, eingebettet in die Familie, wohlgemerkt ihre, sie hatte eine eigene Wohnung – aber der Mann passte nicht mehr dazu. Ihr kleiner Traum vom Glück war geplatzt und ließ sie zurück mit Roland, der selten da war und wenn, tobte oder Sex von ihr verlangte, den sie nicht mehr wollte, und sie und ihre Tochter schlug. Ihre Schwester war jede Nacht im Tanzlokal." Marie-Louise bremste abrupt ab. „Idiot!"

„Zieht dieser Trottel, ohne zu blinken, doch einfach nach links rüber! Fast hätte ich draufgehangen. Blödmann."

Marie-Louise fasste sich wieder. „Na gut, weiter. Irgendwann begann Heidrun, ihre Schwester zu begleiten."

Kapitel 10

1987

„Nun komm schon. Roland ist doch gar nicht da. Die Schicht geht bis morgen um sechs. Dann sind wir längstens zurück. Und Mama passt auf die Kleinen auf. Willst du hier versauern? Immer nur das Muttchen spielen?"

Nein, das wollte ich nicht. Konnte es nicht mehr. Wollte mehr vom Leben. Wollte nicht mehr draußen stehen, während alle anderen Spaß hatten.

Schon bevor Jutta mich ermutigte, sie ins BaCa zu begleiten, hatte ich dem Drängen Dieters, einem Kegelfreund von Roland, nachgegeben und mich mit ihm heimlich getroffen. Auf einem Parkplatz, nicht weit weg von zu Hause. Den ich mit meinem Fahrrad, das mir die wenige Freiheit bescherte, die ich mir rausnahm, bequem erreichen konnte. Er hörte mir zu. Er sprach mit mir. Wie mit einer begehrenswerten Frau. Er bewunderte mein Haar, das ihn an Lady Di erinnerte, fand meine Beine perfekt, wenn er die Oberschenkel streichelte, und meinen Busen süß, wenn er unter meinen Pullover fasste. Ich ertrug seinen Blick nicht, wenn ich meinen Rock wieder runterzog, seine Hand aus dem Pullover schob. Irgendwann gab ich nach.

Wie seine Frau das herausfand, fand ich nie heraus. Irgendwann rief sie an, bei uns zu Hause. Tobte, verlangte eine Aussprache. Gottlob arbeitete Roland gerade. Sie

musste mir nicht erst sagen, dass sie alles Roland erzählen
würde, wenn wir, Dieter und ich, nicht aufhören würden,
uns zu treffen. Ich versprach es und hielt mich dran.

Doch ich hatte gelernt. Etwas verstanden.

Und als Jutta mich bearbeitete, sie ins BaCa nach Kaldenkirchen als Alibi für ihren englischen Ehemann zu begleiten, zog ich die geborgte enge Jeans und ein knappes
Shirt an und ging mit, als Roland Nachtschicht hatte. Mutter passte wieder auf meine Kleinen auf.

Für einen Mittwochabend war die Hölle los. Die wogende
Masse unter der sich drehenden Discokugel an der Decke,
die bunte Lichtersterne in alle Richtungen warf, Donna
Summer in voller Lautstärke und der Geruch nach Schweiß
und Bier betäubten mich. Unsicher klammerte ich mich an
Jutta und ließ mich von ihr zur Bar ziehen.

Ich hatte noch nicht mein erstes Glas Genever vor mir stehen, da sprach mich von rechts eine dunkle Stimme an. Ich
verstand kein Wort, doch der dazugehörige Mann hatte ein
umwerfendes Lächeln. Hilflos sah ich zu Jutta, die laut
lachte.

„Keine fünf Minuten hier und schon hast du einen Verehrer."

Einen Verehrer? Ich?

Ich drehte mich zu dem Fremden, der meine Hand ergriff
und mich in Richtung Tanzfläche zog. Ich versuchte, ihn zu
stoppen, doch der Mann mit der Statur eines Athleten ließ
nicht los. Zu meinem Glück donnerte aus den Lautspre-
chern „Sailing". Der Fremde zog mich fest an sich, und wir
wiegten uns im Rhythmus der Musik.

Es folgten weitere Athleten und viele Schmusesongs, bis
um drei geschlossen wurde.

Am nächsten Abend setzte sich ein dunkelhäutiger Engländer zu mir, der aussah wie Carl Lewis. Ich verstand mit meinem miesen Schulenglisch kein Wort, Jutta übersetzte grinsend.

Doch auch wenn ich ihn nicht verstand, seine Augen sagten alles. Ich fühlte mich zum ersten Mal im Leben wirklich begehrt, hatte auf einmal Hintern und Busen.

Als wir an jenem Abend nach Hause fuhren, wusste ich, dass das der Anfang war. Der Anfang von etwas Großem, Neuem.

Schon am nächsten Abend erzählte mir Leroy, dass seine Frau ihn betrogen habe. Die Army hätte sie nach der Scheidung zusammen mit ihren drei Kindern zurück nach Norfolk geschickt. Ob ich ihn heiraten wolle. Ich? Diesen tollen Mann? Diesen Adonis? Als er mich küsste, dachte ich: Vielleicht. Als wir anschließend in unserem Familien-Opel schmusten – eigentlich wollte ich ihn nur zur Kaserne fahren –, dachte ich: Möglicherweise. Als er in mich eindrang, wusste ich: Ja!

Von da an sahen wir uns täglich. Und täglich fuhren wir anschließend in das entlegene Waldstück in der Venloer Heide, bevor ich ihn in die Kaserne zurückbrachte.

Roland glaubte mir alles. Dass ich nur zum Aufpassen auf Jutta mitfuhr, dass ich nie tanzen würde und dass ich gar keinen Spaß an der Saoho hätte. Auch dass ich wegen meiner Unterleibsschmerzen treu sein müsste.

Dieser Idiot!

Kapitel 11

2010

„In der Vernehmung bestritt Roland, gewusst zu haben, dass Heidrun mit Leroy ein sexuelles Verhältnis hatte. Hatte sie ihm gegenüber doch behauptet, davon Unterleibsschmerzen zu bekommen. Er will ihr geglaubt haben und deswegen nicht in Sorge gewesen sein, dass da was liefe. Das haben wir ihm nicht abgenommen. Aber offenbar war er in dieser Zeit durch gesundheitliche Probleme abgelenkt."

„Was denn für Probleme?", hakte Marte ein.

„Er ist während seiner Schicht umgekippt und musste ins Krankenhaus gebracht werden, auf die Intensivstation. Eine Ursache konnte dafür nicht festgestellt werden. Als er einen Monat später wieder umkippte, kam der Verdacht einer Vergiftung auf. Noch bevor das geklärt werden konnte, ist er völlig abgedreht. Eines Morgens vor der Frühschicht irrte er auf der Straße umher und klingelte bei der Nachbarin. Er war völlig weggetreten und konnte sich hinterher an nichts mehr erinnern. Merkwürdigerweise hatte er nur Aussetzer, wenn er Früh- oder Spätschicht hatte, nicht aber während seiner Nachtschicht."

„Ups, hat da die holde Gattin nachgeholfen? Sie hat doch damals ein paarmal im Monat als Nachtschwester gearbeitet, oder? Da kam sie doch bestimmt an alle möglichen Medikamente heran."

„Das schon, und tatsächlich fand man bei einer Untersuchung Schlafmittelrückstände in seinem Urin. Aber das beweist noch gar nichts. Wegen seines Zustandes wurden ihm von seinen Ärzten Medikamente gegen die parkinsonsche Krankheit verordnet. Die nahm er ebenso wie seine Psychopharmaka und ein Mittel für seine Schilddrüse immer mit Alkohol ein, dem er übrigens in der Zeit in bedenklichem Maße zusprach. Der hat nie verstanden, dass die ihm verordneten Medikamente zusammen mit Alkohol genau diese Symptome erzeugen oder verstärken."

„Moment mal. Nicht so schnell. Hat er das Medikament eingenommen, das man in seinem Urin gefunden hat?"

„Er sagt Nein."

„Hatte sein Arzt ihm das Präparat denn verschrieben?"

„Er sagt Nein."

„Und gab es diese Tabletten im Medikamentenschrank des Altenheims, in dem Heidrun gearbeitet hat?"

„Die Ermittler sagen Ja."

„Und gab es da Fehlbestände in dem Zeitraum, in dem er Aussetzer hatte?"

„Die Ermittler sagen Ja."

„Na, wenn das nicht ein prima Prima-facie-Beweis gegen Heidrun ist. Und als ihr Gatte nicht im Tran in die

Tongrube gefallen oder in die Dachziegelpresse getorkelt ist, hat sie ihren Plan aufgegeben, ihn durch einen Unfall zu beseitigen. Stattdessen hat sie beschlossen, die Kinder zu töten, damit der unverwüstliche Roland nicht seine Lieblingstochter oder am Ende gar beide zugesprochen bekommt, weil Mama den Papa vergiften wollte. So abwegig finde ich das nicht. Bist du sicher, dass wir uns hier für die richtige Person einsetzen? Sie scheint ja ein echtes Früchtchen gewesen zu sein. Treibt es hinter dem Rücken von Hulk, zu dem der einstige Raimund Harmstorf mutiert war, in seinem Freundeskreis und kippt ihm Schlafmittel ins Essen, damit er final grün anläuft. Alle Achtung!" Marte pfiff durch die Zähne.

„Du bist so was von scheinheilig. Verteidigst wortreich den Rechtsstaat, hast ihn aber offenbar selbst nicht verinnerlicht. Wie kannst du als Richterin nach dem ersten Eindruck urteilen? Das ist so entlarvend und dein Bekenntnis zum Rechtsstaat ein reines Lippenbekenntnis."

„Entschuldigung? Ich sitze hier nicht über Heidrun Mulders zu Gericht, sondern höre mir eine Zusammenfassung an, ganz unverbindlich. Im Übrigen ist es meine Zeit und mein Engagement, das ich hier einbringe oder eben auch nicht, wenn ich das mal sagen darf. Und es basiert auf Freiwilligkeit. Ich bin nicht dazu verpflichtet, mich für jemanden einzusetzen, an dessen Unschuld und Integrität ich Zweifel hege."

„Nein, bist du nicht. Stimmt. Aber wenigstens anhören musst du dir die ganze Geschichte", verkündete Marie-Louise mit ihrer besten Angriff-marsch-Stimme.

„Ich muss gar nichts, außer angelegentlich aufs Klo und sterben. Aber das auch nur ein einziges Mal.“

„Wenn ich mit der Story durch bin, kannst du müssen, was immer du meinst, müssen zu sollen.“

„Ich hasse Juristen, auch die weiblichen.“

„Bitte?“

„Dieses rechthaberische, gestelzte Geschwurbel.“

„Das sagst du, die Schwurbel-Meisterin aller Klassen.“

„Manchmal kann ich mich eben selbst nicht leiden.“

„Du bist sicher, dass dein vorzeitiges Ausscheiden aus dem Dienst nicht doch pathologische Ursachen hat?“

„Vielleicht bin ich ja auch nur gescheit geworden.“

„Marte? Alles in Ordnung?“

Die blickte nachdenklich aus dem Beifahrerfenster und war von jetzt auf gleich in Gedanken in einem anderen Hier und Jetzt. Einem, in dem die Antworten auf Fragen aus einem Ja oder Nein und nicht dem obligatorischen „Es kommt darauf an“ bestanden.

Kapitel 12

1987

„Da hinten, können Sie die Beine erkennen?" Reinhardt wies hinter eine Reihe Brennnesseln. Marie-Louise sah nichts. Was daran liegen mochte, dass der Kommissar und inzwischen Leiter der Soko Swalsen sie um einen Kopf überragte. Sie stellte sich auf ihre Zehenspitzen, wodurch das alte Balletttraining doch noch einen späten Sinn gefunden hatte. Konnte aber trotzdem nichts anderes als grün sehen.

Reinhardt schaute auf sie runter. „Dafür sind Sie wohl einfach zu klein", stellte er spöttisch grinsend fest.

Marie-Louise hätte schreien können. „Aber nur dafür", konterte sie selbstbewusster, als sie sich fühlte.

Der Kommissar grinste anerkennend.

„Na, jedenfalls hat ein Busfahrer die Leiche entdeckt. Er hat seinen Bus hier abgestellt und seine Mittagspause eingelegt. Er hat sich mit Stulle und Thermoskanne auf einen der Passagiersitze gesetzt. Als er einen Vorhang zurechtrücken wollte, hat er zufällig aus dem Fenster geschaut und etwas Helles in den Brennnesseln entdeckt. Weil er unsicher war, hat er einen Kollegen gerufen."

Marie-Louise sah sich die beiden hintereinander am Parkplatzrand parkenden Reisebusse an.

„Kann ich mal rein?“, fragte sie.

„Sicher.“ Reinhardt begleitete sie zum vorderen Bus und half ihr die erste Stufe gentlemanlike hinauf. „Gehen Sie etwa bis zur Mitte auf die linke Seite“, forderte er sie auf.

Marie-Louise schlängelte sich durch den schmalen Gang bis zur angegebenen Stelle und beugte sich zum Fenster. Tatsächlich konnte sie nun etwas Helles erkennen. Dass es sich um Beine handelte, hätte sie ohne Reinhardts Hinweis nicht erkannt.

„Und daraus hat er geschlossen, dass er eine Leiche sieht?“, fragte sie Reinhardt verblüfft.

„Natürlich, schauen Sie doch genau hin“, polterte der los. Noch gröber als üblich.

„Und dann hat er also einen Kollegen gerufen statt der Polizei?“

„Ja, er war eben nicht ganz sicher. Wollte sich wohl nicht lächerlich machen. Der Kollege kam dann auch gleich und hat an die beiden vermissten Mädchen gedacht. Dann haben sie ihre Funkzentrale angerufen, und die hat uns verständigt.“

„Ein bisschen sehr umständlich, finde ich. Warum haben sie nicht gleich die Polizei gerufen?“

„Sie wollten nicht, dass irgendjemand das zufällig über Funk mitbekommt.“

„Aha!“

„Was aha?“

„Also ich finde das ein wenig seltsam. Wo sind denn die beiden? Ich würde gerne mit ihnen sprechen und mir das persönlich erklären lassen.“

„Was soll das?“, polterte Reinhardt los. „Vertrauen Sie uns nicht? Was gibt es da noch zu sagen? Ich habe sie heimgeschickt. Es ging beiden nicht gut. Ist ja auch nicht so toll, eine Kinderleiche zu finden. Das kann einem schon mal unter die Haut gehen."

Marie-Louise starrte den Kommissar an. Woher kam nur das plötzliche große Verständnis? Üblicherweise hätten sie die Zeugen bis zu ihrer Ankunft dabehalten müssen.

Es hatte keine Stunde nach Auffinden der Leiche gedauert, bis sie am Fundort der kleinen Susanne eintraf. Eine Stunde nur. Und doch waren die Busfahrer schon weg. Seltsam.

„Wollen Sie jetzt die Leiche sehen oder nicht?"

Marie-Louise nickte, obwohl ihr mulmig zumute war. Natürlich war sie während der Referendarzeit mehrfach bei Obduktionen anwesend gewesen, eine Kinderleiche war ihr dabei aber nicht untergekommen. Sie versuchte sich zu wappnen, doch das würde wenig nützen, wie ihr klar war.

Ein frischer Trampelpfad führte im großen Bogen von dem Bus um die Brennnesseln herum, bis er einen scharfen Knick nach rechts machte.

Vor Marie-Louise lag ein kleines Mädchen halb seitlich auf dem Rücken, das angewinkelte rechte Bein über das linke gelagert. Das Gesicht konnte sie nicht sehen, es war vollkommen von ihren roten Haaren bedeckt. Nur an der Kleidung erkannte sie Susanne Bosman. Sie entsprach exakt der Beschreibung aus der Vermisstenanzeige. Marie-Louise schluckte. So klein, so unschuldig. Das Leben vorbei, bevor es begonnen hatte. Sie unterdrückte ein Aufschluchzen und drehte sich weg. Reinhardt sollte, nein, durfte nicht mitbekommen, wie nahe ihr das ging.

Also wandte sie sich der Umgebung der Leiche zu. Wie kam das tote Mädchen hierhin?, fragte sich Marie-Louise. Um sie herum wuchsen mit Ausnahme des schmalen Trampelpfades zur Leiche Brennnesseln mit einer Höhe von über einem halben Meter. Nur unter der Leiche waren sie umgeknickt. Marie-Louise schaute auf in Richtung Parkplatz. Es waren gute zwei Meter bis zum Parkplatzrand.

„War der Trampelpfad schon da, als die Polizei eintraf?", fragte sie Reinhardt.

„Nein, die Kollegen mussten sich erst durchkämpfen. Sie haben einen großen Bogen geschlagen, um keine Beweise zu zerstören."

Marie-Louise betrachtete das tote Mädchen. Wie schwer mochte sie sein? Zwanzig, dreißig Kilo? Marie-Louise kannte sich nicht mit dem Gewicht kleiner Kinder aus. Aber ganz falsch lag sie mit ihrer Schätzung sicher nicht.

„Und wie ist die Kleine dann hierhin gekommen?"

„Keine Ahnung. Woher soll ich das wissen?"

„Das finde ich eine wichtige Frage", konterte Marie-Louise. „Ich finde das seltsam, dass man keine niedergetrampelten Stellen sieht, über die das Mädchen hierhergeschafft wurde. Ist ja fast so, als wäre sie über die Brennnesseln geworfen worden. Oder wie stellen Sie sich das vor?"

„Ich stelle mir gar nichts vor. Ich ermittle noch."

„Und ich frage mich, wie groß der Täter sein muss, um sie da rüber zu bekommen!"

Zwei Stunden später, inzwischen hatte der herbeigerufene Gerichtsmediziner festgestellt, dass zumindest auf den ersten Blick nicht von einer Sexualstraftat auszugehen sei, kam die Meldung herein, dass auch das zweite Bosman-Mädchen gefunden worden sei. Ebenfalls an einem Parkplatzrand, nur knappe sechs Kilometer von Susannes Fundort entfernt. Marie-Louise folgte Reinhardt in ihrem alten Käfer, der in seinem deutlich jüngeren Scirocco mit erstaunlichem Tempo die Landstraße entlangraste.

Ein Suchtrupp der freiwilligen Feuerwehr Brüggen hatte an dem Parkplatz, der eigentlich ein stillgelegtes Straßenstück war, im Himbeergestrüpp gute vier Meter von der Fahrbahn entfernt das kleine Mädchen entdeckt. Die schnell vor Ort eingetroffenen Mitarbeiter der Soko hatten den Platz mit einem weiß-roten Plastikband abgesperrt. Auch zu dieser Leiche kam man nur durch Gestrüpp hindurch. Gestrüpp mit Dornen, wie Marie-Louise bemerkte.

Claudia lag auf dem Rücken, den Kopf zur Seite gewandt. Ihr rosa T-Shirt war bis zur Brust hochgerutscht, ansonsten sah das tote Mädchen aus, als ob es schliefe, wären da nicht die vielen Ameisen gewesen, die einen Weg bis zu ihrem leicht geöffneten Mund angelegt hatten. Marie-Louise würgte es.

Ein junger Kripobeamter, wenn sich Marie-Louise richtig erinnerte, hieß er Schröder, führte sie einige Meter weiter zu einem niedergewalzten Grasstück. Fast quadratisch mochte die Fläche zwei mal zwei Meter betragen. Direkt dahinter begann der Wald.

„Sieht aus, als hätte hier eine Decke gelegen", konstatierte Reinhardt. Marie-Louise musste ihm recht geben.

Ob hier die Mädchen gestorben waren? Für sie hatten beide Leichenfundorte nicht wie Tatorte ausgesehen. Zu dicht hatte das stachelige Gebüsch an die Leichen herangereicht, als dass ein Mörder sich dort hätte bewegen können.

„Ob die Mädchen hier gestorben sind?", fragte Reinhardt, als habe er ihre Gedanken gelesen. Der junge Kripobeamte Schröder nickte. „Haben wir auch so gedacht."

Zwei Stunden vergingen, bis die Leiche abtransportiert wurde, zwei Stunden, die Marie-Louise wie eine Ewigkeit erschienen. Doch sie wollte nichts verpassen. Irgendwas könnte wichtig sein.

„Fahren Sie nach Hause", verkündete Reinhardt, unerwartet sanft. „Ich fahre jetzt zu den Eltern."

„Ich komme mit", verkündete Marie-Louise, obwohl ihr davor graute. Doch sie fand, dass sie das den Eltern, aber auch den toten Kindern schuldig war.

„Nein, das reicht für heute. Ich bin es gewohnt, schlechte Nachrichten zu überbringen. Das mache ich besser allein."

Marie-Louise wäre dankbar gewesen, hätte sie da nicht dieses Zwinkern in seinen Augen bemerkt. Ein unbeabsichtigtes Zwinkern, doch es sagte mehr als genug.

„Nein, ich komme mit!", beharrte sie.

„Nein, nein, nein. Das kann nicht sein. Das können nicht meine Kinder sein. Ich will sie sehen, sofort. Ich glaube Ihnen nicht. Lassen Sie mich sofort zu ihnen!" Heidrun klammerte sich so fest an Reinhardt, dass der sich mit sanfter Gewalt von ihr lösen musste. Ihre Mutter und eine der Schwestern eilten hinzu und zogen Heidrun weg, weg in ihre Arme. Heidrun heulte wie ein verwundetes Tier, schrie nach ihren Kindern, schubste ihren Mann Roland weg, als er ihr über die Schulter streicheln wollte, und versuchte immer wieder, an die breite Brust des Kommissars zu gelangen. Roland Bosman setzte sich wieder auf das bunte Sofa und verbarg sein Gesicht hinter den Händen. Ab und an entfuhr ihm ein lauter Schluchzer, und Marie-Louise erkannte, dass er immer wieder nach Luft schnappte.

Schließlich traf der Hausarzt der Familie, ein Dr. Weber, ein und setzte beiden Eheleuten eine Beruhigungsspritze. „Sie können die beiden auf keinen Fall heute allein lassen", sagte er, als beide ruhiger geworden waren.

Zu Marie-Louises Verblüffung wurde Heidrun in die Wohnung ihrer Mutter über ihrer eigenen geführt, während Roland von seinem Bruder abgeholt wurde.

Diese Ehe war kaputter, als Marie-Louise gedacht hatte.

Kapitel 13

2010

Sie waren schweigend vor Martes Noch-Wohnung angekommen. So wollte Marte es nicht stehen lassen. Je älter sie wurde, umso mehr hasste sie diese zeitraubenden Kabbeleien, die zu nichts führten außer Zeitverlust. Es musste wohl eine Form der Altersmilde – oder war es schon Altersschwäche? –, gepaart mit der Einsicht in die Endlichkeit des Lebens sein, die immer lauter an die eigene Tür klopfte und sie immer öfter einlenken ließ. Deswegen wurde es auch höchste Zeit, die Robe an den Nagel zu hängen.

„Mary-Lou, lass uns das machen wie besprochen. Ich lad die Urteile hoch und schicke sie dir via Mail, damit wir den gleichen Stand haben. Und dann reden wir weiter, ja?"

Marie-Louise nickte nur wortlos.

„Kleines Lasterschwein, es muss doch erlaubt sein, einen gewonnenen Eindruck zu äußern. Und *mein* erster Eindruck von Heidrun Mulders ist nun mal eher ambivalent ausgefallen. Sympathie hat sie bei mir jedenfalls nicht geweckt. Sie wirkt zwar zerbrechlich, aber doch auch kühl und distanziert. Und nach allem, was du mir eben berichtet hast, kann ich sie mir durchaus als Mörderin vorstellen. Nach der Lektüre der Urteile mag sich das ja geändert haben. Wenn ich einen Ansatz finde, werde ich auch keine Ruhe geben, bis die Frau frei ist. Ob ich sie nun mag oder nicht, spielt keine Rolle."

Das knappe „Ja, danke", zu dem Marie-Louise sich aufraffte, reichte Marte, denn es hieß übersetzt: „In Ordnung, zurück auf *Normalmodus*. Ich trag dir auch nichts nach, wenn du jetzt spurst."

„Bonne chance", sagte Marte eher zu sich selbst, als sie ausstieg. Marie-Louise stutzte zunächst, dann setzte sie ihr feistestes Grinsen auf und kommentierte: „Besser isses, meine Liebe."

Es zeitigte wirklich nicht nur Vorteile, wenn kleine Schwestern Gedanken lesen konnten.

Nun musste sie sich sputen. Die Möbelpacker kamen gleich.

Unter dem Eisernen Kanzler des Zweiten Reichs hatten noch nicht sozialversicherte Hände unzählige Backsteine zu der Vierkanthofanlage der Familie Janssen aufgemauert, die ihr neues Zuhause werden sollte.

Der demografische Wandel hatte die Hofnachfolge nach der fünften Generation abreißen lassen. Der Bauer hatte vergeblich eine Frau gesucht, aber nur das neben dem Getränkemarkt gelegene Bordell gefunden. Den Rest der Geschichte hatte Willy Millowitsch besungen: Die Liebe, der Leichtsinn, der Suff, die reiben den Menschen uff. So hatte schließlich die Hausbank den letzten Heinrich der ehedem stolzen Janssens zum Verkauf gedrängt.

Marte hätte es lassen sollen, die halbe Nacht vom Hölzchen aufs Stöckchen zu googeln, bis sie auf

YouTube gelandet war. Nun lief dieses alte Stimmungslied in Dauerschleife in ihrem Kopf, während sie müde und ratlos vor den Umzugskartons stand. Wie konnte eine Person so viel Plunder anhäufen und dann auch noch so bescheuert sein, die ganzen Plörren mit sich zu schleppen, um sich damit den Altersruhesitz zuzustellen? Dabei hatte sie schon Etliches ausgemustert.

Von ihren Büchern konnte sie sich aber nicht trennen, auch nicht von ihren Platten und den CDs, obwohl es doch ein Leichtes gewesen wäre, alles zu digitalisieren, wie ihr Tom, ihr Neffe, nahegelegt hatte. Sicher hatte er recht. Außerdem bräuchte sie ein weiteres Leben, um alle Romane erneut zu lesen und die Platten auf ihrem alten Dual abzuspielen. Dennoch hatte sie mit den Hauptfiguren gelitten, gelacht oder gestaunt, den Liebeskummer, das Unverständnis über Missstände oder die Lebenslust der Interpreten nachempfunden, sodass jedes Buch, jedes Album wie eine Seite in ihren Tagebüchern war. Und die warf man auch nicht weg, sondern verfügte deren Vernichtung nach dem eigenen Ableben, oder nicht?

Wo sollte sie nur anfangen? Dickbäuchige Akten strukturiert durchzuarbeiten fiel ihr leichter. Kaffee, sie bräuchte einen Kaffee. Ach, verflucht. Die Kaffeemaschine war noch in ihrer alten Wohnung. Noch nicht mal eingekauft hatte sie. Da standen nur ein paar Flaschen Sprudel und der Kasten Bier – halb mit Uerigem, halb mit irgendeinem Pils befüllt – für die Mitarbeiter des Umzugsunternehmens, die aber alle Abstinenzler zu sein schienen. Der Kasten war unangetastet geblieben. Mit den belegten Brötchen und dem Streusel hingegen hatte sie punkten können. Nur drei inzwischen angegammelte Brötchenhälften und anderthalb Teilchen standen noch auf der Arbeitsplatte in der Küche. Appetitlich, besonders die Schweißperlen auf dem gewellten Gouda. Abtupfen und aufbügeln?

Ein Klopfen an die Glastür ihres Wintergartens, der früher eine Remise war, riss sie aus ihren morgendlichen Gedanken. Marte glaubte, ihren Augen nicht trauen zu können: Ihre kleine Schwester stand in blauem Arbeitsoverall mit einem Korb, aus dem eine Kaffeekanne ragte, vor der Tür.

„Dachte ich mir doch, dass du für solche Arbeiten nicht taugst", verkündete sie, kaum dass Marte sie reingelassen hatte.

Marie-Louise drückte ihr einen Becher dampfenden Kaffee in die Hand.

„Wie willst du das wissen? Ich laufe innerlich gerade zur Hochform auf."

„Und wie!", spottete Marie-Louise. „Ich habe beschlossen, dir auch noch den Rest zu erzählen, bevor ich dich an diese Fehlurteile ranlasse. Und bei dieser Gelegenheit auch noch ein paar Kisten für dich auszuräumen. Quid pro quo."

„Errare humanum est."

„So wahr ich ein Mensch bin. Ich irre mich nicht."

„Hört! Hört!"

Marte schlürfte dankbar ihren Kaffee, war sich aber unschlüssig, ob ihr die Hilfe von Marie-Louise gelegen kam oder doch eher störte. So nah sie ihrer Schwester auch stand, dennoch war ihr der Gedanke, sie in ihren persönlichsten Sachen herumkruschteln zu lassen, merkwürdig unangenehm.

Kapitel 14

1987

Marie-Louise war nach der Überbringung der katastrophalen Nachricht direkt zu Herold gefahren, aber er war nicht zu Hause gewesen. Erst das Fiasko mit dem Schnitzel drei Tage zuvor, bei dem sie sich als die mieseste Köchin der Welt geoutet hatte, und nun ein geplatztes Rendezvous, das sie nicht einmal abgesagt hatte. Sie hatte in der Hektik einfach nicht daran gedacht. Ihr war ganz elend. Doch sie hatte keine Zeit, darüber zu jammern, dass ihre große Liebe deswegen sicherlich den Bach runterging, es brannte. Schon am nächsten frühen Morgen sollten die Vernehmungen der Zeugen beginnen. Und sie war todmüde, es war bereits nach zehn. Sie musste ins Bett, ohne Umwege und ohne weitere Aufenthalte.

Sie fingen an mit dem Liebhaber Heidruns: Leroy Rhys. Der war selbst noch verheiratet, hatte zwei Kinder. Die Ehefrau lebte allerdings nach dem Scheitern der Ehe mit den Kindern bereits wieder in England. Ein gut aussehender Typ, der an Carl Lewis erinnerte. Groß, athletisch und mit umwerfendem Grinsen, aber vom Typus eher naiv, ungebildet und narzisstisch. Marie-Louise wunderte sich, wieso sich ein so attraktiver

Mann mit der unscheinbaren Heidrun einließ, die äußerlich und von ihrer zurückhaltenden, fast schon spröden Art nicht der Typ war, auf den Männer flogen. Aber die Auswahl an deutschen Frauen war für die am Niederrhein stationierten Soldaten deutlich reduziert. Es war verpönt, sich mit einem Engländer einzulassen, wie Marie-Louise wusste.

Rhys beteuerte in seiner Vernehmung, dass er Heidrun heiraten wollte. Er hätte sich nur darüber geärgert, dass sie mit ihrer Scheidung so zögerlich gewesen sei. Dass sie zusammenziehen wollten, und zwar zusammen mit den Kindern, die er ebenfalls liebte. Alles sei wunderbar gewesen und er am Boden zerstört, dass die Kinder tot seien.

Marie-Louise sah Reinhardt leiden. In den Vernehmungspausen mokierte er sich über den Schwarzen und sein dümmliches Lächeln. Dessen ausgeprägte Muskeln, die er sich sicher beim Hangeln an Bäumen antrainiert hätte, ganz wie seine direkten Vorfahren. Und dass diese Nutte Heidrun sich mal so richtig durchvögeln lassen wollte, nachdem ihr Mann, der Schlappschwanz, das nicht mehr konnte oder durfte.

Marie-Louise ärgerte sich. Diese Arroganz, dieser offene Rassismus, war die Kehrseite des hochintelligenten und intuitiven Kommissars. Sie schwankte, ob sie ihn deswegen zurechtweisen oder sein unerträgliches Lästern ignorieren sollte. Hoffentlich würde sich sein kleinkariertes Denken bei der Ermittlung nicht als verhängnisvoll erweisen.

Die Aussage der Nachbarin Grede, die die Kinder als Letzte gegen elf Uhr auf dem Spielplatz gesehen haben wollte, wurde von ihrem Bruder und seiner Freundin bestätigt, die über das Wochenende zu Besuch bei ihr gewesen waren. „Noch nachgewinkt haben die Kleinen uns, als wir gegen halb elf, elf abfuhren. Wir haben die Mädchen Samstagabend beim Grillen gesehen, daher kannten wir sie.“

Matthew, Ehemann der jüngeren Schwester und ebenfalls bei der Army beschäftigter Engländer, berichtete, dass er zusammen mit seiner Frau in der Nacht vor dem Verschwinden in der Wohnung der Bosmans war. Denn Claudia hatte so laut geschrien, weil sie sich eingenässt hatte. Jutta habe sie frisch angezogen, danach sei Ruhe gewesen.

Und dann schossen Gerüchte aus dem Boden: Der Vater der rothaarigen Susanne sei gar nicht Roland gewesen, sondern der Ehemann von Heidruns älterer Schwester Barbara. Sie sollte ein Verhältnis mit einem anderen Mann gehabt haben, einem verheirateten Mann; Heidrun habe versucht, Roland zu vergiften, um ihn loszuwerden. Alle sorgfältig gestreut. Auf der Suche nach der Quelle führten die meisten Wege zu Frau Grede, der quadratischen, freundlich lächelnden Nachbarin.

Es wurde aber auch bekannt, dass Leroy zwei Tage vor dem Verschwinden der Kinder nicht nur mit einer Abiturientin im BaCa geflirtet, sondern ihr auch einen Heiratsantrag gemacht habe. Heidrun spielte das runter, es sei nur ein kleiner Streit gewesen, weil sie die Scheidung noch immer nicht beantragt hatte. Man habe sich umgehend wieder versöhnt.

Doch dann platzte die erste Bombe: Ein Motoradfahrer meldete sich, der den Bosmanschen Familienwagen, einen weißen Opel mit gesplitterter Frontscheibe

und schwarzen Streifen auf den Seiten, am Tag des Verschwindens gegen elf, als er zu seinem Zahnarzt unterwegs war, auf dem Parkplatz gesehen hatte, an dem die
Leiche von Susanne gefunden worden war.

Kapitel 15

2010

Es klopfte erneut an die Terrassentür. Ein alter Mann am Stock, auf gefütterten Clogs, in dunkelgrauer Jogginghose und blau-rot kariertem Flanellhemd stand davor. Das Hemd hatte er komplett zugeknöpft und dessen Saum akkurat in die Hose gestopft, die er unter dem Gummizug mit einem Gürtel fixiert hatte. Auf dem Kopf trug er eine dunkelbraune Baseballkappe aus Leder, die nur mühevoll sein offenbar noch volles weißes Haar bändigte. Sein Gesicht drückte nichts als Freundlichkeit aus. Aber dass er ihr ein Äugschen kniff, fand sie etwas übergriffig, waren beide doch noch nicht einmal miteinander bekannt.

Gleichwohl öffnete Marte die Tür, wollte sie es sich doch nicht gleich mit den Nachbarn verderben. Und ein solcher musste der Alte sein, wenn er auf Clogs umherspazierte. Damit legte man für gewöhnlich keine allzu großen Strecken zurück. Oder war er ein entfleuchter Insasse der Landesklinik, die sie hier alle nur kurz Klapse nannten? Nein, auch der Weg war zu lang.

„Guten Tag", sagte sie mehr fragend als wissend.

„Einen wunderschönen guten Tag, Frau Doktor. Ich möchte mich Ihnen vorstellen. Ich bin Andreas van

Gongeren, ihr Nachbar. Zum Einzug möchte ich Ihnen alles Gute wünschen, verbunden mit der Hoffnung auf gute Nachbarschaft", sang der alte Mann beinahe. Und das in einer einnehmenden, sonoren Tenorstimmlage.

Marte war verblüfft. Er reichte ihr die Hand, die sie dankbar ergriff. Wer hatte den Wiedergänger von Johannes Heesters in diese Kluft gesteckt? Unfassbar. Erst jetzt entdeckte Marte, dass ihr Gegenüber gar nicht das Auge kniff, sondern der Augapfel unter den Lidern fehlte.

„Entschuldigen Sie bitte, ich bin auf dem Weg zu den Hühnern, da lasse ich das neue Auge immer zu Hause."

Van Gongeren hatte wohl ihren prüfenden Blick bemerkt.

„Waren die Hühner das? Das mit dem Auge?", fragte Marte, ehe sie sich gefragt hatte, ob das nicht zu forsch sei.

Ihr Gegenüber schüttelte den Kopf. „Arbeitsunfall vor über fünfzig Jahren."

„Bitte entschuldigen Sie. Ich bin mit der Tür ins Haus gefallen. Wie unhöflich von mir. Zunächst mal vielen Dank für Ihre guten Wünsche. Ich bin Marte Campferbrinck. Der Doktor bleibt in Düsseldorf. Auf gute Nachbarschaft, Herr van Gongeren. Ich würde Sie gerne auf einen Kaffee hereinbitten, aber die Kaffeemaschine ist noch nicht umgezogen und die Thermoskanne, die meine Schwester mitgebracht hat, schon leer. Bier hätte ich im Angebot."

„Owieje, Bier erst abends nach sechs. Morgens um sechs ein Klarer für den Kreislauf. Und dazwischen teilzeitrocken, sagt mein Urenkel immer."

„Somewhere in the world it is six o'clock."

Van Gongeren lachte laut auf. „Kommen Sie doch, wenn es passt, zu Carlchen und mir herüber. Wir wohnen im Haupthaus, Erdgeschoss links. Wir freuen uns. Da ist immer ein Kännchen frisch gebrühter Kaffee auf dem Kamin. Dat maake wer von Hand. Da bruuke wer kin Maschinken für." Er lupfte seine Kappe und stakste los.

Erstaunlich, dachte Marte, aber warum nicht ein altes, schwules Pärchen kennenlernen, das es offenbar vermocht hatte, den Konventionen der Provinz zu trotzen.

Marte kehrte zurück in ihre Wohnung. Marie-Louise hatte derweil zwei weitere Bücherkisten ausgepackt und in die Regale gestellt. Wie schaffte ihre kleine Schwester das nur? Marte hätte drei Stunden dafür gebraucht. Schließlich musste jedes Buch in die Hand genommen, begutachtet und reingelesen werden, damit es auch ja am richtigen Platz landete. Hinterher würde sie das Ganze sortieren müssen. Sie seufzte.

„Was ist?", fragte Marie-Louise nach.

„Ach, nichts. Mein Nachbar hat sich vorgestellt. Wäre eigentlich mein Job gewesen. Er hat mich auf einen Kaffee eingeladen. Stell dir vor ..."

Weiter kam Marte nicht.

„Nee, keine Zeit. Ich erzähl dir jetzt weiter von den Ermittlungen." Marie-Louise sah nicht auf, sondern stellte weiter ein Buch nach dem anderen ins Regal. Wenn sie zwei mit einer Hand greifen konnte, dann auch zwei. Mit einem lauten Rums schlugen die unteren Kanten der Bücherblöcke auf den Regalboden.

„Aua."

„Wie kann man sich beim Rumstehen wehtun?“ Marie-Louise schüttelte den Kopf.

„Bis jetzt hast du mir keine Argumente gegen Heidruns Schuld geliefert. Kommen die noch?“

„Immer schön geduldig bleiben. Also weiter. Wir haben dann beide umgehend zum Verhör geholt.“

Kapitel 16

1987

Marie-Louise war entsetzt gewesen, als sie die Todesanzeige für die ermordeten Kinder las:

Oh, hartes Schicksal! Vater, wenn die Mutter fragt: Wo sind denn unsere Kinder hin?, dann sag ihr, dass wir im Himmel sind.

Trotz intensiver Bemühungen konnten die Ermittler nicht klären, wer den Text aufgesetzt hatte.

An der Beerdigung hatte sie teilgenommen, etwas anderes wäre ihr unvorstellbar gewesen. Hunderte trauernde oder eher sensationsgeile Menschen, wie Marie-Louise aus den Gesichtern lesen konnte, hatten jedes Wort des Pastors, der über eine nicht mehr heile Welt sprach und den Mörder aufforderte, sich zu stellen, gierig aufgesogen. Gelechzt nach einem Blick auf die am Grab zusammenbrechende Heidrun, die sich auf ihren Schwager Herbert stützte statt auf ihren Ehemann. Und auf Leroy Rhys, der mit seiner Sonnenbrille und schicker Uniform völlig deplatziert wirkte – und war, wie Marie-Louise fand. Dagegen stand Roland allein abseits. Fast tat er ihr leid.

Trotzdem konnte sie Reinhardts stures Beharren auf der Täterschaft der Mutter nicht akzeptieren.

„Sie sind nicht offen in Ihren Ermittlungen. Was ist los mit Ihnen? Wie können Sie sich jetzt schon festlegen auf Heidrun als Täterin? Und was genau macht Sie so sicher, dass es nicht doch einen Dritttäter gibt? Jemanden, der eine Gelegenheit genutzt hat. Vielleicht sogar die Verhältnisse in der Familie kannte und ausnutzte", giftete sie den Leiter der Soko am Telefon an.

„Lesen Sie die Akten!", konterte der. „Dann sehen Sie, dass diese Schlampe nichts anderes als ihren schwarzen Lover im Kopf hatte und die Kinder ihr im Weg waren."

„Und das schließen Sie genau woraus?"

„Was ist das denn für eine Mutter, die jede Nacht in eine Disco abhaut und ihre kleinen Töchter allein lässt? Die ihrem Mann so offenkundig Hörner aufsetzt? Und die keine zwei Tage nach dem Auffinden der Leichen den neuen Schulranzen für die Kleine in den Laden zurückbringt, um das Geld zu sparen. Die ihren Noch-Ehemann am Tag der Beerdigung aus der gemeinsamen Wohnung schmeißt, um ihren Hurenbock reinzuholen!"

„Erstens finde ich Ihre Ausdrucksweise nicht nur inakzeptabel, sie lässt auch auf Gedankengut schließen, das insbesondere Sie als Staatsdiener nach dem Dritten Reich endlich überwunden haben sollten. Meinen Sie nicht? Was ist los mit Ihnen? Hat Ihre Frau sie auch verlassen? Sind Sie deshalb so aggressiv gegenüber Heidrun Bosman?"

Hatte sie Reinhardt etwa getroffen? Er schwieg eine halbe Minute. Oder hatte er aufgelegt? Gut, sie war zu

weit gegangen. Aber diese Vorverurteilung war einfach
nicht in Ordnung.

„Was ist?", hakte sie nach.

„Um drei holen wir die Bosman zum Verhör. Sie können daran teilnehmen und sich selbst dieses Flittchen
anhören, oder Sie können es lassen."

Am anderen Ende wurde aufgelegt. Bevor sie zu ihrem „zweitens" gekommen war. Na wunderbar. Reagierte so eine souveräne Staatsanwältin? Wieder klingelte das Telefon.

„Was?", fauchte sie wenig freundlich das potenzielle
Opfer ihrer Frustentladung an.

„Ich bin's."

„Herold?"

„Ja, tut mir leid, störe ich?"

Das klang nicht gut, gar nicht gut. So begann man ein
unangenehmes Gespräch. Seine Stimme hatte Grabes-
tiefe, sonst klang sie heller. Das war Marie-Louise gerade zu viel. Nein, die offizielle Beendigung ihrer Beziehung würde sie jetzt nicht ertragen.

„Tut mir leid, ich muss in eine Verhandlung, tut mir
wirklich leid." Diesmal legte Marie-Louise auf. Doch es
tat ihr nicht gut, sie hätte heulen können.

„Also nochmals. Wie war das an dem Montag, als Ihre
Kinder verschwanden? Was haben Sie genau gemacht?"

Heidrun wirkte müde. Kein Wunder. Die Frage kam
nun bereits zum dritten Mal. In diesem einen Verhör.
Hoffte Reinhardt noch immer auf einen Aussetzer, einen kleinen Fehler bei der Schilderung, das Zusam-
menbrechen und Geständnis von Heidrun? Er hoffte

umsonst. Doch er hatte auch noch nicht den Joker ausgepackt und Heidrun mit der Zeugenaussage konfrontiert, dass ihr Wagen am Morgen des Verschwindens der Kinder auf genau dem Parkplatz gesichtet worden war, an dem drei Tage später Susannes Leiche entdeckt worden war. Marie-Louise war gespannt, wann er das bringen würde.

„Ich bin um drei Uhr morgens nach Hause gekommen und gleich ins Kinderzimmer gegangen. Beide Mädchen haben geschlafen. Ich habe gesehen, dass Claudia ein frisches Höschen anhatte, und als ich ins Bad ging, um mich zu waschen, entdeckte ich ihre Schlafhose noch feucht auf dem Wäscheständer. Roland hat geschnarcht, als ich das Schlafzimmer betrat. Aufgestanden bin ich gegen halb zehn; dann Frühstück mit den beiden Mädchen, die nur Kaba und Milch haben wollten. Gegen Viertel nach zehn hab ich sie raus zum Spielen geschickt. Ich hatte an dem Morgen einiges zu erledigen, wie meistens. An dem Tag waren Post und Sparkasse dran. Meine Mutter, die im Krankenhaus lag, hatte mich gebeten, eine fällige Rechnung für Neckermann zu überweisen. Ich hab mir noch am Telefon erklären lassen, wie das geht. Meine Oma hatte einen Brief auf den Esstisch gelegt, damit ich ihn mitnehme. Ich hab mich dann fertig gemacht. Als ich loswollte, kam mir Oma im Flur entgegen. Die wollte mir unbedingt das Porto mitgeben und wechselte einen Fünfzigmarkschein bei meiner älteren Schwester Barbara. Dann kam sie in meine Wohnung, um mir das Geld zu geben. Bei der Gelegenheit traf sie meine Töchter“, ein lauter Schluchzer unterbrach den Bericht, „die

kurz reingekommen waren. Warum, weiß ich nicht
mehr."

„Haben die Mädchen zu der Zeit etwas gegessen?", unterbrach Reinhardt.

„Nein, ich glaube, sie holten nur ihren Ball."

„Glauben Sie das, oder wissen Sie es?"

„Ich denke es."

„Also sind Sie nicht sicher? Könnten die Mädchen
dann doch was gegessen haben?"

„Ich glaube nicht"

„Na gut, weiter."

„Als ich aus dem Haus rauskam, sah ich Juttas Wagen,
der eigentlich schon längst weg sein sollte. Eigentlich
fing sie um acht in Niederkrüchten an zu arbeiten. Ich
bin dann zurück ins Haus in die Wohnung von Jutta.
Beide, also Jutta und ihr Mann, lagen noch im Bett. Ich
weckte sie, weil ich dachte, sie hätten verschlafen."

„Um wie viel Uhr war das?"

„Ich denke gegen halb elf."

„Okay, weiter."

„Jutta hatte starke Migräne und wollte deswegen an
dem Tag nicht arbeiten gehen. Matthew stand auf,
während ich da war, und zog sich an. Er sagte noch,
dass er gleich losmüsse. Ich bin dann losgefahren. Erst
zur Post, anschließend zur Bank."

„Wann sind Sie bei der Post angekommen?"

„Ich weiß nicht mehr genau. Es muss aber kurz vor elf
gewesen sein, weil die dann schließt."

„Und wann waren Sie bei der Bank?"

„Direkt danach. Ist ja nicht weit."

„Wer hat Sie in der Bank bedient?"

„Eine junge Frau. Ich hab sie da schon öfter gesehen. Wie sie heißt, weiß ich nicht."

„In der Bank arbeitet nur eine junge Frau. Fräulein Merkur. Die hatte aber an dem Montagmorgen frei."

„Dann habe ich mich wohl geirrt. Ach ja, es war dieser junge Mann."

„Welcher junge Mann?"

„Na, der Blonde."

„Nun also ein blonder junger Mann, aha."

„Ja, tut mir leid, das muss ich verwechselt haben. Ja, es war dieser blonde junge Mann, der mich bedient hat. Ich bin mir sicher."

Reinhardt unterbrach die Vernehmung, um zu telefonieren. Marie-Louise holte sich einen Kaffee aus dem Automaten auf dem Flur. Ungenießbar, aber immer noch besser als der, den die Kripobeamten ihr vor Beginn der Vernehmung angeboten hatten. Keine fünf Minuten später kam Reinhardt zurück. Mit selbstzufriedenem Grinsen im Gesicht. Marie-Louise ahnte, was es bedeutete, und wurde gleich zu Beginn der weiteren Vernehmung bestätigt.

„In der Bank arbeitet kein blonder junger Mann", verkündete Reinhardt Heidrun.

„Nein?"

„Nein!"

„Oh, dann war es wohl doch der Dunkelhaarige. Entschuldigung."

„Frau Bosman, wir brauchen hier keine Entschuldigung, sondern die Wahrheit. Wollen Sie sich nicht doch dazu durchringen?"

Die sah nur vor sich auf den Fußboden, als würde dort die Antwort stehen. Stand sie aber offenbar nicht. Sie schwieg weiter.

„Nun gut. Dann weiter. Sie sind dann direkt nach Hause gefahren?", fragte Reinhardt wider besseres Wissen.

„Ja. Nein, ich bin noch in den Edeka um die Ecke. Ich brauchte Schmand fürs Mittagessen."

„Schmand also. Was gab es denn zum Mittagessen?"

Heidruns Gesicht entspannte sich etwas. „Grüne Bohnen, den Rest Rinderbraten vom Sonntag und Kartoffeln."

„Braucht man dafür Schmand?"

„Für die Soße. Also ich mach Schmand rein. Dann ist die Soße sämiger. Ich hab auch zwei Eistüten für die Kinder mitgenommen. Auf dem Heimweg hat dann ein vor mir fahrender Lkw einen Stein auf die Windschutzscheibe geschleudert. Die Scheibe war dadurch kaputt. Als ich heimkam, hab ich das gleich Roland erzählt. Der wollte sich später den Schaden ansehen. Ich hab dann gekocht und Roland runtergeschickt, die Kinder holen."

„Wann war das?"

„Ich weiß nicht, ich glaube, gegen halb eins."

„Gut, kommen wir zu was anderem. Wir haben erfahren, dass Sie bereits vor Ihrem jetzigen Liebhaber einen Freund hatten. Stimmt das?"

„Wen meinen Sie?"

„Herrn Schneider."

„Wer ist das?"

„Wollen Sie behaupten, dass Sie sich nicht an Herrn Schneider erinnern? Das war der Kegelfreund Ihres Mannes."

„Ach, der."

„Ja, der. Woran erinnern Sie sich?"

„Wir haben uns nett unterhalten. Er hat mitbekommen, dass meine Ehe kriselt."

„Also nur unterhalten?"

Heidrun deutete ein Nicken an.

„Nach unseren Informationen war das aber ein bisschen mehr als reine Unterhaltung. Sehr viel mehr sogar."

„Kann sein, dass wir uns getroffen haben. Um uns zu unterhalten. Aber nicht oft. Und es wurde ja auch nichts draus, weil er meine Töchter nicht haben wollte."

„Es kann also sein? Und wieso unterhalten Sie sich über die Mitnahme Ihrer Töchter, wenn Sie sich nur unterhalten haben?"

„Das hat sich halt ergeben."

„Da muss schon deutlich mehr gewesen sein. Schließlich hat seine Frau bei Ihnen angerufen und Ihnen angedroht, alles Ihrem Mann zu erzählen."

„Ich hab ja sofort Schluss gemacht."

„Kommen wir noch zu etwas anderem: Ihr Wagen, der weiße Opel mit den schwarzen Streifen und zerbrochener Windschutzscheibe, wurde am Montagmorgen gegen elf auf dem Parkplatz gesehen, an dem wenige Tage später Susanne gefunden wurde. Wie erklären Sie das?"

Heidrun erklärte es gar nicht. Sie war verstummt.

Nach drei quälend langen Stunden hatte Reinhardt die Vernehmung von Heidrun unterbrochen und sie zu Marie-Louises Verblüffung in einer Arrestzelle unterbringen lassen. Süffisant grinsend hatte er sie gefragt, ob sie mit seinem Vorgehen einverstanden sei. Was war ihr anderes übrig geblieben, als zu nicken, wollte sie sich nicht auf einen Machtkampf mit Reinhardt vor seinen Kollegen einlassen? Dann hatte er Roland ins Verhörzimmer führen lassen.

„Nachdem meine Frau wieder zu diesem Nigger gefahren ist, habe ich mit den beiden Mädchen bis gegen zehn nach zehn ferngesehen. Einen Film."

„Welchen Film?"

„Weiß ich nicht mehr."

„Und weiter?"

„Die Kinder sind dann ins Bett gegangen. Wir haben noch gemeinsam gebetet, nachdem sie auf Toilette waren. Bevor ich selbst ins Bett gegangen bin, habe ich nochmals nach den Kindern geschaut. Die schliefen. Es war wohl gegen Mitternacht, dass ich eingeschlafen bin, und um zwei bin ich nochmals aufgewacht."

„Woher wissen Sie das?"

„Ich habe auf den Wecker geschaut. Meine Frau war noch nicht zu Hause."

„Haben Sie die Kinder oder eins gehört?"

„Wann?"

„Irgendwann in der Nacht. Hat eines geweint oder geschrien?"

Roland schüttelte den Kopf. „Hab nichts gehört."

„Haben Sie mitbekommen, dass jemand Ihre Wohnung betrat?"

„Nein. Wann soll das gewesen sein?"

„Nachdem Sie nachts aufgewacht waren. Also nach zwei Uhr."

Roland schüttelte den Kopf.

„Wann sind Sie denn am nächsten Tag aufgewacht?"

„Im Laufe des Vormittags, die Uhrzeit weiß ich nicht. Meine Frau hat nicht mehr im Bett gelegen. Aber sie hatte es benutzt. Das konnte ich am Kopfkissen sehen. Gegen zwölf Uhr bin ich aufgestanden, niemand war in der Wohnung. Ich habe mir ein Brot in der Küche geschmiert und dabei aus dem Fenster geschaut und gesehen, dass der Opel weg war. Also habe ich mich aufs Sofa gelegt, bis Heidrun gegen halb eins zurückkam. Sie war furchtbar aufgeregt wegen der Windschutzscheibe. Als das Essen ..."

„Was gab es denn?", unterbrach Reinhardt.

„Bohnensalat mit Fleisch und Kartoffeln."

„War die Soße mit Schmand angerührt?"

„Ja, hat gut geschmeckt."

Was denn? Roland konnte sich an etwas so deutlich erinnern, stutzte Marie-Louise. Aber nur an das Essen. Obwohl an dem Tag seine Kinder verschwunden waren. Sie machte sich eine Notiz in ihr Ringbuch. Deshalb verpasste sie Reinhardts nächste Frage.

„Ich bin dann runter und habe nach den Kindern gerufen. Aber sie waren nicht da."

„Gut, das reicht für heute", verkündete Reinhardt zu Marie-Louises Überraschung nach nur einer halben Stunde und schaltete das Tonband aus, mit dem sie das Verhör aufgezeichnet hatten.

„Wie, das war's?", konnte sich Marie-Louise nicht verkneifen, nachdem Roland den Verhörraum verlassen hatte.

Reinhardt grinste feist. „Nein, das war's noch nicht." Er winkte Schmidt zu, einem Kommissaranwärter, der bisher nur stumm in der Ecke der Vernehmung gelauscht hatte.

Sie hatten die sichtlich verstörte Heidrun aus der Arrestzelle geholt, einen Kaffee vor sie gestellt und wieder losgelegt.

„Wie war das noch mal am Montagmorgen?", eröffnete Reinhardt die Vernehmung. Marie-Louise stöhnte innerlich auf. Auch wenn es notwendig war, immer wieder dasselbe zu fragen, so nervte es doch. Inzwischen war es halb neun abends, Marie-Louise hatte Hunger, sehnte sich nach ihrem Zuhause. Aber sie riss sich zusammen und konzentrierte sich auf Reinhardt.

„Frau Bosman, es gibt Widersprüche in Ihren Aussagen. Vielleicht können wir die ja jetzt klären. Fangen wir mit dem einfachsten an. Ihr Wagen, also der Opel, wurde am Montagmorgen, kurz nachdem Sie in der Post waren, auf dem Parkplatz gesehen, an dem wenige Tage später Susanne gefunden wurde. Können Sie uns das erklären?"

Panik leuchtete in Heidruns Augen auf. Ihr „Nein" kam mehr fragend.

„Was heißt das? Waren Sie nicht da? Oder können Sie uns das nicht erklären?"

Heidrun zuckte die Schultern.

„Heißt das jetzt, dass Sie nicht wissen, ob Sie da waren?"

Wieder nur Schulterzucken.

„Wollen Sie uns das nicht erklären?"

Schulterzucken.

„Sie wissen nicht, ob Sie da waren? Oder können uns das nicht erklären?"

Ein leerer Blick aus eisblauen Augen war die einzige Antwort.

„Okay, kommen wir zu den anonymen Briefen, die Sie erhalten haben."

Marie-Louise erinnerte sich daran. Beide handschriftlich, beide absurden Inhalts. Der eine heuchelte noch Mitleid mit den Kindern, schob ihr aber die Schuld zu. Der zweite fast schon poetisch:

Erst die Kinder, die nur zur Qual, jetzt bist Du dran.

„Der Schriftsachverständige hat festgestellt, dass Sie beide Briefe geschrieben haben." Verblüfft schaute Marie-Louise zu Reinhardt. Das war neu. Wieso hatte er ihr das nicht schon zuvor mitgeteilt? Stur mied er ihren Blick.

„Das stimmt nicht, die hab ich nicht geschrieben", verkündete Heidrun mit seitlich von dem Vernehmer abgewandtem Blick. Es war so offenkundig, sie hätte gleich zugeben können, dass sie sie geschrieben hatte, dachte Marie-Louise.

„Ich denke, es reicht für heute. Sie werden über Nacht hierbleiben, Frau Bosman. Dann haben Sie genügend Zeit, über Ihre Aussagen nachzudenken. Und das sollten Sie tun." Reinhardt schaute sie scharf an, dann schaltete er das Tonbandgerät aus und erhob sich. Schröder trat zu Heidrun und wollte sie hochziehen.

„Stopp", verkündete Marie-Louise. „Ich möchte noch einen Moment mit Frau Bosman allein sprechen."

Reinhardt zuckte gleichgültig mit den Schultern und gab seinen Kollegen Zeichen, mit ihm zusammen das Vernehmungszimmer zu verlassen.

„Frau Bosman, Heidrun, wenn ich Sie so nennen darf. Es hat doch keinen Zweck mehr. Sagen Sie die Wahrheit. Ihre Lügen sind so leicht zu widerlegen, Sie reiten sich nur immer tiefer rein. Wenn Sie unschuldig sind, dann hilft Ihnen nur noch die Wahrheit. Lassen Sie sie raus, machen Sie reinen Tisch.“

„Ich sag die Wahrheit“, kam wieder mit dem seitwärts gerichteten Blick. „Alles, was ich sage, ist wahr.“

Am nächsten Morgen um Viertel nach acht ging es dann weiter. Diesmal holte Reinhardt sofort zum Todesstoß aus.

„Was sagen Sie dazu, dass Leroy Rhys, Ihr Liebhaber, gar keinen Antrag auf Verlängerung seiner Dienstzeit in Deutschland gestellt hat?“

Marie-Louise hatte diese Meldung bereits ein paar Tage zuvor auf dem Schreibtisch gehabt. Und es nicht fassen können, dass der Engländer selbst die Ermittlungsbehörden so glaubhaft angelogen hatte. Stets hatte er beteuert, dass er Heidrun heiraten wolle und einen Verlängerungsantrag gestellt habe, um bei ihr bleiben zu können.

Heidrun sagte nichts. Starrte Reinhardt an, als sei er ein Marsianer. Dann: „Das glaub ich nicht!“

Reinhardt schob ihr die Bestätigung des Standortkommandanten Oberstleutnant Antony Hoskins zu.

Heidrun starrte darauf, dann schob sie sie zurück. „Ich kann das nicht lesen, ich versteh das nicht.“

„Hiermit bestätige ich, dass mir zu keiner Zeit ein Antrag auf Verlängerung bla, bla, bla.“ Reinhardt schupste das Blatt zurück.

Es war inzwischen kurz vor zehn. Gleich begann Marie-Louises Sitzungstermin in einem Betrugsverfahren.

Sie winkte Reinhardt kurz zu und verließ den Raum.

Kapitel 17

2010

„Als ich aus der Verhandlung kam, war Sie schon mit der Nachtversion rausgerückt. Ich denke, dass es daran lag, dass Reinhardt ihr eröffnet hatte, dass Leroy Rhys keinen Antrag auf Verlängerung seiner Dienstzeit in Deutschland gestellt hatte. Das machte sie fassungslos. Sie war ganz sicher davon ausgegangen, dass sie zusammenbleiben würden, er ehrlich ihr gegenüber gewesen war. Er hatte nach der Beerdigung der Kinder sogar bei ihr gewohnt. Roland hatten sie einfach ausquartiert.

Zunächst hat sie nicht geglaubt, dass Leroy sie belogen hatte. Dann wurde sie unsicher und schließlich unvorsichtig. Dazu kam natürlich auch die Nacht in U-Haft. Ich glaube, dass das der Moment war, in dem ihr der Ernst der Lage bewusst wurde. Das war schließlich die erste Nacht ihres Lebens in einer Gefängniszelle. Das alles hat ihr so zugesetzt, dass sie die wahre Geschichte erzählte."

Inzwischen war die Nacht hereingebrochen. Marie-Louise hatte während ihrer Erzählung sämtliche Bücherkisten geleert, die Platten eingeräumt, das Geschirr gespült und in den Vitrinenschrank gestellt, während Marte sich an ihrem *Ueriges* festhielt.

„Die Nachtversion, eine wahre Geschichte. So wahr, wahrer geht's nicht", warf Marte mit krausgezogener Stirn ein.

Marie-Louise nickte. „Dämlicherweise erzählte sie die gerade dann, als ich in einer Gerichtsverhandlung war. Ich kann also nur wiedergeben, was mir später die Soko berichtete und was im Protokoll stand. Ich hab mir auch die Tonbandaufnahmen angehört, kann mir also relativ genau vorstellen, wie das ablief."

Marie-Louise, die Marte einen vorwurfsvollen Blick zugeworfen hatte, als die sich ein neues Ueriges schnappte und den Bügelverschluss aufspringen ließ, trank den letzten Schluck kalten Kaffee, bevor sie fortfuhr.

„Also, sie erzählte endlich, dass sie in der Nacht von Sonntag auf Montag nach dem Besuch im BaCa, dieser Disco im alten Bahnhof Kaldenkirchen, und anschließendem Sex mit Leroy in der Familienkutsche gegen halb drei nach Hause kam. Im Esszimmer habe das Licht gebrannt, was wohl ungewöhnlich war, die übrige Wohnung sei dunkel gewesen. Deswegen habe sie sofort ein komisches Gefühl gehabt. Vom Esszimmer aus sei sie in das direkt anschließende Kinderzimmer gegangen, dessen Tür offen gestanden habe. Ihr Ehemann Roland saß angeblich vollständig bekleidet auf Claudias Bett, nach vorn gebeugt. Heulte und war total durcheinander. Sie hat ihn angesprochen, er reagierte aber nicht. Auf nichts. Eine leere Bierflasche stand neben ihm auf dem Fußboden. Beide Kinder waren in ihren Betten halb zugedeckt. Es sah aus, als würden sie schlafen. Es war dunkel im Kinderzimmer. Nur von

Esszimmer fiel Licht herein, das reichte aber kaum bis auf die Betten.“

Sie sah zu Marte herüber. Die verzog keine Miene, starrte auf einen Punkt im Raum und schüttelte dann heftig den Kopf.

„So steht's im Vernehmungsprotokoll.“

„Ja, das mag sein. Wenn ich die Szene wie einen Film vor meinem geistigen Auge abspielen lasse, reißt der an einer Stelle.“

„Bitte?“

„Finde den Fehler.“

„Jetzt spuck es aus, bevor du daran erstickst. Welcher Fehler?“

„Der Typ hat nach Heidruns Darstellung seine Kinder kaltgemacht, wirkt auf sie paralysiert, unter Schock, was auf einen vorherigen Affektsturm, eine Tat in rasender Wut, blindem Hass schließen lässt. Er sollte entsetzt über sich sein, hat sich aber offenbar vor oder während des Begreifens seiner eigenen Monstrosität teilerholt und eine Flasche Bier aus dem Kühlschrank genommen, um es sich mit seinem Schock bei den toten Kindern gemütlich zu machen. Nach dem letzten Schluck stellt er die Flasche ordentlich neben das Bett und verfällt sodann wieder in eine Schockstarre. Weil die Flasche leer ist oder was?“, ätzte Marte.

„Bist du fertig?“, zischte Marie-Louise.

„Vorerst.“

„Spar dir deine Unterbrechungen auf, bis ich fertig bin.“

„Dann sind es ja keine Unterbrechungen mehr.“

„Kannst du einmal nicht das letzte Wort haben?“

„Vorerst.“

„Heidrun hat ausgesagt, ihr sei trotz des schlechten Lichts sofort aufgefallen, dass die Kinder ihre normale Kleidung vom Vortag, also ihre T-Shirts, anhatten und nicht ihre Schlafanzüge, die sie ihnen noch am Abend angezogen hatte. Da sie halb zugedeckt waren, habe sie nur bis zur Taille sehen können. Und dann schilderte sie ihre Reaktion, die ihr die Kripo, das Gericht und auch die Öffentlichkeit nicht abnehmen wollten. Sie sei dann zu Susanne ans Bett, habe sie am Arm gefasst und gerüttelt. Als sie keinerlei Lebenszeichen von sich gab, will sie zu Claudia rübergegangen sein. Da war es dasselbe. Auch sie regte sich nicht. Beide waren noch bettwarm. Heidrun sagte aus … Warte mal! Ich habe hier den Wortlaut." Sie zog ein gefaltetes DIN-A4-Blatt aus der Gesäßtasche ihrer Hose. „Hier steht: Ich konnte in dem Moment an gar nichts denken. Mir war aber sofort klar, dass beide tot waren. Roland ist währenddessen auf dem Bett der Claudia sitzen geblieben. Am Fußende. Ich habe ihn von vorn an den Schultern geschüttelt und gefragt: Was hast du getan? Aber er antwortete nicht, hat mich nicht mal angesehen. Ich habe den Anblick der Kinder nicht mehr ertragen. Deshalb bin ich in die Schlafstube gerannt. Dort habe ich mich auf das Bett gesetzt und war völlig verzweifelt. Ich wusste nicht, was ich tun sollte." Das hat sie gesagt.

Tja, und im Schlafzimmer sei sie dann bis zum Morgen geblieben, habe nichts unternommen."

„Schade, dass du nicht dabei warst. So hat die doch nicht geredet: ,Auf dem Bett der Claudia … in die Schlafstube gerannt.' Das klingt nach verbeamtetem Altherren-Deutsch. Die Kripo hat das zusammengefasst und protokolliert, richtig? Die Niederschrift einer Tonbandaufnahme ist das nicht, oder?", fragte Marte.

„Nein, ist es nicht. Das hat einer der Herren Vernehmer verzapft beim anschließenden Zusammenfassen."

„Wie ging es weiter? Du hast doch sicher nachgefasst. Die Geschichte, dass sie ihre toten Kinder findet und nichts unternimmt, hast du ihr doch auch nicht abgekauft, oder?"

Marie-Louise zuckte die Schultern. „Natürlich habe ich nachgefasst. Heidrun sagte, dass sie nicht wusste, wie sie sich verhalten sollte. Dass sie dachte, nichts gegen ihren Mann unternehmen zu können. Dass sie nicht gewusst habe, was passieren würde, wenn sie zu ihren Verwandten im Haus gelaufen wäre. Was auch immer sie damit meinte. Außerdem berief sie sich darauf, dass sie an dem Abend ungewöhnlich viel getrunken hatte."

„Trotzdem. Den Schock nehme ich ihr ab, auch noch die Kopflosigkeit. Aber die Geschichte hat einen Haken, einen ziemlich fetten sogar. Ich habe auch schon öfter an einem Arm gerüttelt, an dem ein schlafender Kerl dranhing, der davon aber nicht sogleich wach wurde. Ich habe dann aber nicht geschlussfolgert, dass ihn die Anstrengung zuvor dahingerafft hat. Sie hat nach eigenen Angaben nicht mal den Puls gefühlt. Nichts. Sie hat nichts getan. Stattdessen will sie sich ins gemeinsame Ehebett gelegt haben. Das ist entweder gelogen, oder sie hat mindestens die andere Hälfte der Geschichte unterschlagen."

„Sie hatte Schuldgefühle, sagte sie. War ganz verrückt deswegen."

„Ich heul gleich."

„Sie stammelte immer wieder, dass Roland ihr dauernd gesagt habe, dass sie diejenige sei, die alles kaputt macht. Sie sei es gewesen, die ausgegangen ist. Die die Kinder bei ihm ließ. Sonst war ihre Mutter da, die aufpasste. An dem Abend aber nicht. Sie hätte nicht zu Leroy gehen dürfen.

Dass sie ihren Mann nicht auch noch anzeigen konnte. Ihn ins Gefängnis schicken. All das sei ihr durch den Kopf gegangen, während sie auf der Bettkante in ihrem Schlafzimmer saß. Dann hörte sie ein Auto wegfahren. Ihren Wagen. Sie habe keine Ahnung gehabt, was da gerade passierte. Sei einfach sitzen geblieben, bis sie den Wagen ein weiteres Mal hörte.“

„Wie viel Zeit soll denn dazwischen gelegen haben? Also zwischen ihrem Rückzug ins traute eheliche Schlafgemach und seiner – na, sagen wir mal – Aufräumaktion“, hakte Marte ein.

„An die Zeiträume konnte sich Heidrun nicht erinnern. Irgendwann später sei Roland ins Schlafzimmer gekommen. Dann erst will sie ihn gefragt haben, warum er das getan habe. ‚Jetzt kriegt keiner von uns die Kinder‘, sei seine Antwort gewesen.“

„Dann legten sich beide schlafen. Und wenn sie nicht durch lästige Ermittlungen gestört worden wären, schliefen sie noch heute. Und morgen, liebe Kinder, erzählt euch die Tante ein anderes Märchen.“

Marie-Louise zuckte mit den Schultern.

„Machen wir mal weiter mit Heidruns Version.“

„Am nächsten Morgen also ist sie angeblich gegen zehn aufgestanden, während ihr Mann im Bett geschlafen hat. Hat sich im Schlafzimmer angezogen, gewaschen, Zähne geputzt. Ist ins Wohnzimmer gegangen, hat die Rollos hochgezogen, dann ins Kinderzimmer und hat auch da die Rollos geöffnet."

„Interessante Reihenfolge. Und hat einfach so im Kinderzimmer die Rollos hochgezogen? Business as usual? Wie bringt man so etwas fertig?"

„Sie sagt, sie habe wie im Traum gehandelt. Einem Albtraum."

Kapitel 18

1987

„Ich hab funktioniert. Hab getan, was mir aufgetragen worden war: Bin zur Bank, dort sollte ich für meine Mutter eine Rechnung für ein Versandhaus, Otto oder Neckermann, überweisen. Zwölfhundert Mark."

Marie-Louise ließ das Tonbandgerät laufen, das Heidruns Nachtversion aufgezeichnet hatte. So viel Geld, dachte sie verwundert. Aber die ganze Familie war verrückt nach Versandhauskatalogen und Bestellungen gewesen, wie sie sich aus Vernehmungen der Familie von Heidrun erinnerte. Das war wohl die einzige Abwechslung neben der Hausarbeit. Auch Heidrun hatte was auf Raten gekauft und musste noch die Schlussrate überweisen. Das hatte sie an dem Morgen geplant.

„Ich musste meine Mutter im Krankenhaus anrufen und fragen, wie die Überweisung auszufüllen ist."

Das Telefon auf ihrem Schreibtisch klingelte. Sie nahm ab.

„Marie-Louise, warum rufst du nicht zurück?"

Ihr wurde eiskalt. Herold. Sie hatte es einfach nicht geschafft, dem Ende ihrer Beziehung ins Auge zu sehen. Deshalb. Das konnte sie aber nicht sagen. Und wollte es auch nicht von Herold hören.

„Du, das passt jetzt gar nicht. Ich sitze hier mit Kommissar Reinhardt zusammen und bespreche gerade das weitere Vorgehen. Du weißt schon, bei den Bosman-Morden."

„Okay, tut mir leid, dass ich störe. Aber zu Hause bist du ja auch nicht ans Telefon gegangen. Wann können wir denn miteinander reden?"

„Oh, das kann ich dir jetzt noch nicht sagen. Wird sicher spät heute Abend. Bis wann bist du denn erreichbar?"

„Egal, aber melde dich, ja?"

„Klar, mache ich. Bis dann."

Marie-Louise starrte auf das Telefon. Sicher, sie konnte der Sache nicht ewig ausweichen. Aber im Moment ertrug sie die Vorstellung einfach nicht. Sie holte tief Luft und schaltete das Tonbandgerät wieder an.

„Am Morgen habe ich es nicht mehr ausgehalten. Ich wollte, nein, musste meine Kinder einfach noch mal sehen. Mich überzeugen, dass sie wirklich tot sind. Also hab ich den Wagen genommen, hab meine Sachen erledigt, und dann bin ich zu dem Parkplatz gefahren.

„Zu welchem Parkplatz?", hörte Marie-Louise Reinhardts Stimme.

„Zu dem, an dem Susanne lag."

„Woher wussten Sie, wo sie liegt?"

„Ich hab meinen Mann noch in der Nacht gefragt, wo er sie hingebracht hat. Als er zurückgekommen war. Bevor wir geschlafen haben. Ich musste ein paarmal nachhaken. Erst hat er nicht reagiert. Dann hat er den Parkplatz an der Landstraße in Richtung Roermond auf der linken Fahrbahnseite beschrieben. Aber nicht die genaue Stelle."

Wieder klingelte das Telefon. Widerwillig nahm sie ab.

„Wir haben Roland Bosman hier zum Verhör", verkündete Reinhardt. „Wollen Sie teilnehmen?"

„Bin gleich da."

„Wieso kommt sie jetzt mit so was? Versteh ich nicht. Warum hat sie das nicht gleich gesagt? Das stimmt nicht. Ich habe die ganze Nacht im Bett gelegen und geschlafen. Aufgestanden bin ich auch nicht."

„Ihre Frau sagt, dass Sie am Bettrand von Susanne gesessen haben mit einer leeren Bierflasche neben sich, als sie heimkam." Reinhardt hatte sich zu dem Tisch zwischen sich und Roland vorgebeugt.

„Meine Frau lügt. Ich habe nie im Kinderzimmer Bier getrunken."

„Ihre Frau sagt außerdem, dass die Kinder tot waren, tot in ihren Betten lagen."

„Was? Das ist ein schlechter Witz, oder? Klingt ja wie ein Krimi. Das ist alles erstunken und erlogen!"

„Sie will Sie dann gefragt haben, warum Sie das gemacht haben. Und Sie hätten geantwortet: ‚Dann kriegt keiner von uns die Kinder.'"

„Das ist nicht wahr. So was habe ich nicht gesagt. Ganz bestimmt nicht."

„Und dann sollen Sie die Kinder mit dem Wagen weggebracht haben."

„Warum sagt sie so was? Das ist alles erlogen. Lachhaft!" Er stieß ein verbittertes Lachen aus.

„Ihre Frau sagt weiterhin, dass sie nicht die Polizei verständigt hat, weil sie Mitleid mit Ihnen hatte."

Jetzt lachte Roland ehrlich. „Die und Mitleid mit mir? Ich lach mich tot. Keine Sekunde hätte die gezögert, mich anzuzeigen, wenn ich das wirklich gemacht hätte. Die doch nicht."

„Können Sie uns einen Grund nennen, warum wir Ihnen und nicht Ihrer Frau glauben sollten?"

„Ich kann mich nicht erinnern, so was getan zu haben."

Marie-Louise schnappte nach Luft. Was war denn das für eine Aussage? Baute da jemand eine goldene Brücke, um sich zu retten? Schuldunfähigkeit wegen tiefgreifender Bewusstseinsstörung? Hatte ihm das sein Anwalt geraten?

„Und was ist mit Ihren Ausfällen?", hakte Reinhardt ein.

„Ich bin umgefallen und konnte mich hinterher nicht mehr daran erinnern. Das heißt aber nicht, dass ich plemplem bin."

„Kann es sein, dass Sie sich einfach nicht erinnern können, dass Sie das mit den Kindern waren?"

„Das kann ich mir nicht vorstellen!"

„Was können Sie sich denn vorstellen?"

„Also wenn, nur wenn ich was damit zu tun haben sollte, könnte das nur ein Ausfall bei mir gewesen sein. Aber ich habe die Kinder auf gar keinen Fall weggebracht. Ich kann mir jedenfalls nicht vorstellen, mit klarem Verstand überhaupt was mit dem Tod der Kinder zu tun zu haben. Wenn überhaupt, dann kann ich nicht im Vollbesitz meiner geistigen Kräfte gewesen sein."

Das klang nun eindeutig nach einem Anwalt. Solch eine Wortwahl traute Marie-Louise dem eher einfach gestrickten Roland nicht zu. Er hatte also vorgesorgt.

„Ich bin der Meinung, dass ich mit dem Tod der Kinder nichts zu tun habe, weil ich mir schon nicht vorstellen kann, überhaupt im Kinderzimmer gewesen zu sein. Also in der Nacht. Auch wenn ich mit ihnen allein da war. Und jetzt bin ich müde."

„Gut, Herr Bosman, dann unterbrechen wir jetzt die Vernehmung. Allerdings nehmen wir Sie vorläufig fest."

„Warum?"

„Weil wir noch einiges mit Ihnen klären müssen. Und sicher sein wollen, dass Sie uns für die Antworten zur Verfügung stehen."

Es war spät geworden und nicht nur Roland Bosman müde. Marie-Louise setzte sich in ihren alten Käfer und fuhr durch die menschenleere Stadt nach Hause. Es war mild, und die Sterne über ihr glänzten um die Wette. Nachdem sie geparkt hatte und ausgestiegen war, blieb sie einen Moment, auf eine Sternschnuppe hoffend, stehen. Doch was sollte sie sich wünschen? Herold, stand klar vor ihren Augen. Doch die Sternschnuppe blieb aus, wie konnte es auch anders sein, wenn Marie-Louise sie gerade besonders dringend brauchte.

Die wie immer unverschlossene Haustür zu dem Mehrfamilienhaus, in dem ihre Wohnung lag, machte sie wütend. Hatten die Leute denn keine Angst? Gut, sie wurde täglich mit Verbrechen konfrontiert. Das mochte zu einem erhöhten Sicherheitsbedürfnis bei ihr führen, aber ein wenig Fantasie sollten die Leute schon haben. Marie-Louise drückte auf den Treppenhauslichtschalter. Das Licht ging nicht an. Leise fluchte sie. Reichte es nicht für heute?

Stufe für Stufe tastete sie sich hoch bis in den dritten Stock. Nichts konnte sie erkennen. Verdammt.

War da eine Bewegung vor ihr? Scheiße. Marie-Louise blieb wie angewurzelt stehen.

„Hallo?", versuchte sie ihr Glück mit unerwünscht zittriger Stimme. Der Schatten wurde größer. Scheiße!

„Hallo?"

„Marie-Louise, endlich!"

Herold war gekommen, um zu bleiben. Die erste gemeinsame Nacht, die in seinen Heiratsantrag gemündet war. Stolz wie eine Königin trug Marie-Louise ihren Verlobungsring, ein kleiner schlichter Brillantring, vor sich her, als sie zu dem Vernehmungszimmer ging. Die Fortsetzung von Rolands Vernehmung war für acht Uhr angesetzt.

„Herr Bosman, sind Sie ausgeschlafen?"

Roland nickte.

„Können wir mit Ihrer Vernehmung fortfahren?"

Wieder nickte er.

„Gut, dann möchte wir dort ansetzen, wo wir gestern geendet haben. Hat Ihnen Ihre Frau Vorwürfe gemacht, weil Sie die Kinder getötet haben?"

„Nein, am Anfang nicht. Erst eine Woche später hat sie gesagt, ich hätte Susanne getötet."

„Was haben Sie geantwortet?"

„Gar nichts. Das war mir zu blöd."

„Kann es vielleicht sein, dass Susanne schon tot war, als Claudia in der Nacht geschrien hat?"

„Nein."

„Hatte Claudia vielleicht Angst, weil sie mitbekommen hat, wie Susanne mit einem Kissen erstickt wurde? Haben Sie Claudia umgebracht, weil die Kleine gesehen hat, wie Sie ihre große Schwester umgebracht haben?"

„Nein, nein. Wenn es wirklich so war, dann muss ich einen Blackout gehabt haben. Ich kann mich nicht erinnern, sie totgemacht zu haben."

„Was bedeutet Blackout für Sie?"

„Dass ich mich nicht erinnern kann. Das bedeutet es. Ausfallerscheinungen und so."

„Wann könnten die denn in der Nacht eingesetzt haben?"

„Schwer zu sagen. Schließlich kann ich mich nicht daran erinnern. Und ein Geständnis kann ich auch nicht ablegen, weil ich mich nicht erinnern kann. Warum soll ich das gemacht haben?"

„Das wissen wir nicht, Herr Bosman. Sagen Sie es uns."

„Wenn ich es war, dann muss es ein Blackout gewesen sein. Ich weiß nicht mehr, wann der Blackout angefangen hat. Ich kann mich nicht erinnern, die Kinder totgemacht zu haben. Ich kann mich an nichts erinnern."

Kapitel 19

2010

„Tja, wir haben anschließend die beiden zusammen vernommen. Das brachte aber nichts, sie haben sich nur gegenseitig beschuldigt. Ich habe dann einen Haftbefehl gegen Roland beantragt. Für mich klangen seine Aussagen wie ein klares Geständnis. Als Motiv habe ich Rache an seiner Frau angenommen, weil sie die ehebrecherische Beziehung zu Leroy hatte und Roland zusammen mit den Kindern verlassen wollte.

Reinhardt hat getobt! Diese Schlampe, die war es. Das sage ihm sein klarer Verstand. Ich wäre einfach zu subjektiv. Ich, das muss man sich mal vorstellen. Der Richter sah es aber ähnlich und hat mir den Antrag um die Ohren gehauen. Und das bei den Aussagen von Roland. Unfassbar. Er stellte explizit fest, dass Heidrun so oft gelogen hat, dass man ihr nicht glauben könne. Und da sie die einzige Zeugin war, die Roland beschuldigte, lehnte er den Antrag ab. Meine Beschwerde dagegen brachte gar nichts.

Und dann ging es los, sie haben versucht, mich abzuschießen, rauszuschießen. Nicht nur Reinhardt samt der Soko, auch der Richter, der den Haftbefehl abgelehnt hatte, stellte sich gegen mich. Das war's dann. Ich war raus."

„Na, das kann ich mir lebhaft vorstellen, dass du den Herrlichkeiten auf den Füßen gestanden hast. Aber noch mal ein Stück zurück. Mir lässt das einfach keine Ruhe. Im ganzen Haus wimmelte es nur so von ihrer buckligen Verwandtschaft. Alles Menschen, die ihr nahestanden und mit denen Heidrun Bosman zu der Zeit doch angeblich im besten Einvernehmen lebte. Warum hat sie sich ihnen gegenüber nicht offenbart und um Beistand gebeten? Ich an ihrer Stelle hätte vermutlich das ganze Haus zusammengebrüllt! Warum hat sie ihre Familie für ein solches Monster belogen? Es hätte doch nähergelegen, ihn gleich ans Messer zu liefern. Dann wäre sie ihn sofort losgeworden. Warum tat sie genau das nicht?“

„Weil sie nicht diejenige sein wollte, die ihn ausliefert. Weil sie dachte, das schafft die Polizei allein, ohne ihre Hilfe.“

„Es tut mir leid. Das geht mir nicht in den Kopf. Aber ein Alt geht noch hinein.“

Das Wievielte war das eigentlich?, fragte sich Marie-Louise. Sie schaute auf die Uhr. Kurz vor zehn. Wo war nur die Zeit geblieben? Gegessen hatten sie seit dem Mittag nichts mehr. Der Korb mit den Stullen war ebenso leer wie ihr Magen.

Mehr gab es auch nicht zu erzählen. Alles, was danach im Rahmen der Ermittlungen passierte, musste sie aus der Akte ziehen. Denn Marie-Louise hatte keinen Einblick mehr in die Untersuchung gehabt. Ihr Nachfolger hatte ihr immer in der Kantine zugezwinkert, was Marie-Louise mit einem angedeuteten Lächeln, das ihr äußerst schwerfiel, beantwortet hatte.

„Gut, wir machen dann mal für heute Schluss“, verkündete sie. „Nachdem du nun die Vorgeschichte kennst, kannst du morgen früh das Urteil lesen. Anschließend rufen wir Strättges an, damit er uns die Akte schickt.“

„Was macht dich so sicher, dass ich sie lesen will?“

„Dein Versprechen!“

„Hab ich wirklich …?“

„Ja!“

Kapitel 20

2010

Gänzlich angetan von der neuen Umgebung, die nun nach dem Auspacken ihrer geliebten Bücher und dem morgendlichen Umräumen der Möbel spürbar weniger fremd auf sie wirkte, kochte Marte sich einen Tee. Dann ging sie an ihr Notebook, das auf dem großen Wohnzimmertisch stand, der eher einer Tafel glich, und steckte den Stick, den Strättges ihr und Marie-Luise überlassen hatte, in den USB-Anschluss.

Sie wollte gar nicht wissen, welche unbewusste Assoziationskette sie dazu bewogen hatte, sich ausgerechnet jetzt mit den Urteilen im Fall Bosman zu beschäftigen. Sie verdrängte den Gedanken, dass es etwas mit dem fehlenden Auge ihres Nachbarn und der von ihrer Schwester unterstellten Einäugigkeit ihrer urteilenden Kollegen zu tun haben könnte.

Der besagte neue, einäugige Nachbar war bereits um acht vorstellig geworden und hatte seine Einladung konkretisiert. Heute Nachmittag um drei, hatte er verkündet. Marte hatte zugesagt.

Es blieb genug Zeit, das letzte Urteil des Landgerichts Wuppertal gegen Heidrun Mulders zu hinterfragen, also nahm sie sich diese Entscheidung vor.

Sie las, was im Namen des Volkes als Urteil verkündet worden war. Auf einem abgerissenen Deckel eines der Pappkartons notierte sie bei der ersten Lektüre den vom Gericht unterstellten Tatablauf. Dessen Ausführungen zum Motiv, zur Persönlichkeit und psychologischen Begutachtung von Heidrun Mulders sowie ihre Nachtversion, mit der sie ihren Mann Roland als Täter offeriert hatte, um sich zu entlasten, ließ Marte zunächst außer Betracht. Sie wollte zuallererst die Schlüssigkeit der Tagversion prüfen.

Nachdem Marte die Entscheidungsgründe gelesen hatte, nippte sie an ihrem Tee, der muffig schmeckte. Ein Earl Grey, bei dem sich die Bergamotte-Note in das Aroma von Mottenkugeln verwandelt hatte. Und die Entscheidungsgründe schmeckten Marte ebenfalls nicht. Vordergründig wirkten sie völlig plausibel, ja nachgerade zwingend. Alle Schlussfolgerungen des Gerichts waren naheliegend, so als könne es nur so gewesen sein, wie nun schwarz auf weiß nachzulesen war. Das Urteil wirkte wie blank gewienert. Es beschäftigte sich vorgreiflich mit möglichen Einwänden gegen sich und seine Gründe, um vor der Logik, der Kriminaltechnik und der Revision Bestand zu haben. Es erzählte eine folgerichtige Geschichte. Eine, in der jeder vorangegangene Schritt den folgenden vorgab und in der der nächste Schritt den vorangegangenen erklärte.

Und das war das Problem, das Marte mit dem Urteil hatte. Das Leben war nicht so. Jedenfalls nicht, während man es lebte. Da zeigte es sich jedem als ein Konglomerat von Möglichkeiten, aus dem der Zufall jede einzelne Biografie herausmeißelte. Eine, in die am Grab des Verstorbenen gerne ein Sinnzusammenhang hineinresümiert wurde.

Das war auch das Manko jeder Geschichtsschreibung, die historische Ereignisse aus der Infolgedessen-Perspektive begreifen wollte. Eine Binsenweisheit, dass die Nachbetrachtung dazu verleitete, ein Handeln oder Unterlassen in einen Sinnzusammenhang zu bringen, den die handelnden Personen zum Zeitpunkt ihres Tuns und Lassens nicht beimessen konnten. Das Vorhinein spekuliert, das Nachhinein interpretiert.

Und so las sich das Urteil. Hier wurde jeder Handgriff, ja beinahe jedes Räuspern der Angeklagten mit einer Bedeutung aufgeladen, um sie in einen Kontext mit der Tat zu bringen.

In Heidrun Mulders Fall hatte das Gericht die These der Kriminalpolizei und der Staatsanwaltschaft übernommen, dass ein Dritttäter ausscheide und nur ein Elternteil für den Doppelmord verantwortlich sein könne. Und da Heidrun Mulders sich in Widersprüche verwickelt hatte, mehrfach der Lüge überführt worden war, hatte auch das Gericht sich auf sie als Täterin versteift. Und dann ausgehend von diesem Ergebnis einen Tatablauf konstruiert, der zu den Indizien und den Zeugenaussagen passte, die gegen sie sprachen. Ganz vornan die Zeugenaussagen der Nachbarin Annemarie Grede und ihres Bruders Karl-Dieter Schmittka samt Lebensgefährtin, wonach diese die Kinder an dem Morgen, als die Kinder angeblich vom Spielplatz verschwanden, noch gesehen haben wollen.

Marte resümierte, dass Heidrun Mulders, folgte man den zeitlichen Angaben aus den Urteilsgründen, maximal dreizehn bis achtzehn Minuten Zeit für die Tatausführung gehabt hätte. Nähme man den Grundsatz „in dubio pro reo" ernst, dürfte man allerdings nur die kürzere Zeitspanne unterstellen. Dann wären für jeden Mord sechseinhalb Minuten geblieben. Inklusive Ablenkungsmanöver für eines der Kinder, damit es den Mord an der Schwester nicht mit ansehen musste, sowie Entsorgung der Leichen. Wie viel Zeit beanspruchte wohl allein das Ersticken oder Erwürgen? Ihre Google-Blitz-Recherche ergab, dass Sauerstoffmangel im Gehirn nach zwei bis drei Minuten zu irreversiblen Schäden und nach acht bis zehn Minuten zum Hirntod führte. Pro Kind! Wie sollte Heidrun Bosman das geschafft haben? Und wie konnte sie wissen, dass das weggeschickte Kind für die Dauer der Tat auch fernblieb?

Nein, Marte neigte nun zu ihrer eigenen Verblüffung dazu, ihrer kleinen Schwester zu glauben.

***

Van Gongerens Carl entpuppte sich als seine Ehefrau Carla, die nicht minder herzlich war als ihr Mann. Nach der Begrüßung und Vorstellung hatte sie Marte gebeten, am Wohnzimmertisch Platz zu nehmen, den sie hübsch eingedeckt hatte. Sie schien sogar das Sonn- und Feiertagsservice hervorgeholt zu haben. Sicher war das Hutschenreuther Margarete mit Goldbrokat-Kobalt-Rand nicht jeden Tag in Gebrauch.

„Ich habe heute Morgen ein Blech versunkenen Apfel gebacken. Darf ich Ihnen ein Stückchen auf den Teller geben? Dazu gehört ein Klecks Sahne."

„Gerne. Vielen Dank." Marte dachte an ihre in die Breite fliehenden Hüften, wollte aber die Gastfreundschaft nicht zurückweisen. Der Klecks erwies sich als mit der Schaufel appliziert. Und das Stückchen Kuchen hätte seiner Größe nach sogleich auf dem Blech serviert anstatt auf den Teller gefaltet werden können. Marte fühlte sich an ihre Großmutter erinnert, deren Vornamen sie trug. Oma Marte war auch für ihre kriegsstarken Portionen bekannt. Bei ihr stand niemand hungrig vom Tisch auf. Opa Gereon war gar nicht mehr aufgestanden. Ihm hatte das tödliche Quartett zum letzten Stück Grillagetorte aufgespielt.

Marte fühlte sich bei den van Gongerens wohl. Vom Gelsenkirchener Barock der Einrichtung hoben die beiden sich als geradezu modern denkende, jung gebliebene Oldies ab. Die zweimal acht Jahrzehnte Leben, die vor ihr auf der martialisch anmutenden Eichencouch saßen, waren neugierig geblieben. Die Verlangsamung der Bewegungen und das allmähliche Erstarren der Gelenke, die das Alter gemeinhin mit sich brachte, hatte bei den beiden nicht zu Beharrungswiderständen gegen die Veränderungen der Welt um sie herum geführt.

So hatte Andreas van Gongeren sich an den Austausch mit seinen Vereinskollegen aus dem Geflügelzuchtverein Süchteln 1888 e.V. per E-Mail gewöhnt. Und seine Frau beherrschte inzwischen das neue Smartphone, wie sie während des Kaffeeklatschs unter Beweis gestellt hatte.

Der Name der Anruferin machte Marte stutzig. „Andi, et Annemie Grede bruukt din Help wejen de Hennen."

Martes Stutzen schien van Gongeren aufgefallen zu sein.

„Wissen Sie, die Annemarie ist die Witwe von Hotte. Der Horst Grede war mit mir im Vorstand des Geflügelzuchtvereins Alt-Viersen 1888 e.V. Er ist vor vier Wochen gestorben. Ich helfe ihr beim Verkauf der Tiere und dem Abbau der Ställe."

„Oh, das tut mir leid für Frau Grede. Gut, dass sie in Ihnen eine Stütze hat. Wohnt sie auch hier auf dem Hof?", fragte Marte, obwohl sie wusste, dass dem nicht so war. Sie kannte die Namen der Miteigentümer der Hofanlage.

„Nein, in Swalsen. Das ist ein Ortsteil von Brüggen, wenn Ihnen das etwas sagt."

Tatsächlich, der Ort passte zu dem Bosman-Fall. „Liegt das nicht an der Grenze? Ist das weit weg?"

„Nö, rund zwanzig Minuten von hier mit dem Auto. Das krieg ich noch hin." Er kniff das neue Auge.

Sein Carlchen lächelte säuerlich. Fürchtete sie, dass ihr Andreas noch mehr als das hinkriegte? Wie auch immer. Hier taten sich ungeahnte Möglichkeiten auf. An den Fall Bosman und die räumliche Nähe hatte Marte bei der Wahl ihres Domizils überhaupt nicht gedacht. Jetzt könnte die Nähe hilfreich sein.

Hoffentlich orakelte Mary-Lou nicht eine Schicksalhaftigkeit hinein. Früher oder später würde sie ja auch über diesen Umstand stolpern. Vor allem, wenn Marte ihr gestand, dass sie das Urteil für Makulatur hielt.

Kapitel 21

2010

„Das ist ein Zeichen", war sich Marie-Louise sicher.

„Nein, das ist ein Zufall, dass die van Gongerens die Grede kennen." Marte seufzte und nippte an dem Cappuccino, den Marie-Louise ihr ungefragt vor die Nase gestellt hatte.

„Hast du schlechte Laune?"

„Nein, schlecht geschlafen."

„Kann ich dir ein Brötchen anbieten?"

„Nein, danke. Dein Blödchen hat mir schon gereicht."

„Bitte?"

„Heidrun Bosman, geborene Mulders, die das verhängnisvolle Hobby pflegt, sich in jeder Lage in die jeweils schlechtere zu lügen."

„Du glaubst ihr also?"

„Nein, kein Wort. Die Nachtversion kann nicht stimmen. Aber die vom Gericht zusammengeklöppelte Tagversion auch nicht."

Das Telefon klingelte. Das musste der erwartete Rückruf von Strättges sein.

„Es tut mir unendlich leid, dass ihr so lange warten musstet", übertrieb er wieder maßlos – wie meistens. „Aber ich habe schlechte Nachrichten. Ich weiß gar nicht, wie ich es euch sagen soll. Deswegen geradeheraus: Heidrun Mulders hat es strikt abgelehnt, dass ich euch die Akte herausgebe."

„Hast du ihr nicht gesagt, dass wir sie pro bono unterstützen wollen?", hakte Marie-Louise fassungslos nach.

„Natürlich, ist doch selbstverständlich. Ich kann es mir auch nicht erklären. Auch als ich ihr versichert habe, es ginge nur um eine interne Vorprüfung, deren Ergebnis nur ihr präsentiert werde, und sie allein entscheide, ob und wie es danach weitergehe, hat sie geblockt. Ich habe auf sie eingeredet wie auf einen kranken Gaul, aber es hat nichts genutzt. Ich verstehe die Welt nicht mehr."

„Das verstehe in der Tat, wer will", warf Marte ein, die über Lautsprecher mitgehört hatte. „Schade, dann hat sich die Sache erledigt. Tja, das müssen wir so hinnehmen. Es ist ihre Entscheidung."

Marie-Louise schnappte nach Luft. Sie spürte ihren Kopf vor Empörung rot werden. So schnell wollte Marte aufgeben?

Bevor sie loslegen konnte, fügte Marte hinzu: „Komm runter. Damit hat sich die Sache ohnehin erledigt. Ohne Akte kommen wir nicht weiter. Das kannst du nicht anders sehen, Mary-Lou. Und du auch nicht, Michael."

„Doch, doch. Ich habe mir schon was überlegt", fiel ihr Strättges ins Wort. „Ihr beide könnt doch als Archivarinnen für mich arbeiten. Das Archiv ist in einem desolaten Zustand. Ich bringe es für euch extra durcheinander. Und wie es der Himmel will, solltet ihr mit den Bosman-Akten beginnen."

„Mein lieber Michael, verzeih mir meine Offenheit. Ich habe immer schon vermutet, dass du eine kleine, possierliche Meise unter dem Pony hast. Dass sie sich jetzt zum Steinadler ausgewachsen hat, überrascht allerdings selbst mich. Wenn das ruchbar wird, dass ich als arme Rentnerin neben meinem Posten im Vorstand der Alwin Knapp von Dielen und Lautburg-Stiftung auf einen Minijob bei dir als Archivarin angewiesen bin. Ganz famos. Ich habe einen Ruf zu verlieren. Ich bin raus.“

„So ganz überzeugt dein Vorschlag auch mich nicht, Michael. Wie stellst du dir das vor? Wir erarbeiten ein Statement. Und dann?“, fragte Marie-Luise.

„Stelle ich es, wenn das Ergebnis eurer Untersuchung für ein Wiederaufnahmeverfahren reicht, Heidrun vor. Dann wird sie sich sicher umstimmen lassen.“

„Nein, Michael. So wird kein Schuh draus. Wie erklärst du ihr, dass wir gegen ihren Willen doch Einsicht in die Mandatsakten genommen haben? Denn wir werden sicherlich in unserem Statement auf die Akten Bezug nehmen müssen. Was machst du, wenn sie bei ihrer Meinung bleibt? Hast du dir das auch schon überlegt? Dann hast auch du mächtigen Ärger, weil du das Mandatsgeheimnis verletzt hast.“

„Genau, wir alle würden uns ihr und ihren irrationalen Launen ausliefern, wenn wir deinem Vorschlag folgten. Nochmals: Ohne mich“, warf Marte ein.

„Das wird doch alles nur relevant, wenn eure Expertise zu einem positiven Ergebnis führt. Außerdem kann ich in dem Fall ja ihr gegenüber zunächst eure Stellungnahme als meine verkaufen.“

„Ja, natürlich. Und wenn sie doch erfährt, dass wir beide – bevor *du* mit *deiner* Stellungnahme wedelst – im Gänsemarsch täglich dein Archiv frequentiert haben?", warf Marte ein.

„Zu meinem Archiv haben nur meine Mitarbeiter Zugang. Wer sollte euch also dabei erwischen?"

„Starten könnte man so erst mal", schien Marie-Luise einzulenken.

„Ich glaub, jetzt dreht ihr beide durch. Da mache ich nicht mit. Und dir, Schwesterherz, empfehle ich dringlich, die Finger davon zu lassen. Das ist zu dünnes Eis."

„Und das entscheidest jetzt du oder was? Ich dachte, ich sei schon volljährig. Es ist lange her, dass du deine Rolle als gängelnde große Schwester ausleben konntest. Tempi passati", wischte Marie-Louise Martes Empfehlung beiseite.

Hier sprach der Trotzkopf, der ihre kleine Schwester immer noch war, konstatierte Marte, ohne es auszusprechen. Es würde nichts nützen. Marie-Luise würde jetzt mit dem Kopf durch die Wand gehen. Und wenn er stecken blieb, wäre es wieder Martes Part, ihn herauszuziehen. Sie behielt sich vor, ihn dieses Mal stecken zu lassen.

„Michael, ich komme morgen Vormittag vorbei. Aber bereite bitte einen Vertrag und eine Verschwiegenheitserklärung vor, damit alles seine Ordnung hat."

„Sag mal, Michael, hat sich eigentlich der anonyme Anrufer inzwischen bei dir gemeldet, weswegen ihr den ganzen Aufriss gestartet habt?", unternahm Marte den letzten Versuch, ihre Schwester zur Räson zu bringen.

„Ja, hat er, er hat mir den Namen einer Frau und deren Adresse übermittelt, bei der Bosman sein Herz ausgeschüttet haben soll. Ich treffe sie morgen. Außerdem wird er mir eine zweite Zeugin benennen. Er will sich dort nur rückversichern, ihre Daten weitergeben zu können.“

„Aha“, antwortete Marte.

Marie-Louise und Michael parlierten über anderes weiter. Offenbar war die Antwort auf ihre Frage an Strättges nicht neu für ihre Schwester.

Marte erhob sich, während Marie-Luise die Details des Treffens klärte.

Nachdem sie sich verabschiedet hatten, drehte sich Marie-Louise zu ihrer Schwester um, doch die war nicht mehr im Raum.

„Marte?“ Als keine Antwort kam, ging sie in den Hausflur. Dort zog Marte gerade ihren dünnen Trenchcoat an.

„Nun sei doch nicht beleidigt. Du weißt doch, wie viel mir daran liegt, dass wir das zusammen durchziehen. Bleib doch wenigstens hier, wenn du mich schon nicht zu Michael begleitest. Ich verstehe ja, dass du nicht in Erscheinung treten willst.“

Marte drehte sich zu ihr um, ganz langsam. „Ich habe immer viel Geduld mit dir gehabt, kleine Schwester. Und ich verstehe auch, dass dir das Häuflein Mensch, das dir diese Scheißkrankheit von Herold am Ende nur noch übrig gelassen hat, unendlich fehlt. Das tut mir alles sehr, sehr leid. Ich verstehe auch, dass dir jede Ablenkung recht ist. Auch dass du noch eine offene Rechnung in der Sache Bosman hast. Und jetzt zwei Fliegen mit einer Klappe glaubst, erschlagen zu können.

Aber du schießt mal wieder deutlich über das Ziel hinaus, ganz, wie du es früher immer getan hast. Und da mache ich nicht mehr mit. Als ich jünger war, habe ich den Ärger hinterher locker wegstecken können, auch wenn ich ihn mir gerne erspart hätte. Dem Alter bin ich entwachsen. Oder um es mit deinen Worten zu sagen: Tempi passati. Und wenn ich dir einen letzten Rat geben darf: Lass die Finger davon! Lös dich endlich aus diesem Albtraum, der Bosman heißt und dich seit Jahrzenten verfolgt. Man kann die Vergangenheit nicht korrigieren. Das Leben ist keine Bleistiftzeichnung. Und es ist endlich. Reise, belege einen Töpferkursus oder gründe eine Protestbewegung! Letzteres müsste dir besonders liegen. Aber leb mit dem Blick nach vorn, nicht zurück. Das hier ist der falsche Weg."

Grußlos war Marte gegangen. Marie-Louise hatte einen fürchterlichen Abend und eine noch schlimmere Nacht verbracht. Sie zankten oft und gern und bekamen sich genauso oft und schnell wieder ein. Bis auf dieses eine Mal, das schon etliche Jahre zurücklag. Da hatte Marie-Louise eine rote Linie ihrer Schwester übertreten. Marte hatte sich zurückgezogen. Fünf Jahre hatten sie daraufhin nicht mehr miteinander gesprochen. Nicht noch einmal, schwor sie sich.

Und dennoch. Martes dominante Art und ihr Befehlston, die sie manchmal an den Tag legte, waren nur schwer zu ertragen. Von ihrem Plan würde sich Marie-Louise trotzdem nicht abhalten lassen. Sie würde das durchziehen und danach Marte gestärkt gegenübertreten. Frieden mit ihr schließen, und das für immer.

Sie konnte auch allein Heidrun Mulders raushauen. Doch zunächst müsste sie die Akte durchgehen, die Akte, die sie nur zum Teil selbst angefertigt hatte. Mit einem Kaffee gestärkt machte sie sich zu Strättges' Kanzlei auf.

Und sie beabsichtigte nicht, auf eine Kamera zu verzichten. Wichtige Passagen herauszuschreiben, würde sie zu lange aufhalten.

Kapitel 22

2010

„Mary-Lou, gut, dich noch anzutreffen."

Sie zuckte zusammen. Strättges war unbemerkt zu ihr ins Archiv hinabgestiegen und stand hinter ihr.

„Ich habe diese Zeugin aufgesucht. Sie lebt in Remscheid. Sie will Bosman über eine Partnerschaftsvermittlung kennengelernt haben. Beide hätten sich zu einem Treffen verabredet, sich gemocht und die Nacht miteinander verbracht", sprudelte er los. „Nach dem Sex hätte er wie ein Schlosshund geheult und gesagt, er verdiene kein Glück mehr. Er sei schuld am Tod seiner Kinder, er allein. Sie hätte ihn daraufhin nicht mehr getroffen, obwohl er sich bei ihr noch mal gemeldet habe. Sinngemäß soll er gesagt haben, wer wolle schon mit jemandem zusammen sein, der so was Schlimmes gemacht habe."

„Hm, noch ein bisschen dünn, meinst du nicht? Und warum hat sie es nicht zur Anzeige gebracht?", fragte Marie-Louise.

„Sie sagte, das sei nach dem letzten Prozess vor dem Landgericht Wuppertal und der verlorenen Revision gewesen. Aber du hast recht, das ist nur ein Anfang. Warten wir auf Namen und Adresse der zweiten Zeugin, die mein Informant mir liefern will."

Kapitel 23

2010

Nachhilfe in Gerechtigkeit für die deutsche Justiz – Die Judges find Justice kommen

prangte zehn Tage später auf dem Titelblatt des *Komet*. Marie-Louise verschluckte sich an ihrem zu heißen Frühstückskaffee. Zu allem Unglück prustete sie ihn über ihren Küchentisch.

Marie-Louise Rebell (59), ehemalige Richterin am Sozialgericht Köln, und ihre Schwester, Dr. jur. Marte Campferbrinck (63), stellvertretende Präsidentin des Oberlandesgerichts und künftiges Vorstandsmitglied der ...

Marie-Louise schloss die Augen. Das durfte doch nicht wahr sein. Wenn Marte das las, war ihr Kontakt für alle Zeiten beendet.

Mit einem Auge lugte sie auf den weiteren Text:

... kündigten an, dass sie die erste Sektion der Judges find Justice Deutschland gründen werden. Anlass bietet der Fall Bosman, der bereits zwei Jahrzehnte die deutschen Gerichte beschäftigt hat. Hat Heidrun Mulders ihre eigenen Töchter getötet? Eine Frage, die zuletzt das Landgericht Wuppertal

im Jahr 2004 mit einem eindeutigen Ja beantwortet und Mulders zu lebenslanger Haft verurteilt hatte. Auch in der Öffentlichkeit wurde intensiv diskutiert, ob die zierliche Blondine mit den stahlblauen Augen oder doch eher ihr grobschlächtig wirkender, wortkarger Ehemann zu so einer monströsen Tat fähig war. Die Kinder Susanne (8) und Claudia (6) waren am ...

Es folgte eine kurze Zusammenfassung des Falles. Marie-Luise überflog die Passage.

... Auf eine Strafaussetzung der lebenslangen Freiheitsstrafe nach 15 Jahren durfte Mulders nicht hoffen. Da die Strafkammer ihr eine besondere Schwere der Schuld attestiert hatte, sitzt sie immer noch in der JVA Willich ein. Mulders hatte den Doppelmord stets abgestritten. Nun behaupten Zeugen, Roland Bosman habe ‚nach ein paar Bierchen zu viel' gestanden, dass er seine Töchter ‚totgemacht' habe. Dem Komet liegen die eidesstattlichen Versicherungen des Barbesitzers Eugen M. und der Prostituierten Marita B. vor, deren Dienste Bosman in Anspruch genommen haben soll.

Diese Aussagen haben Rebell und Campferbrinck auf den Plan gerufen, unter dem Signet der Judges find Justice für ein abermaliges Wiederaufnahmeverfahren zu streiten. Bei der gemeinnützigen Organisation, die ihren Ursprung in den USA hat, handelt es sich um einen Zusammenschluss ehemaliger Richter mit dem erklärten Ziel, Unrechtsurteile anzufechten. So haben sie bereits spektakuläre Justizirrtümer ... Auch zwischen Treene und Isar werden regelmäßig Fehlurteile gefällt. Vielleicht stehen als Nächstes die Fälle

*Harry Wörz und Gustl Mollath auf der Agenda der neu ge-
gründeten Judges find Justice, um die Fehlbarkeit der deutschen Schwarzkittel ...*

Das konnte doch nur dieser verdammte Lersmacher
verzapft haben. Marie-Luise las quer.

*Ob ausgerechnet der Fall Bosman aber ein geeigneter An-
fang für die deutsche Sektion der selbst ernannten Gerech-
tigkeitskämpfer ist, darf bezweifelt werden. Und ob hier
nicht persönliche Motive eine Rolle spielen, muss sich insbesondere Marie-Luise Rebell fragen lassen. Sie hatte seinerzeit als Staatsanwältin die Ermittlungen geführt, war aber
abgesetzt worden, nachdem ihr Voreingenommenheit zugunsten von Heidrun Mulders vorgeworfen worden war.
Geht es am Ende um ihre Rehabilitierung und gar nicht um
Gerechtigkeit? Der Verdacht drängt sich auf, zumal Rebell
offenbar gegen den ausdrücklichen Wunsch von Heidrun
Mulders und ihrer Familie den Fall aufgreifen will. Sie soll
sogar bereits mit Duldung von Michael Strättges, dem
Strafverteidiger von Mulders, Einsicht in die Akten genommen haben, wie dem Verfasser aus sicherer Quelle zugetra-
gen worden ist. Strättges ist es bekanntlich schon einmal
gelungen, ein Wiederaufnahmeverfahren in der Strafsache
Mulders durchzufechten, das nach einem Freispruch allerdings auf Revision der Staatsanwaltschaft in eine erneute
Verurteilung durch das Landgericht Wuppertal mündete.
Er war zu einer Stellungnahme nicht bereit.*

Den Rest schenkte sich Marie-Louise und beschloss,
die nächsten Tage nicht ans Telefon zu gehen, das wie
auf Kommando klingelte. Sie erkannte die Nummer als

Strättges'. Der kam ihr gerade recht, und so nahm sie ihrem Vorsatz zuwider den Hörer ab.

„Wie konntest du nur …?"

„Warte, Marie-Louise, bitte hör mir erst mal zu."

„Nein, ich höre dir nicht zu! Hätte ich doch nur auf Marte gehört, ich Dusseltier. Wie konnte ich nur so blöd sein. Ich hab dir vertraut."

„Hör zu, es tut mir unendlich leid." Zum ersten Mal klang seine Stimme ehrlich. Das ließ Marie-Louise verstummen.

„Ich habe hier sofort alle zusammengetrommelt. Wie sich rausgestellt hat, hat Piet Lersmacher, dieser Schweinehund, den ich für einen Freund gehalten habe, eine Auszubildende bestochen, damit sie ihm alles Neue aus der Kanzlei berichtet. Ich versteh das nicht. Seit Jahren unterstützen wir uns gegenseitig mit entsprechenden Informationen. Und nun das …"

Marie-Louise schluckte. „Dir ist aber schon klar, dass es das jetzt war. Ich bin wie Marte raus. Am besten ziehe ich für die nächsten Jahre nach Korsika, wo ich schon immer hinwollte. Und du streichst meine Nummer aus deinem Telefonbuch. Oh Gott, Marte wird nie mehr ein Wort mit mir reden."

„Doch, doch, ganz sicher. Und bitte, lass dich doch nicht so ins Bockshorn jagen. Wir haben schließlich einen Vertrag geschlossen, dass du auf Vierhundertfünfzig-Euro-Basis für mich das Archiv aufräumst. Ich werde Piet und seinem dämlichen Verlag gleich eine Abmahnung zukommen lassen. Und um zu zeigen, dass hier nichts gegen den Willen meiner Mandantin geschieht, habe ich mit Heidrun einen Termin für dich heute Nachmittag verabreden können. So zeigen wir, dass nichts dran ist an dem Vorwurf, wir hätten gegen ihren Willen gehandelt."

„Das bringt doch nichts. Sie will doch tatsächlich nicht."

„Du schaffst das schon, sie umzustimmen. Schließlich hast du ihr damals als Einzige vertraut und an ihre Unschuld geglaubt. Und tust es noch. Da musst du hin. Ich arbeite schon an der Gegendarstellung, da kommt das rein. Dann haben wir alles glattgebügelt, einverstanden?"

Marie-Louise war nicht einverstanden. Am liebsten hätte sie alles abgeblasen. Das Grab wieder aufgebuddelt und sich zu ihrem Herold gelegt.

Aber wenn es eine Chance gab, das in Ordnung zu bringen, dann nur so, das sah sie ein. Auch wenn sie sich absolut nichts von dem Treffen versprach. Aber die Demonstration der Einvernehmlichkeit war unbedingt erforderlich, auch mit Blick auf Marte.

„Okay, wann soll ich da sein?"

Kapitel 24

2010

Das Gespräch war nicht gut gelaufen. Wenn man überhaupt von einem Gespräch reden konnte. Heidrun Mulders hatte ihr auf der anderen Seite der Glasscheibe mit hängendem Kopf gegenübergesessen und wieder nur genickt oder den Kopf geschüttelt. Erst als sich Marie-Louise als die junge Staatsanwältin von damals zu erkennen gab, war ihr fragender Blick über Marie-Louise gewandert.

„Ich bin nicht beleidigt, wenn Sie mich nicht wiedererkennen. Dazwischen liegen ja nun zwei Jahrzehnte. Damals hatte ich noch lange Haare und keine Falten. Na ja, gut, auch meine Taille war schmaler", versuchte sie die angespannte Stimmung aufzulockern.

Heidrun verzog das Gesicht zu einem angedeuteten Lächeln.

„Hören Sie, ich will Ihnen wirklich helfen. Ich war schon damals davon überzeugt, dass es Ihr Mann war, der die beiden Mädchen nachts umgebracht hat. Das lag einfach auf der Hand, und er hatte ein starkes Motiv. Auch wenn ich Probleme damit hatte, mir vorzustellen, wie er die Beseitigung der Leichen in der Nacht bewerkstelligt haben soll, so konfus und benebelt, wie er damals auftrat. Und wissen Sie eigentlich, dass ich, bevor Sie die Geschehnisse in der Nacht einräumten, ernsthaft die Möglichkeit eines Dritttäters in Betracht gezogen habe, weil ich Ihnen beiden die Tat nicht zugetraut habe?"

„Was?", hauchte Heidrun.

„Na ja, Sie wissen besser als ich, in welchem Zustand Ihr Mann damals war. Und getrunken hatte er ja auch einiges. Aber dass er es war, davon bin ich felsenfest überzeugt. Wir wollen Sie hier rausholen. Wir wollen Sie rehabilitieren. Aber dazu brauchen wir Ihre Unterstützung. Helfen Sie uns, damit wir Ihnen helfen können."

Doch Heidrun Mulders hatte sie nur mit Entsetzen im Blick angestarrt. Wenn Marie-Louise nicht so überzeugt von ihrer Unschuld gewesen wäre, hätte sie nun Zweifel bekommen.

„Ich muss zurück in meine Zelle", stammelte Heidrun, nickte zum Abschied und ließ sich abführen.

Marie-Louise hatte gerade die halbe Strecke nach Hause geschafft, als ihr Handy klingelte. Die Nummer, die auf dem Display des Wagens erschien, war ihr unbekannt.

„Schulze hier, Direktor der Justizvollzugsanstalt Willich II."

Marie-Louise trat vor Verblüffung stark auf die Bremse. Ein Hupkonzert schreckte sie auf. Vorsichtig fuhr sie in eine kleine Parkbucht.

„Was ist los?"

„Das frage ich Sie! Was haben Sie um Gottes Willen mit Frau Mulders angestellt bei Ihrem Besuch?"

„Was soll ich denn angestellt haben? Ich habe mit ihr geredet, was sonst?"

„Und wie können Sie mir dann erklären, dass Frau Mulders eben einen Selbstmordversuch unternommen hat? Seit zig Jahren ist sie hier, und ausgerechnet heute, direkt nach Ihrem Besuch, versucht sie sich die Pulsadern mit ihrem Nagelknipser aufzuschneiden."

Marie-Louise war fassungslos. Baute sie denn nur noch Mist? Was hatte sie der armen Frau bloß angetan? Hätte sie Heidrun in Ruhe lassen müssen? Sie wollte doch nur helfen. Marie-Louise hörte gar nicht mehr hin, was Schulze von sich gab.

Seit Herolds Tod lief alles schief. Sie war in der Presse peinlich geoutet worden, Marte hatte den Kontakt zu ihr abgebrochen und nun hatte auch noch Heidrun Mulders wegen ihres Besuchs einen Suizidversuch unternommen, den sich Marie-Louise nicht erklären konnte. Vielleicht hätte sie an deren Reaktion etwas bemerken müssen, als sie so plötzlich nach ihrer Zelle verlangte. Der panische Blick! Sie hätte die Wärterinnen darauf hinweisen müssen. Verdammt, dachte sie denn gar nicht mehr nach? Und kein Herold, der sie trösten und auffangen könnte.

„Hallo? Hallo?", hörte sie Schulze immer wieder nachfragen. Doch sie antwortete nicht, hatte nicht die Kraft dazu. Irgendwann ertönte nur noch das Piep, Piep, Piep aus der Freisprechanlage.

Sie sackte über dem Lenkrad zusammen und ließ den Tränen freien Lauf, die zu dem starken Regen, der ganz plötzlich eingesetzt hatte, passten.

Sie bekam keine Luft mehr vor lauter Schluchzern. Sie musste raus, raus aus dem engen Wagen, tief durchatmen.

Sie schob die Tür auf, wand sich aus dem Sitz und trat einen Schritt von ihrem Smart weg. Einen Schritt zu viel.

Bevor sie auch nur nachsehen konnte, warum gehupt wurde, erfasste sie ein BMW und wirbelte sie durch die Luft.

Kapitel 25

2010

Ein Krankenhaus war ein Krankenhaus. Ob funktionaler, nüchterner Zweckbau oder architektonisch raffiniert in Szene gesetzt, sobald man es betrat, roch es nach Krankenhaus. Selbst wenn das Entree wie das eines Hotels gestaltet war, die Mitarbeiter die Freundlichkeit in Person waren, es half nichts. Unweigerlich holte einen die Realität ein, dass dies ein Ort war, auf dessen Gastlichkeit man gerne verzichtet hätte. Spätestens wenn der erste Patient durchs Bild lief, der einen Infusionsständer vor sich herschob – und der würde nicht lange auf sich warten lassen –, war es mit der Heimeligkeit vorbei.

Für das Rheinland Klinikum Grevenbroich galt nichts anderes. Marte hatte sich durchgefragt und stand schließlich vor dem Zimmer, hinter dessen Tür ihre Schwester lag. In welchem Zustand sie sie vorfinden würde, wusste sie nicht. Tom hatte nur mitgeteilt, es sei nicht lebensbedrohlich. Während er anrief, hatte Marie-Louise noch auf dem OP-Tisch gelegen.

Marte hatte, ohne zu zögern, ihre offizielle Verabschiedung verlassen. Dieses Geschwurbel ging ihr sowieso gehörig auf den Zeiger. Man überschlug sich in Superlativen, lobte die am Monatsende vergüteten

Leistungen über den grünen Klee, so als sei es besonders erwähnenswert, dass man für sein Geld die vertraglich geschuldete Arbeit erbracht hatte, und ließ Erinnerungen an Histörchen aufleben: Martes Standardansage an Anwälte, die ihre Robe vergessen hatten: „Aber Sie sind orientiert, wo Sie hier sind und was Sie hier wollen?"; Martes Anruf beim Pizzaservice, als die Vergleichsverhandlungen bis in die Abendstunden reichten und so weiter und so fort. Gerade als ihr designierter Nachfolger und künftiger stellvertretender Präsident des Oberlandesgerichts ihr unermüdliches Suchen nach einem Interessenausgleich würdigte, den sie in hieb- und stichfeste Vergleichsform goss, wenn sie die streitenden Parteien mit der „sanften Gewalt ihrer Argumentationsfreude" auf den Weg aufeinander zu geführt hatte, war es ausgerechnet ihr Handy, das die Laudatio mit dem Klingelton „One Way Or Another" von Blondie gestört hatte.

Wie passend, dieser Weckruf, dachte Marte, als sie die Klinke herunterdrückte. Wildfremde, zerstrittene Menschen befrieden und selbst nicht in der Lage sein, mit der kleinen Schwester einen Streit zu schlichten, das zeugte von allenfalls halbseitig ausgeprägter Sozialkompetenz. Warum hatte sie ihre Kernkompetenz auf Dritte verschwendet, die ihr außerhalb des Gerichtssaales in der Regel nie wieder begegneten? Weil es einfacher war? Weil ihr kraft Amtes das letzte Wort, die Entscheidungsgewalt blieb? Wie armselig, beschied sie sich selbst. Kleine Schwestern waren kleine Schwestern und würden auch immer kleine Schwestern bleiben. Egal, ob sie einem über den Kopf wuchsen. Egal, dass sie höher an Jahren wurden.

Marte trat ein.

„Mary-Lou?"

Marie-Louise reagierte nicht. Sie schlief. Ihr linkes Bein lagerte hoch. Ihr rechtes Handgelenk und der Unterarm waren bandagiert. Und ihr Gesicht, in dem Marte sich zuletzt traute, nach Unfallspuren zu suchen, schien auf der rechten Hälfte mit Sandpapier geschmirgelt worden zu sein, während in die andere Hälfte offenbar noch die Blässe des Schocks geschrieben stand, über die eine genähte Platzwunde an der Stirn den traurigen Schlusspunkt unter die Liste der sichtbaren Verletzungen setzte. Marte schluckte. Ihr war zum Heulen zumute, aber sie verbat es sich. Die kleine Schwester brauchte jetzt Trost und Zuversicht. Das war ihr Part.

Marie-Louise schlug die Augen auf.

„Sag mal, kannst du nicht einfach anrufen? Du musst doch nicht vor ein Auto springen, damit ich einen Grund habe, dich zu besuchen."

Marie-Louise verzog das Gesicht, ein Glucksen folgte, das wohl ein Lachen sein sollte. Das verhinderte Lachen ging in ein Röcheln über, das in einem Hustenanfall mündete.

„Aua, mir tut alles weh", krächzte sie. Marte streichelte vorsichtig die aus der Bandage herauslugenden Finger ihrer Schwester.

„Ach, du kleines Unikum. Du machst Sachen."

„Ich, ich hab alles … alles falsch …", presste Marie-Louise hervor. Jedes Wort strengte sie sichtlich an.

„Nein, nein. Du ruhst dich jetzt bitte aus. Schlaf noch ein bisschen. Ich bin da."

„Ist nicht heute deine Verabschiedung?", flüsterte Marie-Louise, plötzlich hellwach wirkend.

„Mach dir keinen Kopf. Ich habe mich bei allen ordnungsgemäß verabschiedet. Die abgezählten Schnittchen und die drei Flaschen Asti spumante schaffen die auch ohne mich. Ich schnapp mir jetzt mal einen Arzt."

In einem Anflug von Sekundenglück legte Marte ihre Hand auf die unversehrte Wange ihrer Schwester.

Prellungen, aber keine inneren Verletzungen; eine Gehirnerschütterung, aber kein Schädelhirntrauma; alles in allem war ihre kleine Schwester glimpflich davongekommen. Das berühmte Glück im Unglück, das manche Gott nannten, sie, aufgrund einer Verwechslung, von Kindesbeinen an nach ihrem Vater Peter. Was oder wer auch immer Marte davor bewahrt hatte, binnen weniger Wochen hinter dem nächsten Sarg herzulaufen, sie war Peter aufrichtig dankbar. Auch dafür, dass Marie-Louise wieder ganz genesen würde und nicht Herolds Schicksal als Pflegefall teilen musste. Gut, über ein paar bleibende Ladehemmungen ihrer großen Klappe hätte Marte kein Lamento angestimmt.

„So, jetzt ziehen wir dir mal das OP-Lätzchen aus. Ich habe dir in Grevenbroich City einen Pyjama organisiert. Tom kommt heute Abend und kümmert sich um den Rest."

„Aber er muss doch nicht extra aus London ..."

„Mary-Lou, es ist dein Sohn. Und zwar so was von. Der würde den Korowai-Kannibalen aus West-Neuguinea vom Grillrost springen, um sich zu Fuß, mit dem Floß oder Fesselballon zu dir durchzuschlagen. Er holt auch dein Auto und bringt es in die Garage. Du weißt ja selbst am besten, dass ich kein Händchen dafür habe."

Als Marte ihrer Schwester aus dem weißen OP-Hemd mit den aufmunternden blauen Klecksen geholfen hatte, um ihr das Pyjama-Oberteil überzustreifen, waren ihr die großen, roten Flecken an Marie-Louises Körper aufgefallen, die sich zu blauen und sodann braunschwarzen entwickeln, bevor sie sich über Dunkelgrün ins Gelbliche flüchten würden, um am Ende ganz verschwunden zu sein.

„Ich verspreche dir jetzt etwas, Schwesterlein. In rund drei Wochen sind die Blutergüsse unsichtbar geworden. Und bis dahin haben wir beide auch den Fall Bosman geklärt. Wenigstens für uns. Und dann reisen wir endlich zu den Lofoten. Denn nur Idioten wissen nichts von der Schönheit der Lofoten, richtig?"

Marte kniff Marie-Louise ein Auge. Aber deren Gesichtsausdruck verfinsterte sich.

„Du möchtest lieber zum Ballermann statt auf die Lofoten reisen und dir auf der Schinkenstraße eine Gedächtnislücke über die letzten Wochen antrinken? In Peters Namen, ich bin dabei. Einer muss ja für dich die Kloschüssel finden."

Die kleine Schwester lachte nicht. Da war doch mehr kaputtgegangen, als der Arzt Marte berichtet hatte. Sie setzte sich neben Marie-Louise und nahm ihre gesunde Hand, die sie vorsichtig anhob und an sich zog.

„Spuck's aus, Lou. Was ist da genau passiert? Was hat dich so aus der Fassung gebracht?"

Zuerst kam Marie-Louise nur ein „Ach" im Sinne von „Lassen wir es ruhen" über die Lippen, dann berichtete sie auf Martes sanftes Drängen – ebenjenes, das ihr

Nachfolger ihr heute noch bescheinigt hatte –, was ihr widerfahren war. Vor allem der Selbstmordversuch von Heidrun Mulders hatte ihr zugesetzt. Marte versuchte ihrer Schwester klarzumachen, was diese längst wusste. Der Suizid war die Komplikation einer Depression. Und Letztere die Folge einer Stoffwechselerkrankung. Für beides könne Marie-Louise nicht verantwortlich sein.

Den Zeitungsbericht des *Komet* kannte Marte nicht. Das Blatt war seit der Schote rund um die gefakte Göring-Autobiografie diskreditiert, offenbar auch im Kollegenkreis. Denn niemand hatte sie darauf angesprochen. Jetzt konnte es ihr sowieso egal sein. Total egal. Und das war es auch.

„Ich dachte, du redest nie wieder mit mir, weil ich dich mit meiner blöden Idee in Verruf …" Marie-Louise schluchzte.

„Och, Lou. Was kannst du denn für den Schmierfink von dieser faschisten-geilen Postille? Und außerdem: Sollte sich Dielen & Dingsbums an dem Artikel oder meinem Engagement für außergerichtliche Gerechtigkeit stören, muss sich die Stiftung halt nach einem anderen Arbeitspferd mit Vorzeige-Vita umsehen. Ende, aus, Micky Maus!"

„Nimmst du das wirklich so locker?"

Marte wiegte den Kopf hin und her.

„Na ja, fast."

Nun kicherte ihre kleine Schwester doch, allerdings mit der bekannten Folge eines Hustenanfalls, der erst endete, als sie das gereichte Wasserglas ausgetrunken hatte.

„Also, Lästerschwein. Wir machen weiter. Aber ganz entre nous. Die Bestätigung, dass Heidrun Mulders es nicht war, finden wir beide für dich, damit du mit diesem Kapitel abschließen kannst. Die Lofoten warten. Und wir beide werden nicht jünger. Abgemacht?"

Der Durchbruch war immer noch nicht gelungen.

„Ach, Marte. Vielleicht sollten wir besser gleich losfahren. Ich habe schon so viel Unheil angerichtet. Um ein Haar hätte ich sogar Heidrun Mulders auf dem Gewissen gehabt, weil ich keine Ruhe geben kann. Irgendetwas, was ich gesagt habe, muss diese Reaktion ausgelöst haben. Muss wie ein Trigger gewirkt haben. Ich weiß aber nicht, was es war. Ich habe meinen Besuch bei ihr schon hundertmal in meiner Erinnerung abgespult, ich komm nicht drauf. Es ist besser, ich entschuldige mich bei ihr und verspreche, dass ich nichts mehr unternehmen werde. Sie will es nicht, und ich habe das zu akzeptieren. Du hast das gleich so für dich entschieden. Und ich hätte besser auf dich gehört."

„Papperlapapp. Als wenn ich noch nie am Ziel vorbeigeschossen hätte, wobei meine Trefferquote schon ziemlich hoch ist. Kannst du dir nicht ein besseres Beispiel dafür einfallen lassen, dass ich immer recht habe?", feixte Marte.

„Aber wenn Heidrun Mulders nicht mehr daran rütteln will? Wenn sie das Ganze nicht noch mal durchsteht? Oder wenn sie ihren Mann davonkommen lassen will, weil er durch seine Krankheit schon die Hölle auf Erden hat?"

„Schätzeleinchen, jetzt mach ich mir doch Sorgen wegen deines Dachschadens. Ich sprach davon, dass du und ich für dich herausfinden, was damals passiert ist.

Nicht zum Zwecke der Rehabilitation von Heidrun Mulders, nicht um für Strättges einen weiteren Lorbeerkranz zu erringen. Und schon dreimal nicht zur Auflagensteigerung dieses Latrinen-Blättchens."

„Marte, ich glaube Heidrun Mulders, dass sie ihre Kinder nicht getötet hat. Aber mehr auch nicht. Da gibt es eine Wahrheit hinter ihrer Wahrheit, die nur sie kennt. Und offenbar will sie nicht und wollte sie nie, dass der Teil herauskommt. Ich muss das hinnehmen. Es ist ihr Geheimnis. Und dafür, dass das so bleibt, hat sie bereits einen hohen Preis bezahlt. Ich finde, dass ich daran nicht mehr rühren darf. Selbst wenn nur ich es wäre, die das Geheimnis mit ihr teilte, und sie es nicht bemerken würde, dass ich es herausgefunden habe."

„Entschuldige bitte, wenn ich dir widerspreche. Das ist ja alles ehrenwert, was du da sagst, aber auch Quatsch. Die Wahrheit ist nicht Alleineigentum von Heidrun Mulders. Gerade du hast meines Erachtens verdient, sie zu kennen. Denn Heidrun Mulders' Geheimnis stand ausgerechnet dir und deinem beruflichen Werdegang im Weg. Es ist wohl das Mindeste, wenn wenigstens du die Wahrheit erfährst. Vielleicht stellt sich heraus, dass Heidrun Mulders von Anfang an gelogen oder tatsächlich ihre Taten ausgeblendet hat, was ihr jetzt erst bewusst wird. Dann kann sie sich meinetwegen mit einem Nagelknipser ausknipsen. Deine Schuld ist das in dem Fall sicher nicht."

„Lass mir noch ein paar Tage Zeit. Ich kann das jetzt nicht entscheiden."

„Das geht alles von den drei Wochen ab", mühte sich Marte, streng zu klingen.

Die Tür ging auf. Tom kam herein. Herolds Abziehbild, aber Marie-Louises Innenausstattung.
„Mama, wie geht's dir?"

Kapitel 26

_2010_

Tom war wieder in London, Marte vorübergehend zu Marie-Louise gezogen, obwohl in ihrem neuen Domizil längst nicht alle Umzugskartons ausgeräumt waren. Die kleine Schwester hatte zu ihrer alten Durchsetzungsfreude zurückgefunden und nach drei Tagen auf ihrer Entlassung bestanden. Natürlich auf eigene Verantwortung, verknüpft mit dem Versprechen, sich zu schonen und strenge Bettruhe zu halten. Und was tat sie? Sie hüpfte an einer Krücke im Bademantel durch ihre Wohnung, wischte balancierend hier, räumte, raffte, straffte halsbrecherisch dort und machte sich gerade am neuen Kaffeevollautomaten zu schaffen, als es Marte zu bunt wurde.

„Ich geb mir hier alle Mühe, nicht als große Schwester aufzutreten. Und was machst du? Lässt die kleine, unvernünftige Göre raushängen. Du legst dich jetzt bitte sofort hin. Wenn du einen Kaffee möchtest, dann sag das. Ich komme mit diesem High-End-Teil schon klar."

„Wie neulich, als uns die Bohnen wie Geschosse um die Ohren geflogen sind?"

„Das war ein künstlerischer Akt zur Erheiterung."

„Vor allem das Krabbeln über den Küchenboden, um die Bohnen aus allen Ritzen zu kratzen."

„Ich darf dich an deine Bratfett-Aktion in meiner Studentenbude erinnern. Als Beuys-Zitat habe ich das dem Hausmeister nicht verkaufen können."

Das Telefon schrillte. Marte hob ab. Am anderen Ende der Leitung war ein aufgeregter, kurzatmiger Strättges.

„Um Gottes willen, Marie-Louise. Warum bist du nicht im Krankenhaus geblieben? Da kann man dich doch besser versorgen."

„Na, hör mal, Michael. Eine Ravioli-Büchse krieg ich auch noch auf", antwortete sie. Marie-Louise wedelte mit der freien Hand, machte Anstalten, nach dem Hörer zu greifen. Marte dachte gar nicht daran, ihn aus der Hand zu geben. Erst mal hören, was der Winkeladvokat zu sagen hatte.

„Ach, gut, dass du dich kümmerst", erwiderte Strättges, der erst jetzt Martes Stimme erkannt hatte. „In der Presse schlagen die Wogen hoch. Nun hat sich die Hopper-Journaille der Sache angenommen und macht groß mit dem Selbstmordversuch von Heidrun auf. Erst wollten sie die Hexe kreuzigen, jetzt weinen sie Krokodilstränen um ihr Seelenheil. Denen möchte man doch im Strahl vor die Füße kotzen."

„Was hast du erwartet? Dass diese geifernde Ressentiment-Schleuder plötzlich in Großbuchstaben differenzieren kann?"

„Das werde ich jedenfalls so nicht stehen lassen. Ich habe Marie-Louise in die Scheiße geritten. Ich hole sie da auch wieder raus. Ich zieh den Ärger jetzt auf mich. Sag ihr das bitte! Und richte ihr bitte aus, sie möchte erst heute Abend nach sechs wieder online gehen oder um sieben die *Aktuelle Stunde* im WDR einschalten."

„Mit dem Dritten steht man besser", kommentierte Marte.

Strättges stutzte, fragte aber nicht nach.

„Ach, noch eins. Richte ihr bitte auch aus ..."

„Michael, entschuldige, wenn ich dich unterbreche. Wäre es nicht einfacher, du sagst es ihr selbst? Dann reiche ich den Hörer rüber. Sie sitzt mir gegenüber."

„Äh, ja. Ja, bitte", stotterte er.

Marte legte das Mobilteil des schnurlosen Telefons auf den Tisch und schob es schwungvoll über die Platte. Ihre Schwester schnappte begierig danach wie ein Verdurstender nach einem Glas Wasser.

Das kann dauern, dachte Marte, und entschied, statt Kaffee Tee zu kochen. Notfalls würde sie einen Topf Wasser auf den Herd stellen, falls sie mit dem ebenfalls hypermodernen Wasserkocher nicht zurechtkäme.

Während sie herumhantierte, vernahm sie mehrfach den Ausspruch ihrer Schwester „Ist doch nicht deine Schuld. Ich wollte ja unbedingt ..." und „... ja, bitte tu dein Bestes ...". Als sie weder mit dem Wasserkocher noch mit dem Induktionsherd klarkam, holte sie eine Flasche Sprudel aus dem Vorratsraum. Hörte sie Marie-Louise im Hintergrund lachen? Aber diesen Gesprächsfetzen hier, den hatte sie ganz sicher gehört: „... das Fossil braucht Hilfe ..."

Marte behielt sich vor, sich den Schuh anzuziehen. Aber nicht jetzt. Jetzt wollte sie unbedingt wissen, wofür ihre Schwester Strättges Absolution erteilt hatte.

Die wurde wirklich und wahrhaftig rot. „Er wollte nur loswerden, wie leid es ihm tut, dass ich auf dem Rückweg von Heidrun einen Unfall hatte. Außerdem geht er davon aus, dass die Strafvollstreckungskammer den nächsten Antrag auf Aussetzung der Reststrafe zur Bewährung positiv bescheiden wird. Der kann in anderthalb Jahren wieder gestellt werden.“

„Aha, verstehe. Und was sagt er noch so, der Mischa, was dich in so rosige Verzückung versetzt?“

„Du, das sind die letzten Hitzewallungen meiner Wechseljahre.“

„Ja, natürlich. Und in Afrika ist Muttertag.“

„Nicht?“

„Also, was sagt er noch?“

„Dass er sich um die Ermittlung des Fahrers kümmern will, der, vor dessen Auto ich gelaufen bin und der abgehauen ist. Und dass er versteht, wenn ich jetzt mit den Nachforschungen aufhöre.“

„Und was will er tun? Ruhe geben?“

„Nein. Er sieht das interessanterweise so wie du. Wir sollen weitermachen. Aber nur für uns. Das Ergebnis will er ihr nur mitteilen, wenn das ärztlicherseits durchgewinkt werde. Und auch nur dann, wenn es für sie positiv ausfällt. Es sei ihre Sache allein, was sie dann daraus mache. Wenn sie nicht weitermachen wolle, dann sei das halt so.“

„Der kleine Mann entwickelt Größe.“

„Möchtest du einen Fanclub gründen?“

„Auf gar keinen Fall. Hast du ihm schon zugesagt, dass wir weitermachen?“

„Nein. Ich habe es offengelassen. Erst mal schulde ich dir eine Antwort.“

„Kennst du sie schon?“

„Ja.“

„Und die wäre?“

„Kommt als Frage.“

Marte stöhnte. „Ich bin ganz Ohr.“

„Wie gehen wir jetzt weiter vor?“

Also doch. Der kleine Terrier, der ihre Schwester auch war, hatte sich längst festgebissen.

„Fangen wir doch gleich mal mit dem Urteil an.“

„Du hast es gelesen?“

„Na selbstverständlich. … Sie muss im Akkord gewürgt haben“, resümierte Marte.

„Also hör mal“, rüffelte Marie-Luise ihre Schwester, „nicht so pietätlos, bitte.“

„Wenn es doch aber so war. Sie muss es geschafft haben, sich binnen einer Viertelstunde in eine Präzisionstötungsmaschine zu verwandeln und so zu programmieren, dass sie in der Lage war, im Sechseinhalb-Minuten-Takt zu töten und die jeweilige Leiche zu entsorgen.“

Sie repetierte den vom Gericht angenommenen Tatablauf in allen Einzelheiten, um am Ende zusammenzufassen: „Erstens: hätte, könnte, wäre. Zweitens: möglicherweise, eventuell, vielleicht. So, meine Liebe, finde den Fehler!“, schloss sie ihren Vortrag.

„Okay, im Klartext!“

„Pass auf, für kleine Schwestern kurz und knapp: Auf mich wirkt das Urteil so, als sei die Täterschaft beim Bowlen ermittelt worden und Heidrun Mulders war der erste Pin, der umgefallen ist. Sie stand aber auch als Einzige am Ende der Bahn vor dem Kugelfang.“

Marie-Luise schaute ihre Schwester verständnislos an. „Vielleicht doch die längere Herleitung.“

„Die Kripo hat früh einen Dritttäter ausgeschlossen. Die Swalsener wurden als indigenes Volk betrachtet, in dessen Abgeschiedenheit Fremde nicht eindrangen, weil sie fürchten mussten, mit Pfeil und Bogen gejagt zu werden, zumindest aber aufzufallen. Man ging von einer Beziehungstat aus. Folglich richtete sich der Blick wegen der zerrütteten Ehe alsbald nur noch auf Heidrun und Roland Bosman. Er, der treu sorgende Ehemann, der – wie es im Urteil so schön heißt – für sein Alter normal im leichten Übermaß trank und im normalen Rahmen handfeste Argumente an seine Frau austeilte, war ihr erstes Opfer. Sie entzog sich ihm, verweigerte die Erfüllung der ehelichen Pflichten, belog und betrog ihn. Er war mit ihr als Frau doch schon gestraft genug. Mit den ermittelnden Beamten verfuhr sie nicht anders als mit ihrem Ehemann. Sie log und betrog, flog aber auf. Sie hatte rote Linien, zuerst die der Konvention, vorsätzlich übertreten. Und dann war es kein weiter Weg mehr, auch das Gesetz zu übertreten."

„Aha. Und weiter?"

„Mein Gott, heute wieder einen Blitzmerker ins Müsli geschreddert? Roland scheint in die Schublade arme Sau, aber harmlos gestopft worden zu sein. Da blieb nur noch Heidrun als Pin übrig, auf den sich nun alle einschossen. Nur du nicht. Du wolltest Heidruns drittes Opfer, ihren treudoofen Gatten, nun auch noch zum Täter machen, indem du ihm sein Unglück als Mordmotiv auslegtest."

„Gut und schön, aber was ist jetzt dein Problem mit dem Urteil?"

„Ich habe immer angenommen, dass das Strafgericht über die Indizien zum Täter oder zur Täterin kommt, wenn ein Geständnis fehlt. Und der Tatablauf muss zur Überzeugung des Gerichts feststehen."

„Binsen-Alarm."

Marte ließ sich nicht beirren. „Hier kam man offenbar mit einem Abzählreim zum Ziel. Und dann hat man diejenigen Indizien zu einem Tatablauf zusammengesetzt, die die Täterschaft von Heidrun untermauerten und diejenigen Zeugen für glaubwürdig befunden, deren Aussage den konstruierten Tatablauf als wahrscheinlich stützte. Das Puzzle ergab das passende Bild. Und sodann stand zur Überzeugung des Gerichts fest, dass Heidrun Mulders schuldig war. Hier stehen kurioserweise alternative Varianten des Tatablaufs fest. Es war entweder so oder so. Erst Claudia, dann Susanne getötet. Oder umgekehrt. Das erste Opfer im Auto getötet. Oder außerhalb. Das zweite auf dem Beifahrersitz erstickt und/oder erwürgt. Oder auf dem Schoß. Egal, Karl! Sie war's jedenfalls. Meine Urteile lesen sich nicht so. Und dabei bin ich nur Zivilrichterin. Ich stehe also nicht stellvertretend für den strafenden Rechtsstaat in der Beweislast, dass der oder die Angeklagte die vorgeworfene Tat begangen hat."

Marie-Luises Gesichtsausdruck, eben noch zwischen gelangweilt und genervt changierend, verwandelte sich in den eines lächelnden Honigkuchenpferds.

„Du hältst sie also auch für unschuldig?"

„Das habe ich nicht gesagt." Bevor das Honigkuchenpferd austrat, schlug Marte vor, welche weiteren Schritte sie für nötig erachtete.

„Mary-Lou, wir brauchen die Gerichtsakten. Das Urteil erschließt sich nicht aus sich heraus. Es löst bei mir mehr Fragen aus, als die Entscheidungsgründe beantworten. Die Kammer stand bei der Urteilsfindung unter dem Eindruck von dreiundvierzig Verhandlungstagen. Keine Ahnung, wie viele Menschen sich da die

Klinke zum Verhandlungssaal in die Hand gegeben haben, um eine Aussage zu machen. Und auch nicht die Spur einer Vorstellung, wie viele Gerichtsakten und Beweismittelordner unsere Kollegen und Kolleginnen vorher gewälzt haben. Ich unterstelle, dass sie das gewissenhaft getan haben. Die Urteilsbegründung ist – das vermute ich jetzt mal – beim Eindampfen eingelaufen. Wir müssen versuchen, wenigstens annähernd in die Gedanken vorzudringen, die die Kammer sich gemacht hat. Und die bei der Entscheidung mitschwangen, aber ihren Weg nicht in die schriftliche Begründung gefunden haben. Am Ende der Prüfung kann das Ergebnis stehen, dass alle meine Fragen beantwortet sind und ich mich der Kammer anschließe", behielt sich Marte vor. „Sag mal, ist das eigentlich immer noch so, dass die Zeugenaussagen im Strafprozess nicht protokolliert werden?", fragte sie.

„Ja, ab Landgericht aufwärts wird nicht mehr Protokoll über den Inhalt der Aussagen geführt."

„Wir können die Zeugenaussagen also nicht in der Gerichtsakte nachlesen?"

„Können wir nicht."

„Schitt."

„Frau Doktor!"

„Ach, das ist ein Unding. Und ein unverantwortlicher Anachronismus", polterte Marte. „Beim Internationalen Strafgerichtshof in Den Haag wird alles aufgezeichnet und mitgeschnitten." Sie schnaubte.

„Ja, das hilft jetzt nicht weiter. Wuppertal ist nicht Den Haag."

„Ach was." Marte verdrehte die Augen. „Dann müssen wir wohl oder übel den Sermon der Iversen vom

Durchblick und den anderen Gerichtsreportern durchackern, was die so mitgeschrieben und zitiert haben. Aber das ist alles nur secondhand."

„Ich gehe davon aus, dass Michael im Prozess eine Mitarbeiterin hat mitstenografieren lassen. Ich kläre das, auch die Beschaffung der Akten."

„Gut, das heißt: Ohne Michael geht es nicht. Er muss uns die Akten und Mitschriften überlassen. Und wenn er der Freund ist, der er vorgibt zu sein, steht er nach Büroschluss selbst am Kopierer, damit nicht wieder etwas durchsickert."

Kapitel 27

2010

„Zunächst mal danke, dass Sie alle gekommen sind. Aber das war ja zu erwarten, Sie sind ja bestenfalls neugierig. Im Übrigen geht es um Auflage oder Klicks, nicht? Wem Sie da durch die Beete latschen und wessen Ruf Sie besudeln, das ist Ihnen ja scheißegal."

Strättges starrte in erstaunte Gesichter, solche, die eben noch gelangweilt darauf warteten, ihren Job zu machen, und jene, die sich den Ausdruck von kritischem Journalismus durch einen signifikant hochgezogenen Mundwinkel und eine synchron dazu angehobene Augenbraue antrainiert hatten. Es war eine Hassliebe, die den Staranwalt mit der schreibenden Zunft verband. Ohne sie wäre er nur Anwalt und kein Star. Sie verschafften ihm Aufmerksamkeit. Und die brachte Mandate. Fette Mandate. Wenn es dann am Schnürchen lief, wurde man die Geister, die man gerufen hatte, nicht mehr los. Hatte man sich einmal ficken lassen, erwarteten sie, dass man immer den Arsch hinhielt. Nee, Sand dran und Flöte gepfiffen. Euer Micha scheißt euch jetzt was, dachte Strättges und legte los.

„So, ich mach mal Ihre Arbeit, die Sie hätten tun müssen, bevor Sie Ihren Rotz publizieren. Ich bring mal Hintergründe zum Fall Mulders."

„Herr Strättges, finden Sie das angemessen ...?", wollte sich irgendein prekärer Praktikant von RTL hervortun.

„Und finden Sie das angemessen, mich zu unterbrechen? Wenn ich Lust habe, beantworte ich im Anschluss an mein Statement Ihre Fragen."

„Michael, vielleicht doch vorab ..."

„Ach, der Herr Lersmacher. Ja, gerne vorab zum Mitschreiben. Ich bin ab heute wieder der Herr Doktor Strättges für Sie."

Nanu, der Grund für Strättges' Auftritt wirkte doch tatsächlich betreten.

„Also, bevor Sie sich weiter medial das Maul zerreißen und über die Gründe von Heidrun Mulders' Suizidversuch spekulieren: Meine Mandantin wollte das Gespräch mit der Initiatorin der *Judges find Justice* in Deutschland, der von mir höchstgeschätzten Marie-Louise Rebell, führen. Denn Heidrun Mulders hat in ihr die junge Staatsanwältin wiedererkannt, die anfangs im Fall Bosman die Ermittlungen geführt hat. Und zwar ergebnisoffen. Sie hat seinerzeit die Täterschaft von Roland Bosman nicht frühzeitig ausgeschlossen und sich nur auf meine Mandantin konzentriert. Sie ist sogar einer Spur nachgegangen, nach der ein Dritttäter durchaus auch infrage hätte kommen können.

Ihre Arbeit hat sie aber nicht zu Ende führen können, weil die ermittelnde Soko sich in Heidrun Mulders als Täterin verbissen hatte. Die Herren – es waren ausschließlich Herren – haben regelrecht geputscht, um meine Mandantin als Täterin präsentieren zu können. Der jungen, engagierten Staatsanwältin ist daraufhin der Fall entzogen worden, wie Sie wissen."

Im Raum machte sich Murren breit. Strättges überging die Geräuschkulisse und übersah die Arme, die aufzeigten.

„Meine Mandantin ist damals vorverurteilt worden. Sie wurde in der Presse – also von Ihnen und Ihren Vorgängern – niedergemacht als die Frau, die aus der Ehe ausgebrochen war und der die eigenen Kinder im Weg waren.

Und Marie-Louise Rebell, deren Privatleben auch ausgeforscht wurde, unterstellte man falsche Solidarität mit der Täterin. Mit ihr ging, das wiederhole ich gerne, die einzige Person aufseiten der Ermittler von Bord, die ihren gesetzlichen Auftrag ernst genommen hat, nämlich unvoreingenommen für und wider die Beschuldigte zu ermitteln.

In dem Gespräch mit ihrer früheren Staatsanwältin ist Heidrun Mulders erneut und mit niederschmetternder Wucht klar geworden, dass der Rechtsstaat sich von ihr abgewandt hatte und Gerechtigkeit nicht das war, was sein Apparat in ihrem Fall gesucht hat, sondern die Wiederherstellung der sittlich-moralischen Ordnung. Und da war es Heidrun Mulders, die zurechtzustutzen war, weil sie es gewagt hatte, jenseits der Anstandsregeln nach ihrem kleinen persönlichen Glück zu suchen. Und Schockschwerenot! Sie hatte es in einem anderen Mann, noch schlimmer, einem Ausländer gefunden, auch noch einem, der eine andere Hautfarbe hatte. Und am allerschlimmsten war wohl, dass dieser Fremde eine Frau nicht mit einem Einfüllstutzen verwechselte, über den man sie betankt."

Ein Raunen ging durch den Saal.

Strättges fuhr unbeirrt fort. „Ich bin überzeugt davon, dass Heidrun Mulders die Täterin war, die ins Bild passte, unabhängig davon, ob sie die Morde wirklich begangen hatte. Und ihre Verurteilung war der Akt, der die Gesellschaft, oder sollte ich besser Volksgemeinschaft sagen, wieder versöhnte. Wer aus der Reihe tanzt, gesellschaftliche Konventionen verletzt, den hält man auch für fähig, seine eigenen Kinder zu töten."

Strättges räusperte sich und nahm einen Schluck Wasser aus dem Glas vor sich. Dann führte er weiter aus: „Der Suizidversuch von Heidrun Mulders geht auf das Konto aller, die in diesem Fall versagt haben. Und das ist ganz gewiss nicht Marie-Louise Rebell gewesen. Durch sie ist meine Mandantin lediglich wieder mit der bitteren Erkenntnis konfrontiert worden, dass es ein ganz normales bürgerliches Leben, geschweige denn Lebensglück, für sie nicht gibt. Und dass Gerechtigkeit etwas ist, das ihr nur zuteilwird, wenn sie unter Aufbietung ihrer Substanz selbst dafür kämpft. Und diese Substanz war durch die Haft ganz offenkundig so erschöpft, dass es für den erneuten Kampf nicht mehr reichte."

So, und jetzt noch einen auf die Zwölf, entschied Strättges. „Ein Kampf, in dem wieder das ganze Leid und die Unfassbarkeit des Mordes an ihren einzigen Kindern verhandelt wird. Ein Kampf, mit dem auch und gerade Sie wieder aufmachen. Oder sollte ich sagen, Kasse machen? Das steht sie nicht mehr durch. Heidrun Mulders ist das schlagartig bewusst geworden, und dann hat sie versucht, sich das Leben zu nehmen. Wenn Sie neben Ihrem beruflich bedingten Gaffertum noch einen Rest ehrliche Anteilnahme im Leib haben, kann Sie eine solche Konsequenz nicht wundern."

Ein Heer von Armen schnellte hoch.

„Auf Ihre Fragen habe ich jetzt doch keine Lust mehr. Tschüss."

Strättges stand auf und ging in Richtung Tür. Das sollte reichen, die Meute von Marie-Louise abzulenken. Sie war immer noch ein heißer Feger und den ganzen Ärger wert, der sicher jetzt über ihn hereinbrechen würde. Er grinste, als er an Lersmacher langsam vorbeischritt. Mit gestrecktem Rücken. Doch der streckte wider Erwarten den Arm aus, packte Strättges am Ärmel und hielt ihn fest.

Strättges schoss herum und schlug auf die Hand, die ihn festhielt. „Lassen Sie das", fauchte er seinen ehemaligen Nicht-Freund an.

„Eine Frage sei noch gestattet", konterte Lersmacher mit süffisantem Grinsen im Gesicht, in das Strättges so hätte reintreten können.

„Wissen Sie, wo Ihre Mandantin Heidrun Mulders ist?"

Kapitel 28

2010

„Ich habe nicht die geringste Ahnung, wo sie sein könnte. Ich verstehe das nicht. Sie wollte doch unbedingt ihre Reststrafe absitzen. Sogar ein neues Verfahren, das ihr das erspart hätte, hat sie deswegen abgelehnt. Und nun das! Alle Verwandten habe ich angerufen, aber niemand weiß etwas. Das gibt's doch nicht!", empörte sich Strättges am Telefon. „Hast du was gemerkt? Hat sie den Selbstmordversuch vorgetäuscht, um aus dem Krankenhaus abzuhauen? Was meinst du?"

Marie-Louise kannte die Antwort nicht, ahnte sie nicht einmal. War alles doch ganz anders? War sie gar nicht schuld an Heidruns Selbstmordversuch?

„Hat denn keiner im Krankenhaus mitbekommen, was passiert ist? Wurde sie denn nicht überwacht?"

„Natürlich, aber du weißt doch, wie das ist. Sie haben einen Polizisten in der Nacht für die Überwachung abgestellt. Ob er eingeschlafen ist oder gerade auf Toilette war, ist unklar. Sie haben erst am nächsten Morgen festgestellt, dass Heidrun weg war. Damit hat ja auch niemand gerechnet."

Marie-Louise nickte nur. Das passte so gar nicht zu der Heidrun, die sie noch am selben Tag erlebt hatte. „Sag Bescheid, wenn es was Neues gibt, ja?"

Strättges versprach es und verabschiedete sich.

„Puh, was hältst du nun davon?", fragte sie ihre Schwester. Sie saßen zusammen auf Marie-Louises Terrasse in der Sonne.

„Ich bin einigermaßen verblüfft. Wir reden doch von Heidrun Bosman, der Frau, die völlig apathisch bei unserem Besuch war, oder? Und ja, das ist eine rhetorische Frage."

„Aber das ändert nichts an unserer Suche nach der Wahrheit richtig?"

„Im Gegenteil, jetzt wird es erst richtig spannend", antwortete Marte. „Was hat diese Frau dazu gebracht, ausgerechnet jetzt, also nach beinahe zwanzig Jahren guter Führung und kurz vor ihrer Haftentlassung, abzuhauen? Was mich zur nächsten Frage führt: Was habt ihr zuletzt besprochen, bevor sie so plötzlich, wie du sagst, das Gespräch beendet hat?"

„Wir haben uns nur darüber unterhalten, dass die Soko meiner Meinung nach zu schnell einen Drittäter ausschloss und dass ich Roland nicht zutraue, die Kinder in der Nacht weggeschafft zu haben. Dann wollte sie zurück in ihre Zelle. Das war's. Und dann kam der Anruf des Gefängnisdirektors. Und mein Unfall."

„Das ist wirklich komisch. Erst ihr Suizidversuch, dann dein Unfall und die Fahrerflucht des Unfallverursachers, und jetzt ist Heidrun verschwunden", resümierte Marte. „Da könnte man doch glatt stutzig werden, meinst du nicht?"

„Nein, vergiss es. Ich versteh zwar auch nicht, warum der andere Fahrer einfach abgehauen ist, aber ich war selbst schuld. Ich habe nicht aufgepasst. Alles andere ist Unsinn."

„Ich frage mich, warum Heidrun nervös wurde, als du mit dem Dritttäter angefangen hast."

„Vielleicht war es aber auch wegen des Wegschaffens der Kinderleichen."

„Sei es, wie es sei. Das können wir im Moment nicht aufklären. Alles, was wir wissen, ist, dass die vom Gericht unterstellte Tagversion mindestens so konstruiert ist, wie Heidruns Nachtversion an den Haaren herbeigezogen. Aber eines steht unumstößlich fest: Ohne die Zeugen, die behauptet haben, die Kinder an jenem Vormittag vor ihrem Verschwinden noch gesehen zu haben, wären unsere Kolleginnen und Kollegen nicht zu einer Verurteilung gekommen. Die Kinder können nicht in der Nacht ermordet worden sein, wenn sie tags darauf noch auf dem Spielplatz herumgeturnt sind. So einfach ist das. Wenn also die Zeugen auch nur halbwegs glaubwürdig waren, dann wären du und ich an einem Schuldspruch auch nicht vorbeigekommen."

„Die Zeugin Grede habe ich nicht für glaubwürdig gehalten. Und die Aussage ihres Bruders und seiner Lebensgefährtin waren in sich widersprüchlich."

„Ja, das mag sein. Aber war es nicht so, dass Heidrun anfangs auch von einem Familienmitglied schwer belastet worden ist?"

„Ja, von ihrer Oma, aber die hat ihre Aussage später widerrufen."

„Ein Schelm, der Böses dabei denkt."

„Ich habe ihr geglaubt, dass sie den Tag verwechselt
hat.“

„Warst du bei Ihrer Vernehmung dabei?“

„Ja.“

„Ich bin ganz Ohr.“

Kapitel 29

1987

Reinhardt hatte sie nachmittags angerufen und von den lästigen Aktenvermerken gerettet, die sie gerade diktierte.

„In einer Stunde nehmen wir uns wieder die Oma von Heidrun Bosman vor. Sie hat heute Morgen angerufen und will ihre Aussage ändern."

Oma Erika, die im gleichen Haus wie die übrige Familie lebte, hatte ausgesagt, dass sie die Kinder am Montagmorgen gegen elf im Flur der Bosman-Wohnung getroffen habe. Das hatte sie in weiteren Vernehmungen bestätigt. Aber das war vor der Nachtversion gewesen. Marie-Louise war gespannt, ob sie bei dieser Aussage bleiben und ihre Enkeltochter weiterhin mit dieser Aussage belasten würde.

„Ich komme."

Erika Pleißers war eine typische Witwe ihres Alters: weiße Haare zum Dutt im Nacken gebunden, komplett schwarz gekleidet, nicht dick, aber füllig. Die Stimme zarter, als der robuste Anblick vermuten ließ.

Reinhardt fing ganz harmlos an. Um Oma Erika in eine arglose Stimmung zu versetzen, wie Marie-Louise vermutete. Er fragte erneut die familiären Verhältnisse ab.

„Ihre Familie wohnt schon lange zusammen in dem Haus, nicht?"

„Ja, wir wohnen seit 1963 in dem Haus. Früher waren das Mietshäuser der Beschäftigten von Lindpons. Später konnte man dann mit einem Werkskredit eine Wohnung kaufen. Mein Mann Heini und ich haben als Erste gekauft, dann mein Schwiegersohn Werner. Und so ging es weiter, bis im ganzen Haus nur noch Familie war. Schön ist das."

„Aber dann starb Ihr Mann, dann Ihr Schwiegersohn, richtig?"

„Ja, das stimmt."

„Und Sie wohnen heute noch im obersten Stock, richtig?"

„Ja, im obersten Stockwerk rechts zusammen mit meiner Tochter Birgit. Gegenüber lebt die Jutta mit ihrem englischen Ehemann. Aber bei denen kriselt es. Die Wohnung gehört meiner anderen Enkelin Barbara, die ein Stockwerk tiefer links unter uns mit ihrem Mann und ihren Kindern Johanna und Thomas lebt. Auch in ihrer eigenen Wohnung. Sie hat also zwei. Also Wohnungen. Und gegenüber haben Heidrun und Roland vor ein paar Jahren ihre Wohnung gekauft."

„Und die Ehe lief doch anfangs gut, oder?"

„Ja. Bis vor einem Jahr war die Ehe von Heidrun völlig intakt. Da hatte auch mein Schwiegersohn Werner, Gott hab ihn selig, ein Auge drauf. Wer nicht gespurt hat, na, der konnte sich auf was gefasst machen. Aber jetzt?"

Sie blickte Reinhardt an. Der nickte mit einem mitwisserischen Gesichtsausdruck und ließ sie reden.

„Jedenfalls ist der Roland dann krank geworden, ist einfach so bewusstlos umgefallen. Ich hab den Aufprall bis zu mir oben gehört. Der Notarzt hat ihn dann abgeholt. Das ist noch zweimal passiert, ein paar Monate später. Ich glaub, es war im Oktober letzten Jahres, dass sie im Pipi von Roland irgendwelche Reste von Tabletten gefunden haben. Danach war alles kaputt. Roland hat behauptet, Heidrun hätte ihm was ins Essen getan. Dabei stimmte das doch gar nicht. Das würde Heidrun niemals machen."

„Und er hat angefangen, sie zu schlagen, richtig?"

„Ja. Er wurde rabiat Heidrun gegenüber. Hat ihr Ohrfeigen verpasst und so. Sie gestupst. Die hat das nicht lange ausgehalten, hat sich diesen Freund gesucht, diesen Schwarzen. Peinlich war mir das schon. Meine Enkelin mit so einem. Der kam ja auch ins Haus, wenn Roland nicht da war. Hätte sie sich nicht wenigstens einen Weißen nehmen können? Aber ich hab ja nichts zu sagen. Wenn Werner noch gelebt hätte, wäre das nicht passiert. Und Birgit hat auch nichts dazu gesagt. Die hat früher unter dem strengen Regiment ihres Mannes gelitten. Ich glaub, dass sie das deswegen toleriert hat. Aber was hätte sie auch ausrichten können?"

An Toleranz im Zusammenhang mit der Hautfarbe von Heidruns Freund konnte sich Marie-Louise nun gar nicht erinnern. Im Gegenteil, der dunkle Bronzeton des Liebhabers hatte die Emotionen der Nachbarn und auf den Straßen nach den Gerichtsterminen noch mehr hochkochen lassen.

„Kommen wir zurück zu dem Montag, an dem Ihre Enkeltöchter verschwanden. Sie haben gesagt, dass Sie Ihre Aussage ändern wollen.“

Die alte Frau rutschte auf ihrem Stuhl herum, als säße sie auf einem Ameisenhaufen. „Ich habe mich geirrt. Es war nicht Montag, als ich meine Enkelinnen Susanne und Claudia im Flur von der Heidrun gesehen habe, sondern ein Tag früher. Am Sonntag. Das ist mir eingefallen, als ich jetzt in unserem Garten das Bohnenkraut ausgemacht habe. Ich habe an dem Samstag die Bohnen gepflückt. Die hab ich danach auf der Bank vor unserem Haus gesäubert. Meine Tochter hatte mir versprochen, sie noch am gleichen Abend einzukochen. Dazu ist es aber nicht mehr gekommen, weil sie sich das Bein gebrochen hat und ins Krankenhaus musste. Ich musste die Bohnen am Sonntag früh selbst einkochen. Während die Bohnen kochten, bin ich in die Wohnung von Heidrun runter. Ich wusste, dass sie ins Krankenhaus zu ihrer Mutter fährt. Bei dieser Gelegenheit sollte sie meiner Tochter schöne Grüße bestellen und ihr ausrichten, dass ich die Bohnen selbst eingekocht habe. Und dabei, also am Sonntag, bin ich den Kindern im Flur begegnet.“

„Aha. Das ist jetzt aber eine ganz andere Aussage als die ganze Zeit vorher. Wie kommt es dazu? Hat man Sie dazu gedrängt, Ihre Aussage zu ändern? Diese Version zu erzählen?“

Jetzt umklammerte sie die Henkel ihrer altmodischen Tasche.

„Niemand hat mir gesagt, dass ich was Falsches aussagen soll. Ich habe die Wahrheit gesagt. Es war genau so, wie ich es eben erzählt habe: Ich habe meine Enkelkinder am Sonntag gesehen. Das ist sicher. Das ist mir wieder eingefallen, als ich das Bohnenkraut rausgerissen habe."

„Ich finde es schon erstaunlich, dass Sie in den letzten sechs Wochen immer ausgesagt haben, die Kinder am Montagmorgen getroffen zu haben. Und nun, nachdem diese Aussage Ihre Enkelin belastet, ändern Sie sie plötzlich."

Oma Erika zuckte die Schultern. Reinhardt warf Marie-Louise einen vielsagenden Blick zu. Dann blätterte er in der Akte.

„Kommen wir nochmals zu Ihren früheren Aussagen", fuhr er fort. „Am Tag nach dem Verschwinden haben Sie ausgesagt, Ihre Enkeltöchter Susanne und Claudia gegen elf, Viertel nach elf das letzte Mal lebend gesehen zu haben, als Sie den Brief für Ihren Neffen in die Bosman-Wohnung brachten. Was sagen Sie jetzt dazu?"

„Da muss ich mich geirrt haben." Unsicher und Hilfe suchend sah die alte Frau zu ihr. Marie-Louise verzog keine Miene.

„Ihre alte Aussage haben Sie am Tag nach dem Verschwinden der Kinder gemacht. Meinen Sie nicht, dass da die Erinnerung am frischesten, unverfälschtesten ist?"

Oma Erika zuckte die Schultern, blieb aber eine Antwort schuldig.

„Gut, dann weiter. Sechs Tage später, nachdem die Kinder tot aufgefunden worden waren, haben Sie diese Aussage wiederholt. Und völlig ausgeschlossen, dass Ihre Begegnung mit den Kindern an einem anderen

Tag als an jenem Montag war. Damals haben Sie die genaue Erinnerung damit begründet, dass sie an dem Tag Fenster geputzt haben. Vormittags. Ich zitiere: ‚Mittags gegen 11.30 Uhr habe ich mir Essen, Gulasch, heiß gemacht. Den hatte ich noch vom Vortag. Ich wollte ihn gerade auf einen Teller machen, da kam Heidrun rein und fragte: Oma, sind die Kinder bei dir?‘“, las Reinhardt vor. „Können Sie sich erinnern?“

Sie nickte.

„Was stimmt denn nun? Das Ernten und Einkochen oder das Fensterputzen?“

Sie zuckte die Schultern. „Das muss ich verwechselt haben in der Aufregung. Schließlich waren meine Enkeltöchter tot! Ermordet“, kam leiser hinterher.

„Aha. Haben Sie sich auch an dem Tag geirrt, an dem Ihre Enkelin mit der Version herauskam, dass die Kinder bereits nachts gestorben sind? Da haben Sie auf Vorhalt geantwortet: ‚Niemand hat mir gesagt, dass ich was Falsches aussagen soll. Ich habe die Wahrheit gesagt. Es war genau so, wie ich es immer geschildert habe: Ich habe meine Enkelkinder am Montag gesehen. Ich bleibe bei meiner Aussage, auch wenn ich damit meine Enkelin belaste. Ich mache keinen Gebrauch von meinem Zeugnisverweigerungsrecht. Ich habe nichts zu verschweigen. Ich kann zwar noch nicht alles, was geschehen ist, begreifen, aber ich will die Wahrheit wissen. Allein schon wegen Susanne und Claudia. Diese Ungewissheit ist noch viel grausamer.‘ Das ist Ihre Aussage, Frau Pleißers“, schloss Reinhardt.

Marie-Louise sah Tränen auf den Wangen der alten Frau.

„Wir haben Sie damals gefragt, ob Ihnen bewusst ist, dass Sie mit Ihrer Aussage Ihre Enkelin belasten. Und ob Sie trotzdem bereit sind, diese Aussage auch vor dem Richter zu wiederholen. Ihre Antwort: ‚Das ist die volle Wahrheit. Dazu stehe ich. Ich ertrage diese Ungewissheit nicht mehr, kann damit nicht leben. Ich muss die Wahrheit wissen.' Wie sehen Sie das heute? Schließlich wäre das eine Falschaussage gewesen!"

„Ich weiß, es tut mir ja auch leid, aber ich habe mich geirrt. Es war der Sonntag, an dem ich die Kinder im Flur getroffen habe."

Sie saß da wie ein Häuflein Elend und starrte in die Mitte des Raumes, wo sich die Leere ihres Blicks mit dem Nichts traf, das dort zu sehen war.

Kapitel 30

2010

„Sei mir nicht böse, aber man kann es Reinhardt wirklich nicht verdenken, dass er Heidruns Großmutter den behaupteten Irrtum nicht abgekauft hat."

„Na ja, ich hätte mir damals gerne professionellen Hilfe bei der Bewertung ihrer Glaubwürdigkeit geholt. Allein schon um mich abzusichern und nichts zu versäumen. Aber damals gab es noch keine fachkundige Glaubhaftigkeitsbeurteilung durch Aussagepsychologen. Wir waren allein auf unseren gesunden Menschenverstand angewiesen, und der half bei dieser Entscheidung nur bedingt. Schließlich hatten Reinhardt und ich diametral entgegengesetzte Meinungen, die auf dem ach so viel gepriesenen gesunden Menschenverstand beruhten."

„Gab es denn keine anderen Anhaltspunkte für die Glaubwürdigkeit der Oma?", hakte Marte ein.

„Na ja, da gab es schon noch was."

„Was? Raus mit der Sprache!"

„Hm, als ein paar Tage nach dem Auffinden der Kinder zwei Soko-Beamte Heidrun abholten, um mit ihr die Fahrtstrecke vom Montagmorgen abzufahren, trafen sie im Flur auf Großmutter Erika. Und die sagte zu Heidrun: ‚Aber nicht, dass du dich wieder verplapperst.'

Einer der Beamten hat das vermerkt und die Notiz zur Akte gereicht."

„Entweder hatte die Alte einen schrägen Humor, oder sie war von Anbeginn nicht so redlich, wie es den Anschein gehabt hatte", kommentierte Marte.

„Wie meinst du das ‚von Anbeginn nicht so redlich'?"

„Es gibt doch nur zwei Möglichkeiten. Variante eins: Die geänderte Aussage ist gelogen, um der Enkelin nach deren Präsentation der Nachtversion zu helfen. Variante zwei: Die erste Aussage war gelogen, um der Enkelin und deren Ehemann zu helfen, die Entführungsversion plausibel zu machen."

Marie-Louise zuckte die Schultern. Was sollte sie auch dazu sagen? Marte hatte ja recht. Die patente, spießbürgerliche Großmutter hatte gelogen. Nur ab wann, war die Frage. Beide Darstellungen klangen jeweils schlüssig. Aber welche entsprach der Wahrheit?

„Lassen wir das mal dahinstehen. Das werden wir hier und jetzt nicht klären können. Wobei ich dir gestehen muss, dass ich die erste Aussage für eine Lüge halte."

„Warum?"

„Die gesamte Gestaltung von Heidruns Montagvormittag wirkt auf mich wie eine Inszenierung, um eine Entführung glaubhaft zu machen und die Ermittlungen vom Haus der Familie weg in eine andere Richtung zu lenken. Ihre Nachtversion klingt zwar absurd, könnte aber im Kern wahr sein. Da ist ein roter Faden in allen Lügen. Immer wieder wird von der Familie und deren tatsächlicher Rolle in dem Drama abgelenkt. Findest du nicht?"

Marie-Louise war perplex. So komprimiert hatte sie den Zweck der Lügen noch nie gesehen.

„Spendierst du uns noch ein Gläschen Holunderlikör? Meine grauen Zellen sind gerade in Schwung. Das ist vermutlich das letzte Aufbäumen vor dem Alkoholtod."

Marie-Louise schenkte nach.

„Nun mal ganz systematisch, kleines Lästerschwein: Wann haben die Kinder nach Aussage der anderen Familienmitglieder noch gelebt? Und welche Nachweise haben wir dafür?"

„Das Höschen."

„Welches Höschen? Ist das ein Spitzname? Meinst du Heidruns Schwester Jutta, das heißeste Höschen aus Swalsen, die im BaCa die Kerle aufgerissen hat, nachdem ihr das hauseigene Ehegespinst zu langweilig geworden war?"

Marie-Louise verschluckte sich an ihrem Holunderschnaps. „Nein, ich meine das Höschen von Claudia, das Jutta in der Nacht von Sonntag auf Montag gewechselt haben will."

„Also doch Jutta." Marte starrte Marie-Louise mit glasigen Augen an. „Puh, meine Liebe, zwischen voll und hochachtungsvoll liegt bei mir nur noch ein Likör."

Kapitel 31

„Schau'n wir mal, ob die Schwester von Heidrun sich jetzt auch anders erinnert bezüglich des Höschenwechsels, den sie angeblich in der Nacht von Sonntag auf Montag bei Claudia vorgenommen hat."

Es war einen Tag später. Marie-Louises zweiter Versuch, Herold davon zu überzeugen, dass jeder in ihrer Beziehung die Aufgaben übernehmen solle, deren Erledigung er besser beherrscht, war ein voller Erfolg gewesen. Herold briet von nun an die Schnitzel. Gut gelaunt war sie fünf Minuten zuvor in der Staatsanwaltschaft eingetroffen, als sie Reinhardts Anruf erreichte. Es stand keine Verhandlung an, also hatte sie Zeit. Und war gespannt. Jutta Stevens saß schon auf der Holzbank vor dem Vernehmungszimmer, einen dampfenden Plastikbecher in der Hand. Marie-Louise nickte ihr zu und ging rein. Reinhardt sprach mit KHK Schröder, während er das Mikrofon zurechtrückte.

„Ah, Sie sind endlich da. Bestens, dann können wir ja anfangen."

Marie-Louise hätte platzen können. Schneller als sie eben konnte man nicht von der Staatsanwaltschaft zur Kripo gelangen. Doch sie schenkte sich eine Erwiderung, die von Reinhardt sicher nur wieder bissig kommentiert werden würde. Aber irgendwann, schwor sie sich, irgendwann krieg ich dich!

Jutta Stevens wurde hereingeholt. Sie hatte abgenommen. Sie war zuvor schon schlank gewesen, jetzt war sie ein Strich in der Landschaft. Sie war die hübschere Ausgabe von Heidrun. Ob das daran lag, dass ihre Mimik ständig in Bewegung war, während Heidruns Gesicht einer starren Maske ähnelte?, fragte sich Marie-Louise.

„Vielen Dank, Frau Stevens, dass Sie gekommen sind", eröffnete Reinhardt.

„Warum bin ich hier?"

Die Frage klang argwöhnisch. Hatte sie was zu verbergen?

„Wir wollen mit Ihnen noch mal die Sache mit dem Höschenwechsel in der Nacht von Sonntag auf Montag durchgehen."

„Das haben wir doch schon so oft!"

„Ja, tut mir leid, dass wir das nochmals machen müssen. Aber es ist nun einmal notwendig."

„Hören Sie. Mir ist klar, dass Sie sehen wollen, ob ich meine Aussage ändere, nachdem Heidrun das mit der Nacht erzählt hat."

„Und wie stehen Sie dazu?"

„Ich weiß nicht. Seit Heidrun das gesagt hat, habe ich das Vertrauen in sie verloren. Auch das mit den anonymen Briefen, die tatsächlich sie geschrieben hat, und der gesplitterten Windschutzscheibe ... Früher haben wir uns alles erzählt. Haben uns total vertraut. Aber jetzt? Und bevor Sie fragen: Ich bleibe dabei. Es war, wie ich es gesagt habe."

„Gut, dann erzählen Sie uns das nochmals."

„Warum denn? Ich hab doch gesagt, dass ich bei meiner Aussage dazu bleibe."

„Tun Sie uns den Gefallen. Heute ist die zuständige Staatsanwältin dabei, die möchte die Geschichte von Ihnen direkt hören. Ist das in Ordnung für Sie?"

Jutta nickte. „Also gut. Ich war an dem Sonntagabend auch im BaCa, bin allerdings schon früher nach Hause gefahren als Heidrun, nachdem ich meinen Bekannten an der Kaserne abgesetzt hatte. Mein Mann lag bereits im Bett, ich legte mich dazu. Gegen halb drei morgens weckte mich Matthew, also mein Mann, weil aus Heidruns Wohnung Kindergeschrei kam. Erst wollte ich weiterschlafen, aber nachdem das Schreien nicht aufhörte, meinte er, ich solle doch besser nachschauen gehen, ob vielleicht Roland wieder Heidrun schlagen würde und deswegen das Kind so heulen würde.

Zusammen sind wir runter in Heidruns Wohnung. Ich klopfte, Claudia öffnete die Tür. Sie hatte sich ins Höschen gemacht und den Lichtschalter nicht gefunden. Ich wusch sie, zog ihr einen neuen Schlüpfer an, den ich aus dem Schrank im Kinderzimmer geholt hatte, und legte sie wieder ins Bett. Das übrigens trocken war. Ich habe das extra geprüft. Die Kleine ist sofort wieder eingeschlafen. Die ganze Zeit über hörten wir beide Roland laut schnarchen. Matthew hat währenddessen die ganze Zeit an der Tür gestanden."

„Wie viel Uhr war es etwa, als Sie runtergegangen sind?"

„Gegen halb drei."

„Sind Sie sofort aufgestanden, als Sie das Schreien hörten?"

„Nein. Ich dachte, dass das Geschrei schon wieder aufhören würde. Aber das tat es nicht. Matthew meinte, dass Roland vielleicht wieder Heidrun schlagen würde und die Kinder deshalb schrien. Und dass wir doch besser mal nachschauen sollten. Also bin ich aufgestanden, hab aber Matthew mitgenommen, falls Roland wirklich wieder so aggressiv wäre."

„Kam das öfter vor?"

„Ja schon. Aber erst nach seinem Krankenhausaufenthalt. Weil er immer umgefallen ist. Und verwirrt war. Danach ging das los."

„Haben Sie Roland in der Nacht gesehen?"

„Nein, nur gehört. Aus dem Schlafzimmer. Sein Schnarchen."

„Glauben Sie das mit der Nachtversion? Also dass Ihr Schwager Roland die Kinder nachts umbrachte?"

Jutta zuckte die Schultern. „Wie soll ich das wissen? Was soll ich überhaupt noch glauben?"

„Trauen Sie Ihrer Schwester zu, dass sie die Kinder umgebracht hat?"

„Nein, absolut nicht. Also es sei denn, es wäre eine Kurzschlussreaktion gewesen. Aber das kann ich mir nicht vorstellen. Alles war so toll am Sonntag. Wir waren ja zusammen mit Leroy, den Kindern und meinem neuen Freund Henry im Schwimmbad. Es war total harmonisch. Leroy hat sich wirklich liebevoll um die Mädchen gekümmert, ihnen schwimmen beigebracht. Sie haben ihn an dem Tag sogar Daddy genannt, das hatte ihnen Leroy beigebracht. Er hat sogar gesagt, dass sie bald nur noch ihn als Daddy hätten. Es war so ein schöner Tag! Und dann das ..."

„Ihre Großmutter hat ihre Aussage geändert. Was sagen Sie dazu?"

„Tja, was soll ich sagen. Vielleicht hat sie das gemacht, um nicht als Lügnerin dazustehen."

„Als Lügnerin?"

„Na ja, wenn die Kinder nachts bereits gestorben sind, kann sie sie ja nicht am nächsten Morgen noch gesehen haben."

„Und was ist dann mit Ihrer Aussage? Die kann ja eigentlich auch nicht stimmen."

„Wieso? Ich war um halb drei unten mit Matthew, und Heidrun ist erst um Viertel nach drei oder später nach Hause gekommen. Roland hatte dann genügend Zeit, die Mädchen in ihrem Bett umzubringen."

„Heidrun und Sie haben ausgesagt, dass sie um drei zu Hause war."

„Drei, Viertel nach drei, was weiß ich schon. Und wenn ich es recht bedenke, dann finde ich es überhaupt komisch, wie ruhig Susanne in ihrem Bett lag, während Claudia das Haus zusammenschrie."

„Was wollen Sie damit sagen?"

„Vielleicht hatte da Roland die Susanne schon umgebracht. Claudia hat es mitbekommen, sich vor Angst ins Höschen gemacht und geschrien wie am Spieß."

„Aber hätte die Kleine Ihnen das nicht gesagt?"

Jutta lachte auf. „Wie hätte eine Sechsjährige so was in Worte fassen sollen? Überhaupt verstehen können? Offenbar haben Sie keine Kinder. Sonst würden Sie nicht so was Dummes fragen. Oh, Entschuldigung, das hab ich jetzt nicht so gemeint. Tatsache ist aber, dass Claudia völlig durcheinander war, als ich kam, und mir ihr nasses Höschen hingehalten hat. Kein Wort hat sie rausgebracht. Gezittert hat sie wie verrückt. Und es war dunkel. Ich bin also davon ausgegangen, dass sie den Lichtschalter nicht gefunden hat. Ich dachte, dass sie deswegen so durch den Wind war. Wer kommt denn auch schon auf die Idee, dass nebenan ein totes Kind im Bett liegt? Tatsache ist weiter, dass sich Susanne nicht rührte, als ich Claudia wieder ins Bett brachte. Woher also soll ich wissen, ob Susanne da nicht schon tot war?"

Kapitel 32

2010

Pünktlich um sechs war die Eiserne Lady in Marie-Louises Zimmer aufgetaucht, hatte die Vorhänge beiseitegeschoben und so lange „Guten Morgen" zunächst geflüstert, dann gebrüllt, bis Marie-Louise die Augen aufschlug. Was sie nicht vorgehabt hatte. Nicht um diese Zeit. Wenigstens strömte frischer Kaffeeduft in ihre Nase, die offener als ihre Augen war.

Nach einem kargen Frühstück, das aus zwei belegten Brötchen mit Salami und Emmentaler und reichlich Kaffee bestanden hatte, setzten sie sich wieder ins Wohnzimmer.

„Also, wo waren wir stehen geblieben?", legte Marte sofort wieder los. Marie-Louise brummte der Schädel. Das lag ganz sicher an dem Holundergebräu, dem sie am Vorabend für ihre Verhältnisse zu ausgiebig zugesprochen hatte. Hatte Marte nicht zwei Likörchen mehr intus gehabt? Wieso war sie dann um diese Uhrzeit schon fitter als Marie-Louise, obwohl sie schon eine Alka-Seltzer eingenommen hatte.

„Ach ja, die Schwester Jutta, die ein möglicherweise bereits totes Kind im Bett sah", beantwortete Marte ihre Frage selbst. „Und das eine halbe Stunde vor

Heidruns Rückkehr ins traute Heim. Gibt es für Juttas Zeitangaben irgendwelche Beweise?"

„Nun, zum einen bestätigte ihr damaliger Noch-Ehemann die Aussage, der zu dem Zeitpunkt bereits wusste, dass sie ihn betrog. Er war aber nicht mit ins Schlafzimmer der Kinder gegangen und konnte also auch nichts dazu sagen, ob Susanne reglos im Bett lag. Und es hing tatsächlich ein nasser Kinderschlüpfer im Bad an einer Wäscheleine über der Badewanne, hat die Kripo am Tag der Vermisstenanzeige festgestellt."

„Also musste man davon ausgehen, dass die Geschichte von Jutta stimmte, jedenfalls die erste Version."

„Ja. Heidrun hat sich übrigens während ihrer ersten Aussage zur Nachtversion ein zweites Mal verplappert. Und zwar rutschte ihr heraus, Claudia selbst habe ihr davon erzählt, dass Jutta ihr Höschen gewechselt habe, was nicht stimmen kann, wenn die Kinder bei Heidruns Rückkehr beide bereits tot waren. Später behauptete Heidrun, dass sie das verwechselt haben muss mit einer anderen Nacht. Eben ganz wie immer. Vor, zurück. Lüge, Halbwahrheit, Dreiviertelwahrheit. Ermittlungsergebnis, Konfrontation, Einknicken." Marie-Louise trank noch einen großen Schluck von dem leckeren Bohnenkaffee, von dem ihr ein Rätsel war, wie Marte ihn aufgegossen hatte, bis sie die Coffee-to-go-Becher von Tünn & Orgelspalm, der Bäckerei von nebenan, in der Küche entdeckte, als sie sich eine zweite Tasse brühen wollte.

„Könnte es denn nach Spurenlage tatsächlich so gewesen sein, dass Susanne schon tot war? Also als Jutta Claudia wieder ins Bett brachte?", fragte Marte.

„Durchaus, würde ich meinen."

„Dann ergibt der Tatablauf aber gar keinen Sinn mehr. Roland tötet seine Älteste, legt sich hin und schläft. Die Schwester und ihr Ehemann wollen ihn ja schnarchen gehört haben. Die Kleine schreit, vielleicht weil sie Susanne nicht wachrütteln kann, und berichtet ihrer Tante nicht von der beängstigenden Entdeckung? Roland bekommt von all dem nichts mit, steht aus irgendeinem Grund trotzdem auf, nachdem Jutta und Gatte fort sind, und bringt dann auch seine Lieblingstochter um? Oder gerade, weil er es mitbekommen hatte? Kleidet beide an, um sie anschließend wegzubringen? Und das alles in maximal dreißig Minuten, bevor Heidrun nach drei nach Hause gekommen ist."

„Ja. Übrigens hatte sie die Uhrzeit ihres Heimkommens natürlich auch der neuen Geschichte angepasst. Plötzlich wollte sie erst um halb vier zu Hause gewesen sein. Damit hätte Roland nach dem Abgang seiner Schwägerin Jutta mehr Zeit gehabt, die Kinder zu töten und umzuziehen."

„Das wären dann wieder typische Heidrun-Selbstentlastungsreflexe mit eingesprungener Fakten-Check-Stolperfalle. Und der erste von unzähligen Versuchen mit untauglichen Mitteln, ihre Wahrheit den Ermittlungsergebnissen anzupassen", lästerte Marte.

„Mag sein. Aber auch wenn sie immer wieder gelogen hat, stand ihr das zu. Schließlich gibt es keine Wahrheitspflicht für den Beschuldigten im Strafverfahren. Und …", Marie-Louise hob belehrend den Zeigefinger, „der einer Lüge überführte Beschuldigte darf in der Bewertung des Ermittlers nicht von vornherein einen Verlust an Glaubwürdigkeit erleiden. Denn Notlügen sind nicht die Kehrseite eines Geständnisses. Und gerade Unschuldige haben oft triftige Gründe, nicht die Wahrheit zu sagen."

„So weit die Theorie …", mokierte sich Marte.

„Jaja, schon gut. Heidrun hat von ihren Lügen – ob nun Notlügen oder nicht – jedenfalls nicht profitiert. Verurteilt wurde sie, weil sie immer wieder log. Aber sie war nicht die Einzige, die gelogen hat. Auch Roland hat in einem wichtigen Punkt eine Tatsache zu vertuschen versucht. Nämlich, als es um das Reinigen des Familienwagens ging. Er hat den Innenraum drei Tage nach dem Verschwinden der Kinder gründlich gesäubert. Also am folgenden Donnerstag. Das hatte er sonst nie gemacht. Niemals! Aber gegenüber dem Gutachter, der den Wagen abholte, hat er behauptet, er habe nichts am Auto verändert. Wenn das keine Lüge ist. Dabei hatte ihn nicht nur Heidruns Mutter beobachtet, sondern auch eine Nachbarin."

„Tja, dieser Typ, dieser Roland, hat halt unglaubliches Schwein gehabt, dass ihn alle für einen harmlosen Hustinettenbär gehalten haben."

„Einen was?"

„Vergiss es. Kommen wir nochmals zurück zur Glaubhaftigkeit von Juttas Aussage, auch wenn sie von ihrem Noch-Ehemann bestätigt wurde. Wurde damals getestet, ob man das Plärren der Kleinen wirklich im ganzen Haus hören konnte? Es war zwar mitten in der Nacht, und in der Glotze dürfte nach Mitternacht Sendeschluss gewesen sein. Aber vielleicht hat noch irgendwer bis in die Puppen mit dem guten, alten VHS-Rekorder Videos geschaut, sodass nicht eindeutig herauszuhören war, ob eines der Kinder geschrien oder Freddy

Krueger ein Kettensägenmassaker in der Elm Street verübt hat."

„Woher kennst du Freddy Krueger und Splattermovies?"

„Was meinst du, was ich mit Tom immer geguckt habe, wenn Herold und du ihn mir zum Babysitting gebracht habt?"

„Wie bitte?!"

„War 'n Scherz."

„Ich frag ihn."

„Ja, mach das. Dann wird er dir bestätigen, dass ich ihn tatsächlich gequält habe, nämlich mit ‚Grisu, der kleine Drache'. Alle 28 Folgen."

„Na, das will ich dann mal glauben. Aber wo wolltest du eigentlich drauf hinaus?"

„Ich möchte wissen, ob im Rahmen der Ermittlungen die Aussage von Jutta überprüft worden ist. Konnte sie Claudia wirklich schreien hören? Oder diente ihre ursprüngliche Aussage auch nur der Legendenbildung, dass die Kinder auf jeden Fall um halb vier Uhr morgens noch gelebt haben?"

„Das weiß ich nicht. Jedenfalls nicht zu der Zeit, als ich noch in die Ermittlungen involviert war. Ob danach? Keine Ahnung. Um das zu klären, bräuchten wir die Akte von Strättges. Der lässt sich übrigens ganz schön lange Zeit für das Kopieren. Wir sollten ihm Feuer unterm Hintern machen."

„Stimmt. Aber Akte ist das eine und Realität das andere. Also werde ich mich selbst davon überzeugen, was man so alles in dem Haus hört."

„Auf keinen Fall. Wir wollten doch nicht nach außen in Erscheinung treten."

„Wer sagt denn, dass ich als *Judge find Justice* in Erscheinung trete? Und wer sagt, dass ich Fragen zu dem Fall stelle?"

„Gut, dann mache ich mit."

„Mit *dem* Bein? Kommt nicht infrage!"

„Und ob!"

„Nein heißt nein. Ich fahre gleich mit dem Zug heim und bitte Herrn van Gongeren, meinen Nachbarn, mich morgen dahin zu fahren. Wir treffen uns eh nachmittags."

Eine Dreiviertelstunde später saßen beide in einem Taxi auf dem Weg nach Viersen, weil Marte sich geweigert hatte, sich mit Marie-Louise samt Gipsbein in ihren fahrbaren Sessel, wie sie deren Smart despektierlich nannte, hineinzufalten und zu chauffieren.

Kapitel 33

2010

„Was für ein Kasten. Der Architekt muss eine fortge-schrittene Ritter-Sport-Sucht gehabt haben.“

Marte ließ ihren Blick im Karree um den umbauten Raum des Mulders-Hauses wandern.

„Du sprichst in Rätseln“, knurrte Marie-Louise.

„Quadratisch. Praktisch. Gut“, zitierte Marte.

„Aha.“

Marte klingelte bei Regula Mulders. Wer auch immer das war, wenigstens der Nachname passte. Die Gegen-sprechanlage knarzte. „Wer sind Sie? Was wollen Sie?“, pampte sie eine Frauenstimme an.

„Ich bin Frau Dr. Marte Campferbrinck, Kreis der Freunde und Förderer zur Unterstützung der Jugend-hilfe Schloss Dilborn.“

„Was wollen Sie?“

„Sie herzlich um Ihre Unterstützung bitten.“

„Wie kommen Sie auf mich?“ Wenn es denn Regula Mulders war, die da aus der Anlage tönte, dann hatte sie die Gabe, eine gleichbleibend aggressiv-gehemmte Motzigkeit zu verströmen.

„Frau Grede pries Ihre Herzlichkeit.“

„Wer?“ Der Ton wurde nun doch schärfer.

„Grede. Sie hat sich uns als Annemarie Grede vorgestellt."

„Grede", schnaubte sie verächtlich. „Der enne wie der angerte, alles Wennlepper. Und et Annemie es de Schlimmste von dem sinne janze Sippschaft."

„Bitte was?"

„Nichtnutze, die ganze Familie. Und sie ist die Schlimmste", mühte sich die aufgebrachte Stimme am anderen Ende der Leitung um eine Übersetzung.

„Ach so."

Marte dirigierte Marie-Louise vor die Gegensprechanlage.

„Siehst du, Marte. Habe ich es nicht gleich gesagt. Diese Frau Grede taugt nichts."

„Und wer sind Sie?", schepperte es den Schwestern entgegen.

„Das ist Marie, meine Schwester. Fräulein Marie Campferbrinck."

Marie-Louise zeigte ihrer Schwester einen Vogel. Das „Fräulein" war nicht abgestimmt. Marte fuhr ungerührt fort. „Sie hat früher beim Landgericht Krefeld gearbeitet und mir schon in den Ohren gelegen, dass Frau Grede nicht zuverlässig sei und anderen Menschen ganz übel mitgespielt habe."

„Ja, da hat Ihre Schwester verdammt recht. Die hat nicht nur Menschen übel mitgespielt. Die hat meiner Tante mit ihren schlimmen Lügen das ganze Leben versaut."

„Ich kann das gar nicht glauben. Sie machte so einen netten Eindruck, als ich sie neulich bei den van Gongerens getroffen habe. Die haben übrigens früher in Lüttelbracht gewohnt, die Eheleute van Gongeren, bevor sie auf dem Mehrgenerationenhof in Alt-Viersen meine Nachbarn wurden."

„Nett?" Das war das einzige Wort, das bei Regula Mulders verfangen hatte. „Hammse Zeit, dann erzähl ich Ihnen mal, wie nett die Grede ist. Und Sie sammeln wirklich für das Kinderheim Schloss Dilborn?"

„Ich arbeite für die Alwin Knapp von Dielen und Lautburg-Stiftung und begleite zur Förderung der Jugendhilfe das Projekt Farbweiß, das die Einrichtung einer Intensivgruppe für Kinder mit Autismusspektrumsstörung auf Schloss Dilborn unterstützt. Ich lasse es mir nicht nehmen, vor Ort selbst dafür zu werben und um Unterstützung zu bitten."

Marie-Louise starrte ihre Schwester wie vom Donner gerührt an. Tja, dachte Marte, die Improvisation ist die Verfeinerung eines Planes.

„Schon gut. Kommense mal rein. Ich wohne parterre rechts." Marie-Louise humpelte auf Krücken vorneweg und keuchte.

Ein Traum in Billy-Weiß offenbarte sich beiden Schwestern hinter der Eingangstür, als würde es der Wohnung die Unschuld zurückgeben können und so zumindest in der Erinnerung ungeschehen machen, was mutmaßlich in diesen vier Wänden geschehen war. Regula Mulders, eine Mittzwanzigerin, war die wandelnde Durchschnittlichkeit: durchschnittlich groß, durchschnittlich dick, durchschnittlich attraktiv, durchschnittlich modisch gekleidet mit der Tendenz ins Unscheinbare. Das einzig Auffällige an ihr waren die stahlblauen Augen, die etwas Stechendes, Durchdringendes hatten, wenn sie einen musterten. Das musste der Nachbau der Augen sein, in die die Ermittler bei Heidrun Mulders geschaut hatten. In dem Blick lag keine Empathie, sondern Kälte, obwohl sich die junge Frau als freundliche Gastgeberin erwies. „Darf ich Ihnen 'ne Tasse Kaffee anbieten? Ein Glas Wasser dazu? Oder mögen Sie lieber Tee?"

„Das ist reizend. Bitte keine Umstände", lehnte Marte ab.

„Et macht mir keine Mühe."

„Gut, dann ein Glas Wasser für mich, bitte."

„Das würde ich auch nehmen wollen", schloss sich Marie-Louise an.

Nachdem die junge Frau mit der leicht verlebten Stimme zwei Gläser Wasser vor den Schwestern aufgebaut und ein Schälchen Standardkekse dazugestellt hatte, fragte sie unumwunden: „Sie sind nich da, weil die Grede meine, wie sachten Sie, Herzlichkeit pries. Die Generalsratsche wird von dem Mord an meinen Cousinen erzählt und über meine Familie hergezogen haben. Und da hammse Ihren Job genutzt, um näher an uns heranzukommen, richtig?"

„Touché! Sie haben uns erwischt." Hier half nur noch Ehrlichkeit, hatte Marte entschieden.

Die junge Frau grinste.

„Ihr Glück, dat ich als Erzieherin auf Schloss Dilborn arbeite und daher weiß, dat da die Intensivbetreuung für autistische Kinder aufgebaut wird. Et konnte also nicht alles an Ihnen falsch sein."

„Danke, dass Sie uns das haben durchgehen lassen. Wissen Sie, ich und meine Schwester haben zwei Anliegen. Ja, da ist das Jugendhilfe-Projekt, das uns am Herzen liegt. Aber wir haben auch ein Faible für die

Wahrheit." Marte legte eine Kunstpause ein. „Und diese impertinente Person lügt doch wie gedruckt, wenn Sie mich fragen. Mit jedem zweiten Satz widerspricht sie dem ersten."

„Ja, dat hammse gut erkannt. Aber et is kein Kraut gegen die und ihre Lügen gewachsen."

Marie-Louise räusperte sich. „Apropos Wahrheit. Wir würden Ihrer Tante gerne helfen. Aber wir wissen nicht, wie. Ich habe schon damals, als ich noch beim Landgericht Krefeld gearbeitet habe, an die Unschuld Ihrer Tante geglaubt."

Von oben vernahm man ein Plumpsgeräusch, von dem man hätte annehmen können, dass es zu einer einschlägigen Verrichtung gehörte. Tatsächlich, nun wurde die Spülung betätigt. Es hörte sich an, als würde nach einer Sprengung in einem Berg ein Stück aus dem Plateau hinabrutschen und alle in Regula Mulders Wohnung unter sich begraben. Die junge Frau schaute hoch und dann verlegen zu Boden.

„Meine Tante hat sich abgefunden."

„Kann man das?", fragte Marte nach.

„Dat muss man irgendwann, sonst ..." Abrupt unterbrach sich Heidrun Mulders Nichte.

„Sie sind doch nicht etwa diese, diese ... Ex-Richterinnen, die, die ..."

Marie-Louise nickte mit betretener Miene. „Doch, das sind wir."

„Was erlauben Sie sich? Das ist ja wohl die Höhe. Sie hätten um ein Haar meine Tante auf dem Gewissen gehabt. Und nun ist sie verschwunden und vielleicht schon tot, weil sie jetzt fertiggekriegt hat, wat ihr beim ersten Mal nicht gelungen is. Raus hier."

„Entschuldigen Sie bitte. Wir wollten Sie und Ihre Familie nicht behelligen und ganz gewiss Ihrer Tante nichts Böses", versuchte Marte zu beschwichtigen, doch Regula Mulders hatte sich bereits erhoben und wies zur Zimmertür.

„Schon gut, schon gut!"

Marte strebte auf die Tür zu. Wenige Sekunden später hörte sie hinter sich etwas auf den Boden fallen, von dem sie ahnte, was es war. Ihre Vermutung bestätigte sich im selben Moment durch einen Aufschrei. Sie drehte sich um und sah ihre Schwester auf dem Boden liegen. Offenbar hatte Regula versucht, Marie-Louises Abgang zu beschleunigen. Sie stand noch mit ausgestreckter Hand erschrocken daneben. Offenbar hatte sie Marie-Louise zu grob und hastig hochziehen wollen. Deren Gesicht war schmerzverzerrt. Tränen rannen die Wangen hinab, aber sie jammerte nicht, wimmerte nicht einmal. Sie stöhnte nur bei dem erfolglosen Versuch, aus eigener Kraft aufzustehen.

Regula Mulders beugte sich über Marie-Louise und wollte ihr aufhelfen, aber die ignorierte das Bemühen. Stattdessen tastete sie nach ihrer Krücke.

„Das tut mir leid. Das wollte ich nicht", stammelte die eben noch so forsche junge Frau. Marte trat neben ihre Schwester. „Mary-Lou, komm. Ich bring dich sofort ins Krankenhaus."

„Nein, es geht schon." Sie hakte sich bei Marte unter und ließ sich hochhieven. Auf ihre Krücke gestützt, baute ihre kleine Schwester sich vor Regula Mulders auf. „Hören Sie, es tut *mir* leid. Bitte glauben Sie mir das. Ich wollte die Kraft sein, die Ihre Tante beflügelt, noch einmal einen Anlauf zu unternehmen. Wie anmaßend von mir. Und meine große Schwester habe ich auch noch hineingezogen, die sich wirklich nur noch um ihre Stiftung kümmern wollte."

„Ich, ich ... habe auch überreagiert."

Marie-Louise schleppte sich, offenbar unter großen Schmerzen, aus dem Wohnzimmer.

„Aber was wollten Sie denn nun eigentlich von mir?"

„Ach, gar nicht Spezielles", mischte sich Marte ein. „Ich wollte mir nur einen Eindruck von den Örtlichkeiten verschaffen, um meine Schwester zu verstehen, die schon an die Unschuld Ihrer Tante glaubte, da waren Sie vermutlich noch gar nicht auf der Welt."

„Und Sie tun das wirklich nur für sich selbst? Ich lese davon morgen nichts in der BILD?"

„Um Gottes willen."

„Und meine Tante lassen Sie in Ruhe?"

„Ja", antwortete Marie-Louise so nachdrücklich, dass sich Regula Mulders überzeugt zeigte und Marte sogar anbot, sich in der Wohnung und im Treppenhaus umzusehen.

Da hämmerte jemand an die Wohnungstür. Sekunden später drehte sich ein Schlüssel im Schloss.

„Regi, alles gut bei dir? Bist du gefallen?" Ein Mann mit Bierbauchansatz und Halbglatze in Freizeitjogginghose und übergroßem T-Shirt stand mit aufmerksamer Miene im Türrahmen.

„Nein, Herbert. Alles gut."

Das musste Herbert Küppers, Heidruns Schwager, sein, schlussfolgerte Marte.

„Ach, du hast Besuch. Habe ich wohl nicht gehört."

Das bezweifelte Marte hochgradig. In diesem Haus hörte man alles, das war ihr jetzt klar.

„Ja, na ja, das sind die Schwestern, die Heidruns Fall neu untersuchen wollen."

„Was? Und du lässt die hier rein? Bist du durchgeknallt? Raus hier", brüllte Herbert deutlich erblasst. Oder war er schon früher blass geworden? Fast schien es Marte so.

Selbst Regula sah erschrocken zu ihm. „Schon gut, schon gut, reg dich ab. Sie wollten gerade gehen."

„Aber ein bisschen dalli, die Damen. Und lassen Sie sich hier nie mehr blicken, sonst setzt es was."

Kapitel 34

2010

„Das war ja ein teurer Spaß. Die Taxikosten hätten bestimmt gereicht, um eine vierköpfige Familie eine Woche in einem Ferienresort auf Gran Canaria unterzubringen", meckerte Marte, nachdem sie wieder in Köln eingetroffen waren. Nun saßen sie auf Marie-Louises Terrasse.

„Wir hätten ja bei dir bleiben können."

„Nein, hätten wir nicht. Du hast heute um halb sechs noch einen Arzttermin zur Gipskontrolle. Du erinnerst dich?"

Marie-Louise verdrehte die Augen und wechselte das Thema.

„Okay, nun wissen wir wenigstens, dass das Haus hellhörig ist. So hellhörig, dass jeder alles hören kann", resümierte Marie-Louise, die es sich auf Martes Sofa bequem gemacht hatte. Beide waren glücklich, dass das vorsorgliche Röntgen des gebrochenen Beins im Irmgardis-Krankenhaus keine neue Verletzung oder Komplikation des alten Bruchs ergeben hatte. Marte hatte darauf bestanden, Marie-Louise in die Notaufnahme zu bringen. Marte rührte ihren Milchkaffee zu Butter.

„Ja, verdammt hellhörig. Die Frage ist, wie wir weiterkommen", stellte sie genervt fest. „Na, immerhin wissen wir, wenn ein ungewöhnliches Geräusch, nämlich ein Schrei, ertönt, wird der wahrgenommen und irgendwer, der da ist, reagiert. Und zwar über. Hast du verstanden, warum dieser Herbert noch heftiger auf uns reagierte als Regula?"

„Keine Ahnung. Na ja, vielleicht doch. Ich habe ihm damals nicht geglaubt und ihn das spüren lassen. Er war auch so ein überüberzeugter Zeuge. Wusste alles ganz genau. Vor allem immer schon vorher. Lästerte über Roland, war an dem Abend, dem Sonntagabend, noch ums Haus geschlichen nach der Tagesschau, um bei Bosmans ins Fenster zu schauen, wie er sagte."

„Ist nicht wahr!"

„Doch. Er sagte, er wolle mal sehen, wie der Schlappschwanz mit den Mädchen klarkommt. Ihm, dem Onkel, würden sie immer brav ein Bierchen bringen, aber Roland nur auf der Nase rumtanzen. Und tatsächlich, als er durchs Fenster schaute, sind die beiden Mädchen angeblich über Tische und Stühle getobt. Ich fand den widerlich. Und heute nur noch widerlicher, so ungepflegt. Damals war er wenigstens rasiert und steckte in einem Anzug."

„Zumindest bestätigt unser Besuch die Aussage dieser Jutta, der jüngsten Schwester, was Heidrun bekanntermaßen nicht zum Vorteil gereicht. Und nun?"

„Du wirkst so deprimiert. Was ist los, Marte?"

„Ach, unser Auftritt eben war einfach nur beschämend. Wir lügen der Nichte die Hucke voll, um die Wahrheit in Erfahrung zu bringen. Nein, ich korrigiere.

Ich lüge ihr die Hucke voll, rege mich über die Sensationsjournaille auf und dringe selbst in die Privatsphäre anderer ein, die mich nicht dazu eingeladen haben. Ich zerreiße mir das Maul, spekuliere über Menschen, die ich nicht kenne. Was unterscheidet mich eigentlich von der Grede? Meine edleren Motive? Dass ich nicht lache. Die Grede wollte offenbar, dass Heidrun es ist, weil sie daran glaubte, dass nur sie es gewesen sein kann. Und ich, ..., nein, ich korrigiere, wir wollen, dass sie es nicht ist, weil wir – inzwischen ja auch ich – daran glauben, dass sie es nicht gewesen sein kann. Herzlichen Glückwunsch zu dieser moralischen Bankrotterklärung."

„Moment mal. Stopp! Jetzt schlägt's aber dreizehn! Es gibt begründete Zweifel an der Schuld einer rechtskräftig verurteilten Doppelmörderin. Und zu diesem Fehlurteil haben gewiss nicht wir, schon gar nicht du, aber möglicherweise Annemarie Grede beigetragen. Wir wollen das aufklären und der Gerechtigkeit zum Sieg verhelfen. Also vergleiche uns bitte nie wieder mit einer Person, die mutmaßlich einen Meineid geleistet hat."

„Der Gerechtigkeit zum Sieg verhelfen. Das ist aber ein trauriger Sieg, wenn wir mit Mitteln, die der Gerechtigkeit zunächst eine Niederlage beigebracht haben, zurückschlagen."

„Ich würde das als Notwehr bezeichnen."

„Das ist das Ende des Rechtsstaats."

„Mein Gott Marte, hast du es nicht kleiner?"

„Wenn jeder, der sich außerhalb der Gesetze und der Wahrheit bewegt, sich auf Notwehr berufen dürfte, bloß weil er sich dazu im Namen einer selbstdefinierten Gerechtigkeit für ermächtigt hält, dann ist das das Ende des Rechtsstaats.“

„Sag mal, war das nicht deine Idee, uns über die Stiftung Zugang zum Hause des Mulders zu verschaffen?“

„Ja, deswegen geht der Weckruf in der Hauptsache auch an mich. Man kann schließlich nicht mit den falschen Mitteln das Richtige tun.“

„Amen.“

„Marie-Louise, bitte. Das ist mein Ernst. Wenn selbst wir Grenzen überschreiben, wieso sollten andere es nicht erst recht tun? Ein hehres Ziel findet sich immer. Wenigstens wir sollten doch eine Art Vorbildfunktion haben.“

Marie-Louises Handy klingelte. Strättges war dran. Sie stellte auf laut.

„Man hat noch immer keine Spur von Heidrun gefunden. Aber etwas Neues gibt es doch zu berichten: Eine Intensivpflegerin sah Heidrun das Krankenhaus zusammen mit einem Mann verlassen.“

„Das ist doch schon mal was. Hat man den Mann identifizieren können?“, fragte Marie-Louise.

„Nein, sie sah ihn nur von hinten. Sie hat sich aber schon gewundert, dass er an so einem warmen Tag einen Regenmantel mit hochgeschlagenem Kragen trug. Auch hatte er Heidrun am Oberarm gepackt. Sie wollte eigentlich hinterher, weil das komisch auf sie wirkte. Aber gerade in dem Moment ging ein Alarm los, und sie musste nachsehen, warum. Erst später hat sie ihre Beobachtung der Stationsleitung mitgeteilt, und die hat das dann der Polizei gemeldet.“

„Irgendwie klingt das für mich seltsam. Kannst du dir das erklären?“

„Nein, aber ich habe den Verdacht, dass die Entscheidung, das Krankenhaus zu verlassen, nicht ganz freiwillig war. Ach ja, und noch etwas. Bei der Suche nach dem Pkw, der dich angefahren hat, ist die Polizei nicht weitergekommen. Auch da gibt sich jemand mächtig Mühe, nicht entdeckt zu werden. Komisch!“

„Was meinst du damit?“

„Na ja, dafür, dass sie Splitter des Scheinwerfers gefunden haben, kommen sie erstaunlich langsam weiter bei der Suche nach ihm. Ich muss da jetzt massiv werden. So geht das doch nicht. Was habt ihr denn jetzt weiter vor?“

„Als Nächstes werde ich die Strecke mit van Gongeren, meinem neuen, ortskundigen Nachbarn, abfahren, die Heidrun an dem Morgen angeblich gefahren ist, ich will mir das genauer ansehen. Wir haben uns für morgen verabredet“, verkündete Marte in einer Lautstärke, von der sie annahm, dass Strättges das Gesagte hören konnte – also kurz vor brüllend.

„Ho, ho. Ich höre noch recht gut. Ehe du mir einen Hörsturz verpasst, verabschiede ich mich lieber.“

Marie-Louise schnaubte. „Ach, deswegen triffst du deinen Nachbarn morgen. Ich komme mit."

„Stopp, ich bin mit ihm verabredet. Du liegst zur Genesung auf der Couch, und da wirst du auch schön die nächsten Tage bleiben.“

„Hatten wir die Frage der schwesterlichen Erziehungsmacht nicht kürzlich abschließend geklärt? Pass auf, große Schwester. Ich habe ein eingegipstes Bein. Auf Krücken kann ich wunderbar gehen. Das habe ich die letzten Tage mächtig geübt. Und im Übrigen fällt mir die Decke auf den Kopf. Ich habe nicht vor, dir den ganzen Spaß zu überlassen. Basta! Und außerdem bist du ja nicht ganz unschuldig daran, dass ich hier gelandet bin. Wenn du gleich eingestiegen wärst …“

Sie wusste selbst, dass das nicht stimmte. Dass Marte natürlich nicht die geringste Schuld an ihrem Unfall trug. Sie wusste aber auch, dass ihre Schwester unter dem Schuldgefühl litt, sie allein gelassen zu haben.

Und das gedachte sie auszunutzen.

Kapitel 35

_2010_

Marte fluchte leise, während sie auf den alten Mercedes SL 280 Cabrio zugingen. Also Marte ging, Marie-Louise humpelte. Den Wagen hatte sich Herold Anfang der Achtziger zusammengespart, und er war sein Augapfel geblieben. Für Marie-Louise symbolisierte er Herold mehr als alles andere. Tränen überzogen ihren Blick. Wütend blinzelte sie die weg. Ob es wirklich eine gute Idee gewesen war, den für die Fahrt zu nehmen? Doch Marie-Louises Smart war zu klein für zwei Dickschädel und ein Gipsbein.

Allerdings war der Mercedes das Ebenbild des Wagens ihres Vaters, den Marte als Zwanzigjährige geschrottet hatte. Sie hatte diesen, damals in brillantrot, geliebt und ihren Vater wochenlang bearbeitet, bis sie ihn endlich ausfahren durfte. Geschafft hatte sie es fünfhundert Meter bis zur ersten Ampel. Die war ebenfalls rot gewesen. Marie-Louise auf dem Beifahrersitz hatte noch geschrien, doch zu spät. Ein BMW war in ihre Seite gekracht. Die Beifahrerseite. Marie-Louise hatte damals eine Woche im Krankenhaus gelegen und dann mit eingegipstem Bein den Hochsommer im Bett verbracht. Daraus resultierte Martes schlechtes Gewissen ihr gegenüber. Was Marie-Louise lächerlich fand. Und ausnutzte.

Normalerweise würde der Mercedes, ein elfenbeinweißes Prachtstück, an einem Tag wie heute, an dem sich einzelne Regenwolken von Westen näherten, in der beheizbaren Garage bleiben. Gewaschen, poliert und abgedeckt mit einem Satin-Car-Cover aus hundert Prozent weichem und hochwertigem atmungsaktiven Polyester, damit ja kein Stäubchen auf das gute Stück fiel. Eben genauso wie am letzten Tag, an dem Herold ihn benutzt hatte. Und das war sechs Jahre her. Ob er überhaupt noch ansprang? Eigentlich müsste er das. Denn Herold zuliebe hatte sie ihn jährlich zur Inspektion abholen lassen – immer in der Hoffnung, noch einmal mit ihm einen kleinen Ausflug machen zu können. Dazu reichte das bisschen Leben nicht, das Herold am Ende verblieb.

„Ich würde es immer noch vernünftiger finden, wenn du zu Hause bliebest und ich die Bahn nehmen würde."

„Nein, ich fahre mit."

„Hältst du es wirklich für eine gute Idee? Ich will die Kiste gar nicht fahren."

„Nix da! Wir fahren jetzt."

Marte nickte resigniert, und Marie-Louise grinste breit. Das Verhältnis zwischen Schwestern war kompliziert, aber einmal definiert, blieb es ein Leben lang so.

Das Lachen verging Marie-Louise allerdings bei dem Versuch, elegant auf den Beifahrersitz zu gelangen. Ihr genervter Blick zu Marte, die mit verschränkten Armen danebenstand, wurde nur mit hochgezogenen Augenbrauen beantwortet, die ausdrückten: Hab ich es nicht gleich gesagt? Hatte sie. Nicht nur einmal.

Marie-Louise gab den Versuch auf und ließ sich undamenhaft auf den Sitz plumpsen. Marte warf die Tür hinter ihr zu. Einen Kick zu laut, einen Kick zu fest. Dafür sprang der SE ohne Murren an.

Marte war keine begeisterte Autofahrerin. Nicht mehr seit dem Unfall damals. Sie zog die Bahn vor. Deswegen, glaubte Marie-Louise, fluchte sie laufend über die Unfähigkeit der anderen Fahrer. Sie hatte einmal gelesen, dass sich achtundneunzig Prozent aller Autofahrer für gute Fahrer hielten und alle anderen für Idioten. Marte gehörte zu den zwei Prozent, die wussten, dass sie keine guten Fahrer waren, und die anderen 98 Prozent durch Fluchen, Blinken und Hupen zu der gleichen Erkenntnis zwingen wollten. Marie-Louise klammerte sich am Haltegriff fest.

Schließlich erreichten sie Martes neues Zuhause. Davor stand ein langer schlanker Mann mit schneeweißem Haar in grauem Anzug und Krawatte in verwischten bunten Farben. Ob das eine Nachbildung von Gerhard Richters Rakelbildern war?, fragte sich Marie-Louise. Auf jeden Fall war es das einzig Auffallende an ihm.

Marte eilte um den Wagen, ihm mit ausgestreckten Händen entgegen. Ganz ungewohnt für sie, befand Marie-Louise. Sonst war ihre Schwester doch immer so reserviert, fast spröde im Umgang mit Menschen.

Doch schon nach der kurzen Begrüßung im Wagen, Marie-Louise hatte wohlweislich auf das Aussteigen verzichtet, verstand sie Marte. Der Mann, van Gongeren, war nicht nur zuvorkommend höflich, er war freundlich, herzlich, liebenswert. Allerdings schielte er leicht. Marte geleitete ihn zur Fahrerseite und klappte ihren Sitz um, damit er hinter ihr auf dem Notsitz Platz nehmen konnte. „Du liebes bisschen. Was für ein Apparillo. Wem gehört denn diese Sünde auf vier Rädern?"

„Meiner Schwester", trällerte Marte, deren Laune sich schlagartig verbessert hatte.

„Meinem verstorbenen Mann", korrigierte Marie-Louise.

„Der Herr hatte in jeder Hinsicht einen exzellenten Geschmack, wenn ich mir herausnehmen darf, das zu sagen", wandte sich van Gongeren Marie-Louise zu.

Nun hob sich auch Marie-Louises Laune spürbar.

Van Gongeren leitete Marte vom Rücksitz aus sicher nach Bracht zu einem alten, einfachen Zweckbau, in dem die Postfiliale untergebracht war. Dort hatte Heidrun seinerzeit den Brief ihrer Großmutter aufgegeben. Damals hatten die Ermittler behauptet, dass Heidrun früher bei der Post gewesen sein musste, denn um elf Uhr schloss der Postschalter. Marie-Louise hatte ihnen geglaubt, bis sich bei intensiveren Nachforschungen herausstellte, dass der Leiter die kleine Poststelle regelmäßig länger offen hielt. Er hatte angegeben, Heidrun noch kurz nach elf Uhr bedient zu haben, berichtete Marie-Louise.

Nur gute fünfhundert Meter entfernt lag die Filiale der Bank, in der Heidrun die Überweisung der Mutter abgegeben haben wollte. Der hübsch-hässliche Kästchenklotz atmete den Charme der Achtzigerjahre. Der

Bankangestellte bestätigte damals, erinnerte sich Marie-Louise weiter, dass die Einzahlung der Otto-Überweisung für die Mutter von Heidrun kurz vor elf erfolgt sein musste, da sie als erster Buchungsvorgang kurz nach elf Uhr ausgeführt worden war. Auch wenn er sich nicht an Heidrun erinnerte. Es war viel los an diesem Tag, hatte er ausgesagt.

Daneben, unweit des Weizer Platzes befand sich ein leer stehender Supermarkt. Großer Parkplatz, die Betonwände voller Graffiti, ein leerer Einkaufswagen umgeworfen vor der Eingangsschiebetür. Den würde niemand mehr füllen, konstatierte Marie-Louise. In den weiß getünchten bodentiefen Fensterscheiben prangte das Vermietungsbanner eines Maklers. Ein Plakat dankte den Kunden für ihre Treue.

„Hier hat sie angeblich noch zwei Eistüten für ihre Kinder gekauft", verkündete Marie-Louise nach einem weiteren Blick auf ihren Laptop. „Was wohl aus denen geworden ist?"

„Aus wem?", fragte Marte irritiert.

„Den Eistüten natürlich. Die Kinder waren angeblich schon tot. Wozu hat sie das Eis gekauft? Du erinnerst dich? Zu dumm, dass ich sie nie danach fragte ..."

„Witzig, kleine Schwester. Sehr witzig." Marte verdrehte die Augen.

„Interessante Frage, finde ich", warf van Gongeren ein. „Es war ja damals ein heißer Sommertag. Das Eis, wenn sie es wirklich gekauft hat, müsste ja unterwegs im Auto geschmolzen sein."

„Stimmt." Marie-Louise nickte anerkennend in den Rückspiegel. „Aber gekauft hat sie es. Es gibt eine Zeugin, die ausgesagt hat, dass Heidrun ihr nach ihrer

Rückkehr am Montagvormittag ein Eis gegeben hat – angeblich zum Dank dafür, dass die Zeugin ihr Zigaretten mitgebracht hatte."

„Dann hat sie das Eis wohl doch nicht für die Kinder gekauft", schlussfolgerte van Gongeren.

„Stimmt auch wieder. Außerdem fanden sich keine Reste von Speiseeis im Magen der Kinder, so jedenfalls das Obduktionsergebnis. Aber was ist mit dem zweiten Eis geschehen?"

„Tja, nach der Logik des Urteils wird Heidrun sich nach dem Doppelmord ein Eis zur Belohnung gegönnt haben", bemerkte Marte mit sarkastischem Grinsen und fing sich einen finsteren Blick ihrer Schwester ein.

„Mal im Ernst! Spricht das nicht alles dafür, dass die Kinder zu dem Zeitpunkt schon tot waren und sie die Erledigungen nur unternommen hat, um die Geschichte von der angeblichen Entführung plausibel zu machen? Warum sollte sie den Kindern das Eis, wenn sie die an dem Vormittag getötet hat, nicht vorher noch gegeben haben? Weil sie schon an das Obduktionsergebnis dachte und daran, dass dann ein Zusammenhang zu ihr und dem Einkauf hergestellt werden kann? Wozu kauft sie das Eis dann überhaupt? Um zu behaupten, es wäre für die Kinder gewesen, die sie tötete, während das Eis schmolz? Das kann man ihr auch nicht unterstellen, denn sie gab es ja der Nachbarin mit der Erklärung, es sei zum Dank für das Zigarettenholen. Wenn sie so clever gewesen wäre, hätte sie doch sagen müssen: ‚Es war für die Kinder, aber die finde ich gerade nicht. Die sollten eigentlich auf dem Spielplatz sein. Da habe ich sie hingeschickt.' Das hat sie aber nicht getan. Ehrlich gesagt bin ich beinahe geneigt, anzunehmen, dass sie das Eis in dem naiven Wunsch gekauft hat, es den Kindern geben zu können. Sie wusste zwar, dass sie tot sind, hat es aber ausgeblendet."

Marie-Louise stutzte. Das waren ja ganz neue Töne, die sie von der Eisernen Lady hörte.

Van Gongeren dirigierte Marte weiter zum Parkplatz an der Landstraße Richtung Roermond, längs des Diergardt-Kanälchens. Hier hatte Susanne hinter einer Hecke aus hochgewachsenen Brennnesseln gelegen, nicht sichtbar für Parkplatzbesucher. Zumal die Parkbucht, die unmittelbar an die Landstraße grenzte, eher unwirtlich war. Eingefasst war sie von einer breiten Böschung, bewachsen mit Gestrüpp, hinter der sich ein Waldstück anschloss. Marie-Louise wuchtete sich aus dem Beifahrersitz. Es war wieder Hochsommer. Ein schwülheißer Hochsommer. Gottlob hatte der Nieselregen inzwischen aufgehört. Wieder standen jede Menge Brennnesseln am Parkplatzrand. Und wieder standen sie so hoch und so dicht, dass Marie-Louise dahinter nichts erkennen konnte. Eben ganz wie damals, als sie das erste Mal hier stand. Fassungslos. Und den Tränen nicht nur nahe, erinnerte sie sich an die Bilder von damals.

Marte war etwas größer als sie selbst. Sie war ebenfalls ausgestiegen und balancierte nun auf Zehenspitzen, um über die Brennnesseln zu schauen. „Hm, also bei aller Liebe, ich sehe nur Dickicht."

Sie gingen den Parkplatz in beide Richtungen ab. Mehr um sich die Beine zu vertreten, als um etwas zu entdecken. Marie-Louise auf ihre Krücken gestützt. Van Gongeren folgte den Schwestern unaufdringlich.

„Ich bin immer davon ausgegangen, dass, wenn Heidrun tatsächlich die Kinder ermordet hätte, sie hier damit begonnen hätte. In meiner Vorstellung war es eine Affekttat. Heidruns Nerven lagen blank – zum Beispiel, weil Leroy ihr in der Nacht zuvor offenbart hat, dass er bald zurück nach Großbritannien müsse, weil seine Stationierung nicht verlängert werde. Und als die Kinder quengelten, ist sie ausgerastet. Vielleicht, weil sie sich gestritten haben. Soll ja vorkommen unter Schwestern."

„Das ist mir neu. Ich dachte immer, unser Gezänk sei der Crashkurs zum Master in Streitkultur gewesen", frotzelte Marte.

„Sehr witzig, große Schwester. Kann ich jetzt meinen Gedanken weiterentwickeln?"

„Das weiß ich nicht, ob du das kannst", provozierte Marte.

„Dann mach du doch." Marie-Louise tat angesäuert.

„Ich versuche mal deinen Gedanken weiterzuspinnen."

„Verausgab dich nicht."

„Also, Heidrun erwürgt Susanne im Affekt, weil ihr die Nerven durchgegangen sind. Ihre Tochter Claudia schrie und heulte. Heidrun nahm sie in den Arm, presste das kleine Mädchen ganz fest an sich, bis es erstickt war. Eine Affekttat und ein Versehen. So in etwa?"

„Eher andersherum. Susanne wurde doch erstickt und Claudia erwürgt."

„Nach den Vorstellungen des Gerichts soll es aber Susanne gewesen sein, die die Windschutzscheibe im Todeskampf eingetreten hat."

„Nach den Vorstellungen des Gerichts ist doch noch nicht mal klar, welches Kind zuerst getötet wurde."

„Stimmt. Und es ist auch offen, ob im Auto oder außerhalb."

„Das Gericht weiß nichts – außer, dass Heidrun es war. Immerhin das steht zur Überzeugung des Gerichts fest", resümierte Marte kopfschüttelnd.

Marie-Louise nickte. „Lasst uns zum zweiten Fundort fahren. Vielleicht rundet sich da das Bild ab", schlug sie vor und humpelte zurück zu dem elfenbeinfarbenen Prachtstück auf vier Rädern.

„Zwei Stunden später hat der Suchtrupp der Polizei Claudia entdeckt. Da vorn, das ist der andere Parkplatz", Marie-Louise zeigte auf eine Abbiegung. „Das ist schon damals ein kaum befahrenes Straßenstück gewesen, das zum Weißen Stein führt."

Sie erinnerte sich noch dunkel daran. Dieser Parkplatz lag nur wenige Kilometer entfernt vom Wohnhaus der Mulders beziehungsweise Bosmans. Höchstens vier oder fünf. Von der Straße aus war er nicht komplett einsehbar, da er ein gutes Stück weg von ihr lag und eine Baum- und Buschreihe ihn bis auf die unbefestigte Einfahrt verdeckte.

„Heidrun hat damals behauptet, dass sie den Parkplatz nicht kannte. Tatsächlich hat sie sich dort aber mit ihrem ersten Seitensprung, dem Kegelbruder ihres Mannes, getroffen. Wieder eine dieser sinnlosen und leicht zu widerlegenden Lügen von Heidrun", erzählte Marie-Louise.

Alle stiegen aus.

„Guter Ort für Schäferstündchen", konstatierte Marte.

Marie-Louise entschlüpfte ein Stöhnen. Sie fühlte sich von jetzt auf gleich hundsmiserabel. Marte warf ihr einen besorgten Blick zu, der den Vorwurf enthielt, mitgekommen zu sein. Und das zu Recht, wie sie sich ungern eingestand.

„Lasst uns zurückfahren", kam nicht unerwartet von ihrer großen Schwester. Marie-Louise nickte und wuchtete sich kleinlaut auf den Beifahrersitz.

„Wir können die Abkürzung nach Swalsen nehmen", schlug van Gongeren vor.

„Welche Abkürzung?", fragten die Schwestern wie aus einem Munde.

„Von dem anderen Parkplatz aus, der Limesweg", antwortete er.

„Den müssen wir nehmen", entschied Marie-Louise. Der Vorschlag van Gongerens hatte auf sie gewirkt wie eine Ladestation auf einen leeren Akku. „Ich kann mich nicht erinnern, davon in den Ermittlungsakten gelesen zu haben."

Sie fuhren die Landstraße zurück zu dem Parkplatz, auf dem Susanne gefunden worden war. Kurz bevor sie die Parkbuchten erreichten, wies van Gongeren Marte an, links in einen schmalen Feldweg abzubiegen.

Marte fuhr los, hielt aber nach wenigen Metern an. Die Strecke war immer rumpeliger geworden.

„Halt, stopp!" Marie-Louise schoss Schweiß auf die Stirn. Angstschweiß.

„Was ist los?", fragte Marte.

„Wir können nicht weiterfahren. Wir ruinieren hier Herolds Wagen!"

„Ich steige aus und weise Sie ein", erbot sich van Gongeren. Marie-Louise fragte sich, ob sie seinem verbliebenen Auge vertrauen sollte.

„Nein, wir fahren zurück!", forderte Marie-Louise.

„Zurücksetzen ist keine Option."

„Bitte?"

„Ich kann mich nicht erinnern, wann ich zuletzt rückwärtsgefahren bin, geschweige denn, dass ich wüsste, wie ich in dieser Karre den Rückwärtsgang einzulegen hätte", zischte Marte.

„Du bist losgefahren, ohne zu wissen, wie der Rückwärtsgang ...?"

„Wer hat denn darauf bestanden, dass ich dieses Monstrum von Wagen nehme? Und außerdem: Du wirst doch wohl wissen, wie das geht."

„Ich bin nie ...", Marie-Louise stockte.

„Was? Du bist nie damit ...?"

Marie-Louise ließ Marte nicht aussprechen.

„Lieber Herr van Gongeren, ich wäre Ihnen zutiefst dankbar, wenn Sie uns aus diesem Schlamassel befreien könnten", flötete sie zuckersüß.

„Sehr gerne."

Marte würgte den Motor ab und ließ van Gongeren aussteigen. Einäugigkeit war kein Nachteil, wenn ein Adlerauge zurückblieb.

„Vorsicht, hier ist eine Querrinne. Am besten fahren Sie vorsichtig schräg auf den Fahrbahnrand zu. Hier lang ... Gut so."

Im Schritt-, nein, im Zeitlupentempo tastete sich Marte vorwärts. Marie-Louise atmete gerade entspannt aus, da kratzte es unter dem Bodenblech. Scheiße, schoss es ihr durch den Kopf. Marte wurde leichenblass.

„Nicht schlimm", stellte van Gongeren fest, nachdem er den Mercedes umrundet und unter den Wagen gelugt hatte. „War nur lose Erde und ein vermatschter Ast. Der kann dem Wagen nichts anhaben. Eine Autowäsche, dann ist nichts mehr davon zu sehen."

Rote Flecken bildeten sich auf Marie-Louises Wangen und Hals, als sie Marte einen bitterbösen Blick zuwarf.

„Fahren Sie jetzt einen Meter geradeaus und dann wieder zur Fahrbahnmitte. Nur noch zehn Meter, dann ist der Weg geteert."

Immer noch im Schritttempo mit van Gongeren auf dem Rücksitz fuhren sie weiter, vorbei an hohen Tannen, Maisfeldern, abgemähten Feldern und blühenden Wiesen. Weit und breit war kein Mensch zu sehen.

„Vielleicht hat sie ja den Limesweg an jenem Vormittag genommen und die zeitlichen Abläufe sind gar nicht so eng, wie von uns angenommen", spekulierte Marte.

„Oder er nahm die Abkürzung nachts", warf Marie-Louise ein.

Marie-Louise hatte den Wagen höchstselbst gesäubert. Nur den geliehenen Kärcher hatte sie Marte in die Hand gedrückt, damit sie den Unterboden nach exakter Weisung reinigte. Wäre nicht ihr Gipsbein im Weg gewesen, hätte sie auch diese Aufgabe selbst erledigt. Marie-Louise war verblüfft, über welches Equipment und welche Palette an Reinigungsmittelchen van Gongeren verfügte.

Nachdem sie auf einem Hocker sitzend geduscht hatte – mit dem eingegipsten Unterschenkel außerhalb der Duschkabine und Marte in Rufweite –, saßen beide im Wintergarten.

„Gut, dann nehmen wir uns doch als Nächstes die anderen Hinweise vor, die uns nicht in Versuchung führen, rote Linien zu überschreiten. Also zum Beispiel die Windschutzscheibe der Mulderschen Familienkarre, die am Montagmorgen, also am Tag der Vermisstenanzeige, auf einmal zerbrochen war", schlug Marie-Louise vor.

„Die, die nach Heidruns erster Version infolge Steinschlags durch einen überholenden Lkw zersprungen sein soll?"

Kapitel 36

1987

„Okay, dann weiter. Wie war das mit der kaputten Windschutzscheibe? Sind Sie sicher, dass das ein Stein war, der von einem Lkw hochgeschleudert wurde, und zwar auf dem Rückweg von den Erledigungen?"

Übereifrig nickte Heidrun. Nanu? Ein wenig zu heftig, fand Marie-Louise.

„Sind Sie wirklich ganz sicher?"

Das Nicken wurde zaghafter.

„Was ist, wenn ich Ihnen sage, dass unsere Sachverständigen festgestellt haben, dass die Scheibe von innen und nicht von außen beschädigt wurde?"

Blass, blasser, Heidrun, schoss Marie-Louise durch den Kopf.

„Nun gut, ich will es Ihnen noch einfacher machen."

Heuchler, dachte Marie-Louise.

„Der Zeuge, der Ihren Wagen auf dem Parkplatz mit Susannes Leiche sah, hat auch eine gesplitterte Windschutzscheibe gesehen."

Schweigen. Schweigen. Schweigen. Mindestens fünf Minuten lang. Fünf Minuten, in denen niemand im Raum etwas sagte. Alle starrten Heidrun an. Marie-Louise wunderte sich, dass die das so lange aushielt.

„Ich glaube, ich möchte dazu was sagen." Heidrun
räusperte sich. „Aber Sie werden mir das ohnehin nicht
glauben."

„Kommt auf einen Versuch an."

Heidrun nickte. „Also, die Scheibe ist in der Nacht davor zersplittert. Anders kann ich mir das nicht erklären. Als ich, also als wir, also Leroy und ich im Wagen ..." Sie verstummte.

„... gebumst haben ...", provozierte Reinhardt.

Heidrun wurde flammend rot, nickte aber. „Also, als
wir Geschlechtsverkehr im Wagen hatten, bin ich mit
dem Bein abgerutscht gegen die Windschutzscheibe.
Dabei muss es passiert sein."

Erst stutzte Reinhardt, dann lachte er laut los. Die anderen anwesenden Mitglieder der Soko, KHK Schröder
und Kommissaranwärter Schmidt, stimmten ein. Marie-Louise warf Reinhardt einen Blick zu, der ihn töten
sollte, doch der fiel nicht tot um, sondern lachte noch
lauter in ihre Richtung, nachdem er ihn gesehen hatte.

„Ich hab ja gesagt, dass Sie mir das nicht glauben würden", hauchte Heidrun.

„Da haben Sie recht! Ich könnte mir vorstellen, dass
der Schaden beim Todeskampf einer der Töchter entstanden ist. Aber beim Fick mit Ihrem Schwarzen?
Nee!"

„Doch, ich war das, in der Sonntagnacht mit Leroy."

„Gut, dann befragen wir mal Ihren Lover dazu. Mal
schauen, was der so meint."

Bei Leroys Vernehmung hatte Marie-Louise nicht dabei sein können. Anschließend hatte Reinhardt sie angerufen.

„Dieser Nigger sagt aus, dass das nicht stimmen kann. Er hat auf dem Heimweg nach dem Beischlaf nichts von einer gesplitterten Scheibe gesehen. Und das, obwohl sie eine beleuchtete Straße langgefahren sind. Das ist also wieder eine dieser Lügen von diesem Flittchen."

„Sie meinen Heidrun Bosman. Ich möchte das Wort ‚Flittchen' nicht mehr hören, haben Sie das verstanden?"

Reinhardt lachte nur.

„Wenigstens hat dieses Flittchen", er zögerte, hoffte wohl, dass Marie-Louise sich auf diesen Machtkampf einließ, doch sie enttäuschte ihn und schwieg, „sich damit einverstanden erklärt, uns das im Wagen vorzuführen."

„Was vorzuführen?"

„Na, wie das funktioniert haben soll im Wagen mit dem Scheibezertrümmern."

„Sind Sie sicher, dass das etwas bringt? Und dass das Frau Bosman zugemutet werden sollte, zumal Herr Rhys ihre Aussage ja schon widerlegt hat?" Was sollte das?, fragte sich Marie-Louise.

„Sie können es sich ja anschauen, wir machen gleich den Test hier im Polizeihof."

„Warten Sie, bis ich da bin", fauchte eine alarmierte Marie-Louise und rannte los.

Es hatte nichts genützt, sie war zu spät gekommen. Als sie im Polizeihof eintraf, umstanden nicht nur die vier Mitglieder der Soko, sondern auch einige Streifenpolizisten und sogar zwei Reporter, wie Marie-Louise erkannte, den Bosmanschen Familienwagen. Während sich Marie-Louise durch die Reihen quetschte, hörte sie das Klicken der Kameraauslöser.

Heidrun lag auf dem zurückgeklappten Beifahrersitz des Opel-Kadett-Kombi-Familienwagens, die Beine hochgestreckt, und mühte sich, mit der Ferse die Windschutzscheibe zu erreichen. Ihr Gesicht war abgedeckt mit einem kleinen Taschentuch. Marie-Louise hörte darunter leise Schluchzer.

„Aufhören", brüllte sie. „Sofort aufhören." Mit ihren Händen fuchtelte sie so lange vor den Reportern herum, bis diese die Kameras sinken ließen. Sie drehte sich um, öffnete die Beifahrertür und zog das Taschentuch weg. Dann reichte sie Heidrun die Hand und zog sie hoch.

Aus den Augenwinkeln sah sie, wie Reinhardt die Reporter und Streifenpolizisten wegwinkte.

„Was soll das?", brüllte er Marie-Louise an.

„Das ist menschenverachtend, unwürdig", fauchte Marie-Louise zurück.

„Sie hat sich einverstanden erklärt", konterte Reinhardt.

„Stimmt das?", fragte Marie-Louise die verheulte Heidrun.

Fast unmerklich nickte sie. „Aber ich hab gesagt, dass ich davon keine Bilder machen lassen will."

Marie-Louise funkelte Reinhardt stocksauer an. „Haben Sie ihren Anwalt verständigt?"

„Wozu?"

„Wozu wohl? Sind Ihnen vor Geifer die Beschuldigtenrechte entfallen? Und haben Sie schon mal was vom Persönlichkeitsrechtsschutz gehört?"

„Dafür haben wir ihr schließlich das Taschentuch gegeben.“

Kapitel 37

„Was?", fragte Marte entgeistert.

„Du hast schon richtig gehört. Heidrun hat hinterher gesagt, sie sei zu dieser peinlichen Szene von der Polizei genötigt worden. Sie hat aber trotzdem im Protokoll unterschrieben, dass sie das freiwillig getan und auch nicht als entwürdigend empfunden hat."

„Ist nicht wahr." Marte schüttelte den Kopf. „Stell mal öffentlich vor klickenden Kameras Sex im Auto nach … Wie beschämt und verhalten muss man da sein? Eben! Ob die Gute sich da richtig – wie in der Nacht zuvor – ausgelebt hat, wage ich zu bezweifeln. Sie dürfte unter ihrem Tuch ziemlich gehemmt und blind gewesen sein. Das ist doch kein Beweis dafür, dass es nicht so abgelaufen sein könnte, wie Heidrun es ausgesagt hat. Und wie sollte ein Kind die Scheibe treffen, das doch kürzere Beine hat? Und musste Leroy auch ran, also bei der Rekonstruktion mitwirken? Wer sagt denn, dass sie unten gelegen hat? Wurde das auch rekonstruiert? Vielleicht hat er ja die Scheibe erwischt."

„Keine Ahnung, ob sie das noch mal zusammen mit einem Mann rekonstruiert haben. Da war ich schon raus aus der Ermittlung. Aber das ist eine gute Frage. Aktenkundig ist eine ergänzende Rekonstruktion nicht. Wir sollten das ganz konventionell hier und jetzt nachholen. Ich kann mir nämlich gut vorstellen, dass beim Sex im Auto eine Scheibe zertrümmert wird."

„Klar, du legst dich mit deinem Gipsbein in Herolds Mercedes auf den Beifahrersitz, und ich leg mich obendrauf, damit alles naturgetreu nachgestellt ist, oder was? So weit kommt es noch."

„Das ist die Idee! Das machen wir. Wäre ich gar nicht drauf gekommen." Marie-Louise grinste breit. „Meine Erfahrungen damit sind schon zu lange her."

„Was? Ich dachte, ich sei das Enfant terrible gewesen. Du hast …?"

„Was denkst du denn? Bei uns zu Hause ging es doch nicht. Weißt du noch? Papa hätte jeden Kerl, der Hand an seine Töchter legt – schon gleich gar in seinem Haus –, mit seiner Jagdflinte über den Haufen geschossen. Und Mama, die wäre doch bei der Entdeckung vorehelichen Verkehrs ihrer Töchter wegen der Schande mit ihrem Rosenkranz Amok gelaufen. Mein erster Freund – du erinnerst dich vielleicht an Wolfgang? – wohnte auch noch zu Hause. Da blieb doch nur der freie Himmel und im Winter oder bei Regen sein Fiat 500."

Marie-Louise musste bei dem ungläubigen Blick von Marte laut lachen. „Glaub mir, das ist gar nicht so kompliziert."

„Sag bloß."

„Aber nicht ich liege unten, sondern du. Ich habe schließlich ein Gipsbein. Das wäre Wettbewerbsverzerrung. Denn damit kriege ich jede Scheibe kaputt."

„Jetzt drehst du völlig durch."

„Nein, absolut nicht. Du willst doch immer alles ganz genau wissen. Also, jetzt hast du die Chance, zu beweisen, dass du die Scheibe kaputt kriegst, wenn du in Wallung gerätst. Ist doch nicht schwierig. Du musst den Sitz ganz nach hinten schieben, die Rückenlehne umklappen und die Beine gespreizt gegen die Frontscheibe drücken. Möglichst ohne die Scheibe tatsächlich zu zertrümmern. Und ich ..."

„Hat man nach deinem Unfall eigentlich auch überprüft, ob durch die Gehirnerschütterung deine Zurechnungsfähigkeit abhandengekommen ist?", unterbrach Marte ihre Schwester.

„Nun stell dich nicht so an. Sieht doch keiner. Außer mir."

„Und du machst dich für den Rest deines Lebens lustig über mich."

„Versprochen, mach ich nicht. Ist doch wichtig!"

„Ein letztes Mal: Auf gar keinen Fall."

„Gut, dann mach ich das allein. Du bist eh zu groß. Heidrun ist einen halben Kopf kleiner als du. Obwohl ... Du könntest ja wenigstens Leroy darstellen."

„Weder du noch ich, niemand tritt gegen die Windschutzscheibe. Du mit deiner gebrochenen Gräte schon mal gar nicht. Du legst dich jetzt gefälligst sofort wieder hin. Und ich hol den Schraubendreher."

„Wofür?"

„Um deine lockeren Schräubchen wieder festzuziehen."

„Nö", erklärte Marie-Louise, bereits samt Wagenschlüssel, den sie im Vorbeihumpeln vom Schlüsselbord genommen hatte, an der Haustür, und humpelte ohne Krücken entschlossen zum Hoftor.

„Du spinnst. Das kannst du ... Verdammt!"

Marie-Louise schob unterdessen den Holzriegel beiseite und öffnete das Tor. Beide schauten auf Herolds
Prunkstück, das vor der Hofeinfahrt geparkt war. Nur,
dass es kein Prunkstück mehr war: Das Stoffdach war
aufgeschlitzt, der Lack zerkratzt. Auf dem Kotflügel lag
ein Backstein, der nicht dorthin gelegt, sondern, der
Tiefe der Delle nach zu schließen, geworfen worden
war. Die Frontscheibe durchzog ein Spinnennetz von
Rissen.

Marie-Louise ließ sich auf einen der Steinpfosten sinken, die beidseitig neben dem Holztor standen. Marte
sackte auf den anderen.

Man erkennt, dass man alt geworden ist, wenn einem
Polizisten wie Teenager vorkommen. Aber was sagt es
über einen aus, wenn sie in den Himmel gewachsen
sind?, fragte sich Marie-Louise, die sich den Kopf fast
verrenkt hatte, um in die mit späten Pubertätspickeln
übersäten Gesichter der beiden herbeigerufenen Polizeibeamten schauen zu können.

Nachdem diese mit unterschriebener Anzeige in der
Hand abgezogen und der Wagen von Herolds Spezial-
werkstatt abgeholt worden war, saßen sich die Schwestern am Esstisch gegenüber. Marte hatte Marie-Louise
noch nie so erlebt. Sie weinte nicht, war aber gräulich
im Gesicht mit roten Augen und einem verkniffenen
Mund.

„Hör zu, das kommt wieder in Ordnung. Hat eben
doch auch Herr Löschke gesagt. Und der muss es wissen, der hat den Mercedes doch immer repariert. Der
kennt den Wagen. Das wird schon wieder."

„Die haben in Herolds Mercedes gepisst“, kam viel zu laut von Marte.

„Ja, ich weiß. Hey, der kriegt das wieder hin, ganz sicher!“

„Ich will aber keinen Wagen, in den so ein Dreckschwein gepisst hat.“

„Okay, okay. Dann kaufen wir dir einen Neuen.“

„Dieses Auto kann man nicht einfach neu kaufen. Herold hat es geliebt! Vergiss es. Das war’s.“

„Nun, wir könnten ...“

„Halt endlich die Klappe. Wenn du nicht wärst, wäre das mit meinem Auto niemals passiert.“

„Wie bitte?“, schnaubte Marte.

„Wenn du den Wagen hättest rückwärtsfahren können, wäre die Reinigungsaktion nicht nötig gewesen.“

„Ja, und? Dann hätte der Wagen dreckig vor dem Tor gestanden, als die Vandalen kamen.“

„Du hättest ihn in den Hof fahren können.“

„Rückwärts?“

„Siehste!“

Marte verdrehte die Augen.

„Das war garantiert ein Denkzettel, weil wir unsere Nase in anderer Leute Angelegenheiten gesteckt haben. Oder glaubst du etwa, marodierende Viersener machen zu Hause Jagd auf Oldtimer mit Kölner Kennzeichen?“

Van Gongeren hatte vor der Tat in der Nähe einen fremden geparkten Wagen mit Viersener Kennzeichen gesehen, der nach der Tat weg war, wie er den Bubis von der Polizei erzählt hatte.

Nun rannen wieder ein paar Tränchen über Marie-Louises Wangen. Aber vermutlich vor lauter Wut. Marte hätte sie gerne in den Arm genommen, wusste aber aus Erfahrung, dass man das besser in dieser Stimmung unterließ.

„Du glaubst gar nicht, wie leid mir das tut.“

Marie-Louise schüttelte nur den Kopf und starrte auf ihre Kaffeetasse, die sie noch nicht angerührt hatte. Ein Schluchzer drang aus ihrer Kehle, und die Brust hob und senkte sich verblüffend schnell.

„Doch, doch. Du wirst schon sehen. Herr Löschke hat gesagt, dass er den Wagen wie neu hinbekommt. Dann ist alles wieder gut.“

„Nichts wird mehr gut!“

Kapitel 38

2010

Am späten Nachmittag, den Marie-Louise mit trübsinnigen Blicken aus der Terrassentür verbracht hatte, rief Herr Löschke an. Marte schaltete den Lautsprecher ein.

„Der Wagen sieht schlimmer aus, als es tatsächlich ist. Ich kann mir nur nicht erklären, woher die kleinen Dellen unter dem Chassis kommen. Egal. Das kriege ich alles wieder hin."

„Und der Urin auf dem Fahrersitz? Meine Schwester will keinen Wagen haben, in den reingepinkelt wurde." Hoffentlich verstand der Mann.

Die Pause von Löschke dauerte tatsächlich etwas zu lang. „Das war kein Urin, das war Limo. Also Fanta. Die ist ja auch so gelb. Gottlob hat der Wagen ja Ledersitze, das haben wir schon komplett gereinigt."

Er hatte verstanden. „Und was kostet das Ganze?", fragte Marte mit vorsichtigem Blick auf ihre Schwester hinterher.

Wieder das Zögern. „Für so nette Auftraggeberinnen und für dat schnieke Vehikel mach ich einen Sonderpreis. Keine Sorge. Und die Vergnügungssteuer dafür, so ein Schätzchen auf die Bühne zu bekommen, geht ja auch noch ab." Löschke kicherte über seinen eigenen

Witz, den nur er lustig fand. „Nur die Windschutzscheibe dauert. Die muss ich erst organisieren. In zwei
Wochen ist der Mercedes wie neu."

Marte hätte den Mann knuddeln können.

„Apropos, kennen Sie sich mit Schäden an Wind-
schutzscheiben aus?"

„Das will ich meinen. Ist eine Spezialität von mir. Warum?"

Marte warf Marie-Louise einen vielsagenden Blick zu,
der tatsächlich nicht mehr trübsinnig oder gar traurig,
sondern mit flackerndem Interesse erwidert wurde. Na
also. Da ahnte man wieder die alte Marie-Louise.

„Sagen Sie, kann es sein, dass man nachts – oder sagen wir überhaupt – einen frischen Sprung in der
Frontscheibe nicht sehen kann, sondern erst später?"

„Aber sicher doch, junge Frau."

„Wie kommt das?"

„Es kommt immer drauf an, was passiert ist."

„Also nehmen wir mal an, man würde mit Schmackes
von innen gegen die Scheibe treten. Aber die Scheibe
sähe danach in Ordnung aus. Keine Auffälligkeit. Am
nächsten Morgen ist die Scheibe im Durchmesser eines
großen Tellers gesplittert. Wie sieht es damit aus?"

„Was für Glas hatte die Scheibe denn? Geht es um so
einen Oldtimer wie von Frau Rebell?"

„Ja. Es geht um einen VW Opel-Kombi, Baujahr etwa
1980."

„Okay, dann war es bereits Verbundglas. Da kann es
sein, dass man erst mal gar nichts sieht. Allenfalls einen
winzigen Punkt, da, wo eine Spitze in das Glas einge-
drungen ist. Aber wehe, man fährt hinterher über eine
Stolperpiste. Wie durch Zauberhand entsteht dann ein

Netz von Sprüngen. Und wenn die Beschädigung, also die Ursache, punktuell war, dann kann ein Schaden mit dem hübschen Muster entstehen, wie Sie es beschrieben haben.“

„Na, siehst du, ist doch gar nicht so schlimm.“ Marte lächelte Marie-Louise aufmunternd zu. Deren Wangen färbten sich rosa. Geschafft, dachte Marte erleichtert.

„Und, was hältst du von der Sache mit dem Sprung in der Scheibe?“

„Na ja, das könnte schon eine Erklärung sein. Allerdings wissen wir, dass auf dem weiteren Weg von Heidrun nach Hause keine holprige Strecke ist, auf der die Scheibe endgültig zu Bruch gegangen sein könnte.“

„Und was ist mit dem Limesweg?“

Marie-Louise starrte Marte verblüfft an. „Das würde passen. Dass der holprig genug ist, haben wir ja selbst feststellen dürfen.“ Beim letzten Satz war ihr Timbre ins Kratzig-Ruppige abgerutscht. Marte ging ungerührt darüber hinweg.

„Und Heidrun steigt morgens in den Wagen, fährt los, entdeckt den Sprung im Glas und denkt sofort an den Beischlaf in der Nacht. Daran, dass sie tatsächlich abgerutscht ist. Oder Leroy. Und sagt später ausnahmsweise einmal die Wahrheit. Aber wer einmal lügt, dem glaubt man eben nicht. Als sie am nächsten Tag von ihren Erledigungen heimkam, konnte sie ihrem Mann diese Version natürlich nicht präsentieren. Also hat sie sich das mit dem Stein ausgedacht. Die nächste sinn- und verstandsfreie Lüge. Kein Wunder, dass ihr irgendwann niemand mehr glaubte.“

„Nee", warf Marie-Louise ein, „wenn die nachts über den Limesweg gebrettert sind, wäre die Scheibe doch am nächsten Morgen kaputt gewesen. Vorausgesetzt, sie und Leroy hätten sie aus Versehen beschädigt. Den Schaden hätte Heidrun schon beim Einsteigen bemerkt haben müssen. Dann hätte sie zumindest ihrem Mann den Schmarrn mit dem Steinschlag nicht erzählen brauchen, weil er das Zersplittern der Scheibe doch selbst miterlebt haben müsste. Und wenn dem so gewesen wäre, also Roland von dem Schaden Kenntnis hatte, kann das nur eins bedeuten: Der Steinschlag wurde von beiden für die Polizei erfunden. Es war also eine konzertierte Aktion. Heidrun und Roland Bosman wollten so verschleiern, wann und wie die Scheibe wirklich geborsten ist. Das bedeutet allerdings, dass auch Heidrun aktiv in die Vertuschung verstrickt, wenn nicht sogar am Wegschaffen der Kinder beteiligt war."

„Nee", konterte Marte, „glaub ich nicht. Das passt nicht. Viel wahrscheinlicher erscheint mir folgender Ansatz: Die Scheibe ist im Zuge der Förderung des Lustgewinns beschädigt worden. Keiner hat's gemerkt. Gesprungen ist sie tatsächlich erst Montagvormittag, als Heidrun mit dem Wagen unterwegs war. Aber dat doll Jeschier, wie van Gongeren Heidrun nennt, hat ja für alles zwanghaft eine Erklärung abgeben müssen. Vielleicht hat sie den Steinschlag erfunden, um – praktisch, wie sie veranlagt war – einen Kaskoschaden abrechnen zu können. Vielleicht hat sie auch einfach nur gedacht, es muss unterwegs passiert sein, sonst wäre der Sprung ja nicht aufgetreten. Und dann hat sie sich das mit einem Steinschlag erklärt, den sie offenbar – abgelenkt

oder unkonzentriert, wie sie gewesen sein dürfte –
nicht mitbekommen hat.“

„Dann merkte sie, dass die Herren Ermittler ihr ihren
Erklärungsversuch als Lüge auslegten und ihre Glaubwürdigkeit infrage stellten. Und nun suchte sie nach
der nächsten schlüssigen Erklärung und kam auf den
nächtlichen Sex mit Leroy“, führte Marie-Louise die
Überlegungen ihrer Schwester weiter.

„So intergalaktisch, dass sogar Scheiben bersten“,
konnte Marte sich nicht verkneifen. Marie-Louise
blickte sie tadelnd an.

„Auf jeden Fall sind wir uns einig, dass die Scheibe
nicht, wie vom Gericht angenommen, durch einen Tritt
eines der Kinder verursacht worden sein muss, richtig?
Dass Leroy die Sprünge in der Scheibe nachts auf dem
Weg zur Kaserne nicht sah, spricht nicht gegen
Heidruns Version. Sie wird den Schaden auch nicht bemerkt haben.“

„So wird ein Schuh draus.“

Kapitel 39

2010

Der Morgen musste eine angeregte Nacht verbracht haben. Sein Sonnenaufgang lächelte pausbäckchenrosa. Marte schlurfte in Pyjama und Morgenmantel durch ihre Wohnung. Ihre Schwester schlief noch. Auf dem großen Esstisch lagen auf der einen Hälfte DIN-A4-Blätter fein säuberlich geschichtet, jeder Stapel mit einem beschrifteten Deckblatt versehen, auf der anderen türmten sich aufgeblätterte Handakten und Ordner – quer ineinandergeschoben, einzelne Blätter mit Eselsohren versehen oder mehrere zur Mitte hin aufgerollt und fixiert mit dem Backstein, der unlängst noch die Kühlerhaube von Herolds Oldtimer geziert hatte. Hätte Marte nicht gewusst, dass es sich bei der einen Hälfte um Marie-Louises Seite des Tisches handelte, hätte sie angenommen, findige Upcycling-Künstler bereiteten ein Objekt aus Altpapier vor.

In der Luft hing noch der kalte Rauch von Strättges' Gauloises. Die erste Schachtel hatte er noch auf der Terrasse gequarzt. Aber dann fiel die Temperatur deutlich auf Übergangsmantelniveau und mit ihr der Grad der Rücksichtnahme.

Auf dem Herd stand Martes Espressokanne, deren Einsatz nach Mitternacht die Wirkmächtigkeit des

Pinot grigio nach dem Prinzip von Checks and Balances austariert hatte.

Michael hatte es sich nicht nehmen lassen, beiden persönlich die Kopien der Beweismittelordner zu bringen und ihnen wortreich das von ihm beauftragte Fasergutachten zu erläutern, das ihm seinerzeit den Weg in das erste Wiederaufnahmeverfahren geebnet hatte.

Marte hatte nicht alles abgespeichert, nur das Ergebnis: Das ursprüngliche Gutachten, das noch maßgeblich für die erste Verurteilung von Heidrun Mulders war, taugte nichts. Der zweite Sachverständige wies dem Kollegen eklatante handwerkliche Fehler nach. Auch die Kriminaltechnik hatte sich in der Sicherung der Ausgangsspuren nicht mit Ruhm bekleckert. Während man Dutzende Oberteile von Heidrun zu Untersuchungszwecken beschlagnahmt hatte, konnte Roland Bosman gewissermaßen aussuchen, welche Shirts er zum Abgleich der Kripo überließ. Ganze drei Oberteile von ihm wurden untersucht.

Die Liste der Versäumnisse bei der Sicherung der Spurenlage war lang. Augenfällig war die Einseitigkeit der Ermittler, die sich früh auf die Eltern und dann auf Heidrun als Täterin festgelegt hatten. Fakt war allerdings auch, dass sie sich durch ihr notorisches Lügen geradezu als Täterin aufgedrängt hatte. Da war schon was dran, dass sie die stärkste Belastungszeugin gegen sich selbst war, wie es der Vorsitzende Richter des Landgerichts Wuppertal in der letzten Urteilsbegründung formuliert hatte. Tja, wer so penetrant die Unwahrheit sagte, dem unterstellte man, dass er etwas zu verbergen hatte. Was, wenn nicht die Tat selbst? Wer lügt in einer solchen Situation grundlos? Und welcher

Grund könnte schwerer wiegen als die Vertuschung eigener Schuld?

Andererseits sah eine geschlossene Indizienkette anders aus. Je mehr Fakten durch Martes Kopf geisterten, umso rätselhafter erschien ihr der Fall. Und dann hatte Strättges noch verkündet, dass er sich tags darauf mit seinem Informanten verabredet hatte, der ihm Beweismaterial gegen Roland Bosman überreichen wolle.

„Guten Morgen", krächzte eine Männerstimme. Marte erschrak. Im selben Moment fiel ihr ein, dass sie einen weiteren Übernachtungsgast hatte. Sie war es gewesen, die Michael den Autoschlüssel abgenommen hatte, weil sie ihn der möglichen Peinlichkeit entheben wollte, sich wegen einer Trunkenheitsfahrt selbst vor Gericht vertreten zu müssen. Bekanntermaßen war es der Restalkohol, der einem bei Verkehrskontrollen den Rest gab. Ihm war es schlecht gegangen, wie Marte verwundert festgestellt hatte, als der Alkoholspiegel im Laufe des Abends bedenkliche Ausmaße bei Strättges angenommen hatte. Irgendwann hatte er nur noch darüber lamentiert, wie ihm Heidrun so etwas antun konnte. Einfach so zu verschwinden. Nie, niemals hätte er solch eine Undankbarkeit von ihr erwartet. Noch einen Blumenstrauß habe er ihr ins Krankenhaus geschickt, als er über ihrem Suizidversuch informiert worden war. Und dann das.

Marte hatte ihm ein Kissen und eine Decke in die Hand gedrückt, als er nach seinem Schlüssel suchte, und nur mit dem Kopf geschüttelt. Widerstandslos, ohne ein Murren hatte er sich auf das Sofa begeben, von dem schon bald ein erträgliches, gleichmäßiges Schnarchen ausgegangen war.

Da hatte sie schon ganz andere Lautstärken im Ohr gehabt. Am schlimmsten war einer ihrer One-Night-Stands gewesen, der offenbar im Schlaf ums Überleben kämpfte. Immer wieder setzte sein Atem aus, und ein heftiger Schnarchlaut ruckelte ihn zurück ins Leben, aber raus aus Martes, denn eine Schlafapnoe kam ihr nicht ins Haus. Dass jedes „Gute Nacht" das letzte sein könnte, daran wollte sie sich noch weniger gewöhnen, als an einen Mann, der ihr ständig in ihrer Wohnung über die Füße lief und Ansprüche an ihre Lebensgestaltung stellte.

„Hast du noch einen von diesen vorzüglichen kleinen Espressi? Der Morgenrock kleidet dich übrigens deutlich vorteilhafter als deine Robe." Marte beobachtete, wie Strättges' Blick an ihr hoch und runter wanderte.

„Was möchtest du mir jetzt damit sagen?"

„Die Frage kann ich erst nach dem Espresso beantworten."

„Vielleicht versuchst du es doch besser mit deiner Brille."

„Du magst keine Komplimente?", fragte Strättges verschmitzt.

„Und du magst offenbar die Lebenserfahrung von Oscar Wilde nicht annehmen", erwiderte Marte nicht minder schelmisch.

„Inwiefern?"

„Frauen werden durch Komplimente niemals entwaffnet. Männer stets."

Strättges zog die Augenbrauen hoch. Marte schritt an ihm vorbei, lupfte seine Brille vom Couchtisch, kam zurück und setzte sie ihm vorsichtig auf die Nase.

„Die neue Fassung gibt dir was Intellektuelles."

„Das war jetzt aber ein vergiftetes Kompliment."

„Wie du mir, so ich dir. So, genug geschwurbelt." Sie deutete energisch auf den Esstisch. „Zusammenräumen! Aber so, dass Marie-Louise ihre Fundstellen wiederfindet. Ich mach Frühstück."

„Darf ich statt Backsteinen Post-its nehmen?", fragte Michael pflichtschuldig. Marte bemerkte irritiert, dass das Attribut *niedlich* an der Schublade zog, in der sie Strättges abgelegt hatte.

Vielleicht war Wilde doch nur ein schwuler Dummschwätzer und hatte keine Ahnung von Frauen.

Zwei Stunden später war Strättges in seine Kanzlei abgerauscht, nicht ohne zu murren, dass er das Advokatendasein allmählich leid sei und auch lieber in den Ruhestand träte.

Marie-Louise hatte nur gelacht und Marte die Strättges gemäßere Prognose gestellt: „Du, mein lieber Michael, bist dafür nicht gemacht. Du wirst in deiner Robe sterben. Die Öffentlichkeit wird sich von den Zuschauerbänken erheben, während sie dich aus dem Gerichtssaal tragen. Und Justitia wird die Binde von den verheulten Augen nehmen und ihre Trauer hineinschnäuzen."

„Wenn du den Part der Justitia übernimmst", frotzelte Strättges, „dann zieh ich die Nummer durch."

Nach der Verabschiedung schaute Marie-Louise Marte einen Tick zu lange und zu durchdringend an.

„Was ist?"

„Das wollte ich dich fragen."

„Was soll sein?"

„Na, diese neue Form der Freundlichkeit zwischen dir und Michael.“

„Bitte?“

„Deine Ressentiments ihm gegenüber konnte man früher mit Händen greifen. Entweder du wirst alt, oder du hast sie abgelegt.“

„Welche Variante ist dir lieber?“

„Du wirst alt.“

„Mir auch.“

Marte wandte sich grinsend zur Terrassentür und öffnete sie. Da bemerkte sie van Gongeren, der mit seinem Gehstock winkte.

„Frau Marte, da draußen vor dem Tor ist so ’n komisches Männeken, das fragt nach Ihnen und Ihrer Schwester.“

„Hat das Männeken eine Brille und trägt eine grün karierte Weste unter dem beigefarbenen Anzug?“

„Nein, Ihr Besucher ist nicht zurückgekommen.“

Mit dem einen Auge sah van Gongeren erstaunlich viel, musste Marte ihm zubilligen.

„Einen Moment, ich komme.“

Sie ging ins Bad, streifte sich ihre Jeans und ein Poloshirt über. Dann zubbelte sie an ihren Haaren, nur um festzustellen, dass ihre flusigen Flärken ein Fall für den Friseur waren.

„Männeken?“, hatte Marie-Louise aufgeschnappt. „Was für ein Männeken?“

„Keine Ahnung. Ich schaue es mir an. Wenn es dekorativ ist, bringe ich es mit und stelle es in die trostlose Ecke dort hinten.“

„Ich komme mit.“

„Auf gar keinen Fall.“

Marie-Louise machte Anstalten sich dennoch zu erheben.

„Sitz und bleib!", herrschte Marte sie an.

„Ich bin doch nicht dein Dackel", motzte Marie-Louise.

„Siehst du hier einen anderen?"

Schon war Marte aus der Tür und im Laufschritt unterwegs zu dem Fremden, der vor dem Tor warten sollte. Dort war aber niemand.

Während sie zurückging, hörte sie Stimmen aus ihrem Wintergarten. Vor ihrer Schwester stand, nein, von Stehen konnte nicht die Rede sein, zappelte ein aufgerundeter Anderthalbmetermann. Wie war der jetzt unbemerkt von van Gongeren und ihr hereingekommen? Als der Zwerg sie erspähte, redete er unvermittelt auf sie ein.

„Ach, guten Tag. Sie müssen Frau Dr. Marte Campferbrinck sein. Es ist mir eine Ehre und ein Vergnügen."

Marte dachte nur: *Blechtrommel.*

„Ich darf mich vorstellen."

„Ach, sind Sie doch so gut. Ich weiß schon gerne, mit wem ich es in meinen eigenen vier Wänden zu tun habe."

„Ich heiße Carsten mit C Terporten."

„Ist Mittze Ihr zweiter Vorname oder Ihr erster Nachname vor dem Bindestrich?", fragte Marte staubtrocken.

Der Zwerg schnappte nach Luft.

„Sie wurden mir als schlagfertig und humorvoll beschrieben. Diese Auskunft war offensichtlich zutreffend. Aber lassen Sie mich zum Grund meines Besuchs kommen."

„Ja, bitte. Ihre Erkundigungen werden sicher auch ergeben haben, dass ich es liebe, zügig zu jeglicher Art von Punkt zu kommen.“

„Gewiss, gewiss.“

Das Männlein griff in seine Sakkoinnentasche und zog ein Diktiergerät hervor.

„Wie ich weiß, untersuchen Sie als *Judges find Justice* den Fall Bosman/Mulders. Ich bin Privatdetektiv und Roland Bosman auf der Spur. Nach dem Ergebnis meiner Recherchen ist er der Täter. Seit Jahren mühe ich mich, ihm ein Geständnis zu entlocken. Lange Zeit ohne Erfolg.“

„Soll das heißen, Sie haben jetzt eins?“, unterbrach Marie-Louise ungeduldig. „Da auf dem Band?“

„Gemach, gemach, die Damen.“ Das Männlein drehte sich um die eigene Achse und schritt zwischen Flügeltür und Terrasse hin und her, das Diktiergerät in der Hand, aber die Arme hinter dem Rücken verschränkt und den Blick auf den Parkettboden gerichtet. Er schien auf eine Eingebung oder ein Zeichen zu warten. Oder wirkten die im Fischgrätmuster verlegten Holzbrettchen auf Mittze wie ein Brett vor dem Kopf?

„Wollen Sie einen Trampelpfad anlegen?“, fragte Marte, die das gespreizte Getue zu nerven begann. Was wollte der Typ bloß?

Der stoppte abrupt und salbaderte: „Ich bin gewillt, das Band abzuspielen. Vorher muss ich Sie noch verdingen. Gewähren Sie mir eine Bitte, ich sei in Ihrem Bunde der Dritte.“

„Herr Terporten, es reicht. Entweder Sie reden jetzt Klartext, oder Sie gehen. Wir spielen hier nicht ‚Die Bürgschaft‘ von Schiller nach und sind auch nicht bei den Musketieren. Also, haben Sie was Brauchbares für uns? Und wenn ja, was wollen Sie dafür haben?" Marie-Louises Geduldsfaden war gerissen.

Hilfesuchend starrte der Zwerg zu Marte.

„Sie sollten jetzt besser auf die Fragen meiner Schwester antworten."

„Hier ist das Geständnis drauf." Er wedelte mit dem Diktiergerät. „Ich will bei Ihnen mitmachen."

„Wir sind ein Zusammenschluss von Menschen mit besonderer beruflicher Qualifikation, also mit der durch Abschluss erworbenen Befähigung zum Richteramt. Können Sie diese Anforderungen erfüllen?", wollte Marte wissen, die inständig hoffte, dass der Knilch nicht Jurist, zumindest aber vor dem Assessorexamen stecken geblieben war.

„Nein, kann ich nicht."

„Tja, dann könnten wir Sie nur bitten, uns zu helfen. Selbstverständlich würden wir Sie namentlich erwähnen und Ihren Beitrag zur Aufklärung angemessen würdigen, sollten Sie einen solchen leisten."

„Ja, gut. Das würde mir reichen. Aber ...", wieder legte er irgendeinen Marte unbekannten Tanzschritt ein, „ich möchte von Ihnen regelmäßig über den Stand Ihrer Ermittlungen unterrichtet werden. Wie sagen Sie: Quid pro quo? Und ich hätte das gerne schriftlich."

„Herr Terporten, wir stellen Ihnen gerne unsere Abschlussexpertise zur Verfügung. Eine regelmäßige Rapportpflicht Ihnen gegenüber werden wir allerdings auf keinen Fall eingehen." So weit käme es noch, dachte Marte.

„Und außerdem", fiel Marie-Louise ein, „müssen wir prüfen und sicher sein, dass Ihr Material echt ist. Wir kennen Sie schließlich nicht und müssen uns daher zunächst mal von Ihrer Zuverlässigkeit überzeugen."

„Genau!", ergänzte Marte. „Nichts anderes werden Sie von uns erwartet haben. Denn alles andere wäre unseriös."

„Ja, ja. Gewiss, gewiss. Dann werde ich jetzt in Vorleistung treten. Ich verlasse mich auf Ihr Wort." Das Männlein verbeugte sich theatralisch.

„Gewiss, gewiss", echote Marte, die inzwischen die Vermutung hegte, dass Terporten eine Persönlichkeitsstörung hatte, für die sie nur die unspezifische Fachbezeichnung *Sockenschuss* hatte.

Marie-Louise hatte sich an den Esstisch gesetzt und tippte mit den Fingern ihrer linken Hand rhythmisch auf die Tischplatte, während sie die rechte in die Hüfte gestemmt hatte. So sah die kleine Schwester kurz vor dem Vulkanausbruch aus.

„Wir sind ganz Ohr, Herr Terporten", versuchte Marte, die Eruption zu verhindern.

„Gewiss, gewiss." Terporten fingerte ungerührt weiter an seinem Diktiergerät.

„Finden Sie die Taste nicht, oder sind die Batterien alle?", zischte Marie-Louise. Jetzt wird es eng, dachte Marte.

„Doch, doch. Nein, nein."

Und bald darauf ertönten Knarzgeräusche. Das Männlein stand stocksteif da, hielt mit der Rechten das Gerät über Kopf und den Zeigefinger der Linken auf seinen Lippen. Was für ein Clown.

Durch das Knarzen hindurch lallte plötzlich eine Stimme: „Ja, ich war's. Ich … ich hab das getan." Schluchzen. Knarzen. Eine Frauenstimme fragte nach:

„Du warst das, Roland? Du hast so etwas Schreckliches getan?" Knarzen. Ächzen. Jammern. „Ja … ja." Wieder die Frauenstimme. „Du hast die Mädchen ge..." Ein dumpfes Aufprallgeräusch. Knarzen. Lallen. „Getötet … Ich." Brüllen. „Ich. Ja, verdammt noch mal, ich …" Dann brach die Aufnahme ab.

„Von wem haben Sie das Band? Wer hat die Aufnahme gemacht?", fragte Marie-Louise wie elektrisiert. Offenbar hatte sie die Stimme erkannt.

„Roland Bosman ist schon zwei Wochen nach den Morden ins Bordell gegangen, um sich dort zu vergnügen. Er hat immer wieder Prostituierte beschlafen. Bei einer der leichten Damen war er Stammkunde. Über Jahre. Nein, was sage ich, Jahrzehnte! Ich habe sie ausfindig gemacht und dazu bewegen können, mit mir zusammenzuarbeiten."

„Also hat sie die Aufnahme gemacht?", fasste Marie-Louise nach. „Heimlich?"

„Ja."

Marie-Louise schüttelte den Kopf.

„Von wann ist die Aufnahme?"

„Von vorletzter Woche."

„Und wie heißt die Prostituierte? Können Sie uns Namen und Adresse geben?"

„Ich muss meine Quelle schützen."

„Wie bitte? Sie müssen zuallererst sich und Ihre Gehilfin vor einer Anzeige wegen Verletzung der Vertraulichkeit des Wortes schützen. Die Aufnahme ist ja taufrisch, also ist das auch noch nicht verjährt. Wenn wir irgendetwas damit anfangen wollen, brauchen wir die Zeugenaussage dieser Frau. Name und Anschrift, Herr Terporten."

Da war sie wieder, die forsche Staatsanwältin, die Marte – trotz ihrer Abneigung gegen das Strafrecht – für einen Leuchtturm im Meer der Tränen und Tranfunzeln gehalten hatte. Freilich ohne es ihrer Schwester je auf die Nase gebunden zu haben.

„Gewiss, gewiss."

Nachdem Carsten Terporten seine Quelle offenbart hatte, wollte Marte ihn höflich verabschieden, jedoch machte er keine Anstalten zu gehen.

„Ich werde Sie begleiten", forderte er.

„Nein, das werden Sie nicht."

„Was spricht dagegen?"

„Alles", antwortete Marie-Louise harsch.

„Was heißt das?", erlaubte er sich, nachzufragen.

„Herr Terporten, wir machen unsere Arbeit und Sie Ihre. Da gibt es keine Schnittmenge. Und jetzt gehen Sie bitte."

„Aber Sie melden sich."

„Wenn wir noch Fragen haben, gerne, spätestens, wenn wir zu einem Ergebnis gekommen sind", bemühte sich Marte erneut, ihn quitt zu werden.

„Bekomme ich den Entwurf zur Korrektur?"

Die Schwestern schauten sich erstaunt an.

„Selbstverständlich nicht", herrschte Marie-Louise ihn an.

„Sie erhalten nach Fertigstellung ein Exemplar, bevor wir es an die Presse geben", beschwichtigte Marte, ganz gegen ihr Naturell. Sie hatte das Gefühl beschlichen, dass es besser wäre, diesen Wichtel bei Laune zu halten, anstatt ihn sich zum Feind zu machen.

Dann komplimentierte sie ihn hinaus. „Vielen Dank, Herr Terporten, für Ihre Unterstützung. Ich melde mich bei Ihnen.“

„Gewiss?“

„Gewiss.“

Als er sich endlich getrollt hatte, fragte Marie-Louise verwundert: „Hast du Kreide gefressen? Der Typ ist doch offensichtlich ein Spinner. Und die Aufnahme ist unbrauchbar. Ich möchte gar nicht wissen, wie die zustande gekommen ist. Das war zwar Bosmans Stimme, aber der war doch total besoffen. Außerdem war die Aufnahme so mies und abgehackt, dass wir noch nicht mal ausschließen können, dass unser neuer Supervisor sich da einen zurechtgeschnipselt hat. Hoffentlich ist der nicht der Informant von Michael. Dann können wir einpacken.“

„Gewiss, gewiss“, äffte Marte ihren Besucher nach.

Kapitel 40

2010

„Ach, der mit seiner fixen Idee. Wunders was hat der mir versprochen, wenn ich den Roland bequatsche, ein Geständnis abzulegen. Das Einzige, was der abgelegt hat, ist seine Hose, jedes Mal, wenn er kam. Nur, dass er am Ende nicht mehr gekommen ist. Sie verstehen, was ich meine?!"

Marte nickte und schwieg.

„Das ist ein armes Schwein, der Roland. Frisst Tabletten ohne Ende und wird immer matschiger in der Rübe. Auch untenrum. Ich glaub nicht, dass der seine Kinder gekillt hat, so belämmert, wie der damals schon war."

„Wie meinen Sie das?"

„Ach, der kam ja schon ein paar Wochen nachdem seine Alte die Kleinen kaltgemacht hat, hier angeschissen. Sie hatte ihn ja wohl schon ein, zwei Jahre nicht mehr rangelassen. Und ausschwitzen kann er es ja nicht. Der war damals schon durch den Wind. Der kriegte gerade mal Ein- und Ausatmen unfallfrei hin. Im Leben hätte der das nicht auf die Kette gekriegt, die zwei Mädchen umzubringen, ohne geschnappt zu werden. Der schlief doch anfangs schon während der Nummer ein. War viel zu anstrengend für den. Da soll der die hintereinander erwürgt haben? Im Leben nicht."

„Aber warum hat er dann die Aussage gemacht, die Sie aufgenommen haben?“

„Ich hab gar nix aufgenommen, das war der Terporten.“

„Der war mit im Zimmer, als Sie mit Roland Bosman Sex hatten?“

„Ach, beim Roland reicht’s doch nur noch fürs Fummeln. Der Terporten hat fürs Zugucken ’nen Hunni bezahlt. Und für die Fragen, die ich stellen sollte, ’nen Fuffi extra. Hatte sich im Schrank versteckt.“

„Bosman hat gesagt, er habe die Mädchen getötet.“

„Ach, nicht wirklich. Der ist durch die ganzen Medzis und den Alk inzwischen, wie soll ich sagen, so trans drauf.“

„Was bedeutet trans?“

„So transzendentell.“

„Transzendental?“

„Ja, so im religiösen Wahn. Der hat sich jeden Schuh angezogen. ‚Wir tragen die Schuld in uns. Das ist eine Erbschuld oder Erbsünde‘, faselt der seit einiger Zeit. Irgend so ein Erweckungsscheiß. Wissen Sie, wie ich mein?“

„Nicht so ganz.“

„Wie soll ich das jetzt erklären? Wenn in China ein Sack Reis umfällt, ist Roland davon überzeugt, dass er schuld ist, weil er zu fest mit seinem Schweißmauken aufgestampft ist. So in etwa.“

„Ach so, also im übertragenen Sinne hält er sich für schuldig.“

„Ja, das hat er auch gesagt, aber das hat der Terporten nicht mehr mitgeschnitten.“

„Was hat Herr Bosman noch gesagt?“

„Dass er seiner Frau den Bimbo hätte austreiben müssen. Und weil er das nicht getan hat, wär er schuld. Wär ihre Tat seine Tat. So 'n Koi eben."

„Koi?"

„Ja, dummer Vertell."

„Frau Rickmann, ich danke Ihnen."

„Keine Ursache."

Marte drückte der drallen Mittfünfzigerin die Hand. Über deren verlebtes Gesicht, in das sich der stechende Rauch ihrer Selbstgedrehten eingegraben hatte, huschte ein knappes Lächeln. Die schwarz gefärbten Haare waren das von ihr gefertigte Passepartout, das den Blick des Betrachters daran hinderte, die Lebensspuren in ihrem Gesicht zu übersehen. Nicht, um Mitleid zu wecken, allenfalls Interesse an einer Biografie, die nicht rundgelutscht, zurechtgeschnippelt und glatt geschmirgelt war, aber dennoch wert, nicht schon zu Lebzeiten in Vergessenheit zu geraten.

Marte verließ das Bordell, das im Volksmund Discounter-Puff hieß und bei Licht besehen nichts anderes war als eine aufgehübschte Ansammlung von Holzschuppen, in dem die angealterten Damen auf die erfolgloseren Jäger warteten, die auch mal wieder zum Schuss kommen wollten. Nicht selten am Monatsanfang, wenn die Stütze auf dem Konto war. Und den restlichen Monat gab's Tütensuppen.

Sie stieg in den Leihwagen, den Löschke ihr auf den Hof gestellt hatte, ein Mini-Cabrio. Was für ein Kontrast zu den abgetakelten Kisten, die auf dem Parkplatz vor dem Etablissement standen.

Kapitel 41

2010

„Kommen wir doch mal zu der Frage, ob die Tat diesem Roland Bosman zuzutrauen ist. War er überhaupt in der Lage, den Doppelmord zu begehen? Die Rickmann, also die Prostituierte, sagt Nein. Gibt es medizinische Befunde aus der Zeit?", fragte Marte.

„Gibt es. Ein psychologisches Gutachten. Dabei ging es vor allem um die Frage, ob er unter einer Krankheit mit hirnorganischer oder psychischer Ursache litt. Das unter dem Aspekt, ob er bei Auftreten der Störung, also der Bewusstseinseintrübung, wie es im Gutachten so schön heißt, die er ja mehrfach hatte, zu aggressiven Handlungen mit grober Gewalt fähig war. Und ob das Krankheitsbild mit der Tötung der Mädchen unter geringer Gewaltanwendung korrespondiert", las Marie-Louise von ihrem Display ab. „Es ging aber auch um die Frage, wodurch diese Ohnmachten und Bewusstseinstrübungen entstanden sein könnten, unter denen er damals wohl litt. Aber nur nach Aktenlage, also seiner Krankenakte. Bosman hatte sich dem Gutachter verweigert. Und der wies darauf hin, dass so ein theoretisches Gutachten nur bedingt verwertbar ist."

„Aha. Und warum hat Bosman das abgelehnt? Die Krankenakte muss er ja zuvor freigegeben haben."

Marie-Louise zuckte mit den Schultern. „Keine Ahnung. Die Schweigepflichtsentbindungserklärung für seine Ärzte hat er noch zu meiner Zeit unterschrieben. Um seinen guten Willen zu zeigen. Vielleicht aber auch nur, um zu beweisen, dass Heidrun ihm Substanzen ins Essen gemischt hat, um ihn umzubringen. Wer weiß."

„Und zu welchem Ergebnis kam nun der Trockenschwimmer?"

„Zunächst mal war er überzeugt, dass Rolands Krankheitsbild durch irgendwelche Medikamente entstanden sein musste. Der nahm damals Neuroleptika gegen seine parkinsonsche Erkrankung. Und bei einer Untersuchung im Krankenhaus, als er dort das dritte Mal verwirrt eingeliefert worden war, hatte man eine Medikamentenintoxikation mit Benzodiazepinen, also Valium, festgestellt. Außerdem zeigte sein Gamma-GT-Wert, dass er viel zu viel Alkohol trank. Der Gutachter bezeichnete ihn als Alkoholiker."

„Wen wundert's."

„Na, jedenfalls kam der Gutachter zu dem Ergebnis, dass Bosmans Symptome, also die Bewusstseinsstörungen, am ehesten zu einem chronischen Medikamentenmissbrauch in Verbindung mit übermäßigem Alkoholkonsum passten und nicht zu einer heimlichen Vergiftung. Auch wenn sich keiner erklären konnte, woher das Valium in seinem Blut stammte, wenn nicht von Heidrun. Aber das ist ja eher ein Beruhigungsmittel als eins, das aggressiv macht. Und zur weiteren Frage, ob er in so einem Zustand zu einem heimtückischen Kindsmord fähig wäre, meinte er, dass Roland in dem Zustand eher zu grober und undifferenzierter Gewalt in der Lage gewesen wäre, als zu der erforderlichen

Zielgerichtetheit bei der Ermordung seiner Kinder. Dazu wäre seiner Ansicht nach ein Mensch in diesem ausgeprägten medikamententoxischen Zustand zwischen Erregung und Einschlafen kaum fähig."

„Wieder ein Punkt gegen Heidrun", konstatierte Marte.

„Nur weil der Gutachter meint, dass er eher geschlagen als gewürgt hätte?"

„Nein, weil er hinterher so zielgenau vorging. Die Mädchen anziehen, ihre Haare frisieren. Das passt eindeutig nicht zusammen, da gebe ich dem Gutachter recht."

„Vielleicht haben sich die Mädchen selbst angezogen, vielleicht wollten sie weg von ihrem schnarchenden Vater, der Claudia nicht mal weinen gehört hat."

„Unsinn", blaffte Marte. „Im ganzen Haus wohnten Familienmitglieder. Da hätten sie doch auch im Schlafanzug hinschleichen können. Und warum hätten sie vor ihrem Vater fliehen sollen?"

„Was heißt hier Unsinn? Fakt ist, dass er aufbrausend war. Und zumindest Susanne geschlagen hat. Vielleicht ist er ausgeflippt, und sie hatten Angst vor ihm."

„Gut, aber es geht doch trotzdem nicht auf. An der Aussage von Jutta kommen wir erst mal nicht vorbei. Claudia schrie, weil sie sich angeblich eingenässt hatte. Jutta will dem Kind das frische Höschen eine halbe Stunde vor Heidruns Heimkehr angezogen haben. Da war sie noch im Schlafanzug."

„Dann muss es eben anders gewesen sein. Du musst bedenken, dass der Gutachter selbst vorangestellt hat, dass seine Feststellungen nur bedingt aussagekräftig seien.

„Sie sind aber dennoch schlüssig."

„Keiner, auch du nicht, würdigt in dem Zusammenhang den Umstand, dass Roland selbst die Tat nicht ge-
leugnet hat, wie man doch hätte erwarten dürfen. Der
hielt es selbst für möglich. ,Wenn ich es wirklich war,
dann muss es ein Blackout gewesen sein.'"

Marte nickte. „Das ist schon harter Tobak, das muss
ich zugeben. Das ist ja fast schon ein Geständnis. Ein
besseres jedenfalls als das, was Terporten dem Bosman
mithilfe der netten Zeugin entlockt hat."

„Allerdings."

„Wo lebt Roland jetzt eigentlich?"

„Ich glaube, er ist zu seinen Eltern zurückgezogen.
Hey, das ist doch ganz in der Nähe. Warum fahren wir
nicht einfach zu ihm?"

„Hast du noch nicht genug nach dem Besuch im Mulders-Haus? Sollen wir uns jetzt wieder einschleichen?
Der wird doch nicht freiwillig mit uns sprechen. Nein,
da mache ich nicht mit."

„Wir rufen vorher an und fragen. Vielleicht will er ja
reden."

Wider Erwarten hatte Roland mit nuscheliger
Stimme zugestimmt, dass sie am späten Nachmittag
vorbeikommen könnten. Und so machten sie sich mit
dem Mini zu ihm nach Lüttelbracht auf. Das Dörfchen,
in dem er sein Leben nach dem Mord an seinen Kindern gefristet hatte, bestand aus knapp einer Handvoll
alter Höfe und zwei Durchfahrtstraßen, an der Wohn-
häuser standen.

Der Hof der Bosmans lag am Rand der Ortschaft und
machte im Gegensatz zu den anderen Gehöften einen

heruntergekommenen Eindruck. Hinter der Hofeinfahrt dominierte ein Güllehaufen das Bild. Im Innenhof tobte ein Schäferhundmischling, abgemagert und räudig, an einer langen Laufkette. Er kläffte sich die Seele aus dem Leib. Immer wieder sprang er nach vorn, wurde aber durch Halsband und Kette zurückgerissen auf seine Pfoten. Deren zu lange Krallen waren eingewachsen, vermutete Marie-Louise, als sie das frische Blut entdeckte, das er auf dem hellen Pflaster hinterließ.

„Oh Gott, wie kann man nur. Dass es so was heutzutage überhaupt noch gibt. Ist das nicht verboten? Das geht doch nicht, da müssen wir was machen." Sie zückte ihr Handy, wild entschlossen, die Polizei, die Hunderettung oder wer weiß wen anzurufen.

Marte legte ihre Hand auf Marie-Louises Arm mit dem Handy.

„Warte, bis wir mit ihm geredet haben, sonst sagt er bestimmt kein Wort mehr."

„Aber der Hund leidet. Das kann man doch nicht zulassen. Da muss man sofort …"

„Klar, muss man. Aber was denkst du, wie lange der hier schon angekettet ist? Da kommt es auf die halbe Stunde auch nicht mehr an. Einverstanden?"

Widerwillig gab Marie-Louise nach. „Aber nur wenn du mir versprichst, dass wir hier nicht wegfahren, ohne Hilfe geholt zu haben."

Marte nickte. Das reichte. Marte gab nie ein Versprechen, das sie nicht hielt. Nie. Das war eine Konstante in Marie-Louises Leben. Immer schon gewesen.

Sie gingen auf eine Haustür aus den Fünfzigerjahren zu, die so gar nicht zu dem deutlich älteren Gemäuer passen wollte. Nach langen Minuten, in denen der Hofhund wie verrückt weiterbellte und gegen die Laufkette ansprang, öffnete sich langsam die Tür. Ein graues, aufgedunsenes Altmännergesicht, übersät mit Falten und Rötungen, vor allem auf der Nase, schob sich durch den Spalt.

Marte stellte sich und Marie-Louise vor. Die Tür schwang auf, wortlos entfernte sich eine gedrungene Gestalt humpelnd und verkrümmt.

Marie-Louise war entsetzt. Konnte das Bosman sein? Der große, tapsige Bär? Sie konnte in dem Gang und der Haltung keine Ähnlichkeit mehr mit dem Mann entdecken, den sie viele Jahre zuvor für den Mörder seiner Töchter gehalten hatte. Und immer noch hielt. Er hinkte vor ihnen durch einen Flur, der nach feuchtem Teppichboden und stockiger Tapete roch. Unter der Garderobe standen schlammverkrustete Stiefel, die nach dem Mist vor dem Hof stanken.

Die Schwestern folgten der Gestalt bis zu einer Küche, die vollgestopft war mit alten Zeitungen. Berge von Zeitungen, die nur einen schmalen Durchgang auf dem Boden freiließen. Ungespültes Geschirr stapelte sich einen halben Meter hoch auf der Arbeitsplatte. Marie-Louise betrachtete verwundert den Geschirrturm und fragte sich, wann er umfallen würde. Noch ein Teller? Eine weitere Schüssel? Mehr brauchte es sicher nicht. In der Ecke neben einem vor Schmutz undurchsichtigen Fenster stank ein überquellender Mülleimer nach totem Tier. Marie-Louise schüttelte es.

Grußlos nahm Roland, den man nur noch an seiner ausgeprägten Hakennase wiedererkennen konnte, einen Kaffeebecher vom mit Lebensmitteltüten vollgestellten Küchentisch und trank einen großen Schluck. Dann goss er aus einer Bierflasche, die sich zwischen den Essensresten versteckt hatte, nach. Die Schwestern sahen sich mit hochgezogenen Augenbrauen an. Ob es was brachte, mit ihm in diesem Zustand zu reden? Marie-Louise bezweifelte es.

„Herr Bosman, wissen Sie, wer wir sind?", fragte Marte.

Der stierte sie an.

„Wir haben vorhin miteinander telefoniert. Können Sie sich daran erinnern?", versuchte sie es wieder.

Diesmal nickte Roland Bosman. Oder kam die Bewegung seines Kopfes von dem Husten, der sich aus seinem Mund stahl, ebenso wie ein Schleimbrocken, der vor Marte auf dem Tisch landete? Marie-Louise würgte. Marte ignorierte ihn.

„Herr Bosman, wir möchten Ihre Version hören. Ein Herr Terporten hat uns aufgesucht und behauptet, Sie hätten gestanden, Ihren Kindern etwas angetan zu haben. Stimmt das? Als die Polizei und der Richter Sie damals fragten, haben Sie immer gesagt, sie könnten sich nicht erinnern, eine solche Tat begangen zu haben. Können Sie sich jetzt wieder erinnern?"

Die Antwort bestand aus einem glasigen Blick.

Marte zückte einen Zettel mit handschriftlichen Notizen, deren Erstellung Marie-Louise nicht mitbekommen hatte.

„Ich frage Sie jetzt ganz konkret: Sie haben vor Gericht gesagt, wenn Sie überhaupt als Täter infrage kommen sollten, dann könnten Sie nicht im Vollbesitz Ihrer geistigen Kräfte gewesen sein. Sie haben damals ergänzt, dass Sie sich aber fast sicher seien, den Abtransport nicht selbst durchgeführt zu haben. Was bedeutet das?"

„Was das bedeutet? Was das bedeutet ist doch klar: Dass ich die Kinder nicht abtransportiert habe. Das weiß ich genau."

Danach trübte sich sein Blick wieder ein, und er nahm einen tiefen Schluck aus dem Becher.

„Herr Bosman, an was erinnern Sie sich genau?"

„An gar nichts mehr."

„Herr Bosman, haben Sie ihre Kinder erwürgt und erstickt?"

Sein Blick konzentrierte sich klarer auf Marte.

Früher war er größer gewesen, konstatierte Marie-Louise. Hatte sie um anderthalb Köpfe überragt. Konnte es sein, dass er geschrumpft war? Die Jungen wurden immer größer wie die beiden Polizeibeamten, die Alten immer kleiner wie Bosman. Ob das auch für sie selbst galt und sie derart schrumpfen würde, dass sie demnächst auf den Bauchnabel der ausgewachsenen Nachfahren glotzte?

Dachte sie an so einen Quatsch, um sich von der Umgebung abzulenken? Reiß dich zusammen, Mary-Lou, schalt sie sich.

Roland Bosman schüttelte den Kopf. „Ich war's nicht. Ich hab die Kinder nicht weggeschafft." Dann trank er einen weiteren Schluck aus der Bier-Kaffeetasse, drehte sich um und verschwand in den Flur.

Die Schwestern starrten ihm ratlos hinterher.

„Und das war's jetzt?", fragte Marie-Louise.

Marte zuckte nur die Schultern.

„Herr Bosman, sind Sie damit einverstanden, dass wir Ihren Hofhund mitnehmen?", brüllte Marie-Louise hinterher. Vielleicht hatte sie ja Glück und musste keinen Diebstahl begehen.

Roland winkte nur ab.

„Heißt das Ja?", fragte sie nach.

Wieder winkte Bosman mit dem Arm zur Seite.

„Also für mich ist das ein klares ,Ja'. Was meinst du?", fragte Marie-Louise. Ihre Schwester zog nur die Augenbrauen hoch.

„Okay, dann kümmern wir uns jetzt um den Hund." Marie-Louise humpelte verblüffend schnell mit ihrer Krücke und dem Gehgips zur Tür und über den Hof. Zu dem tobenden Hund.

Der Tierschutzverein Viersen e. V. war gerade im Einsatz, versprach aber, sofort im Anschluss zu kommen und sich um den Hund zu kümmern. Marie-Louise tobte fast so schlimm wie der Hund, als Marte sie zur Heimfahrt drängte – ohne den Hund.

„Das ist Sache des Tierschutzvereins!"

„Roland hat zugestimmt!"

„Hat er nicht!"

„Aber wir können uns doch nicht darauf verlassen, dass die wirklich kommen!"

„Können wir doch. Wir fragen stündlich nach und gehen denen auf den Geist. So wie du mir."

Das fruchtete.

Kapitel 42

2010

Marte hatte Marie-Louise im Leih-Mini nach Köln chauffiert, damit sie bei sich nach dem Rechten sehen konnte. Auf der Terrasse hatten sie sich anschließend mit einem Cappuccino niedergelassen. Mit den zwei Himbeer-Käse-Sahne-Törtchen, die sie bei Tünn & Orgelspalm erstanden hatten.

„Also, gut. Dann weiter *in medias res*. Die Polizei hat sich sehr früh auf die Eltern als Täter festgelegt und sich dann auf Heidrun eingeschossen. Warum wurde neben dieser – nennen wir sie mal Familienspur – nicht parallel ermittelt, ob nicht doch ein Dritttäter infrage kommen könnte? Ich kann ja verstehen, dass sich die Ermittlungen auf die Eltern konzentrierten, nachdem Heidrun mit der Nachtversion aufwartete. Aber davor? Warum nicht davor?", empörte sich Marte.

„Das darfst du mich nicht fragen, ich bin nicht neutral."

„Okay, aber die Frage, warum sie sofort Dritte ausgeschlossen haben, kannst du doch wohl beantworten."

„Logisch. Weil kein Erpresserschreiben kam. Und weil keinerlei Hinweise auf sexuellen Missbrauch gefunden werden konnten. Ich erinnere an das fast zu saubere, blütenweiße Unterhöschen von Susanne."

„Fast zu sauber. Steigen wir da mal ein und schauen genauer hin. Die sauberen Höschen beweisen genau was?“, hakte Marte ein.

„Sie sprechen gegen einen Dritttäter. Wenn ein Mensch erstickt oder erwürgt wird, kommt es häufig zu Kot- oder Urinabgang. Das hätte man in den Höschen sehen müssen. Bei Susanne waren auf der Innenseite des Schlüpfers keinerlei Schmutzspuren, bei Claudia gab es geringe Mengen. Und das, obwohl sie noch Urin in der Blase hatte. Wenig, aber immerhin. Ein Kinderschänder hätte wohl kaum Ersatzhöschen in passender Größe mit sich geführt.“

„Aha. Lassen wir das mal für den Moment so stehen. Was spricht noch gegen einen Dritttäter?“

„Die Kleidung war geordnet, und es fanden sich keine Spermaspuren auf den Leichen.“

„So, keine Spermaspuren. Das reichte den Ermittlern, um einen Dritten auszuschließen. Interessant. Warst du auch der Meinung?“

„Damals ja.“

„Und ihr seid nicht auf die Idee gekommen, dass es genügend Perverse auf der Welt gibt, die sich an Kindern, zum Beispiel nackten Kindern, befriedigen, ohne sie mit Sperma vollzukleckern? Die vielleicht eine solche Störung haben, dass sie ihre kleinen Opfer nach dem Abreagieren und Töten fein säuberlich wieder anziehen, als wäre nichts gewesen?“

Marie-Louise schoss Blut ins Gesicht. Sie hätte schwören können, dass sie puterrot war. Doch da gab es nichts zu deuteln, wenn sie jetzt so darüber nachdachte. Warum nur hatten sie das nie in Betracht gezogen?

„Aber was spielt das denn jetzt noch für eine Rolle? Spätestens als Heidrun ihren Mann beschuldigte, war doch die Dritttäterspur kalt."

„Ja, aber nochmals zu meiner Anfangsfrage: Hättet ihr vor Heidruns Nachtversion eine Dritttäterschaft so früh ausschließen dürfen? Bist du sicher, dass es nicht doch ein Fremder gewesen sein könnte? Und sag jetzt nicht, dass Heidruns Beschuldigung, ihr Mann habe die Tat begangen, dagegenspricht. Die hat zu ihrer Entlastung gelogen, bis die Schwarte krachte."

Marie-Louise musste Marte die Antwort schuldig bleiben. Rumstottern gehörte nicht zu ihrer Art. Marte nickte. Sie hatte verstanden.

„Gut, dann wäre es doch als Nächstes hilfreich, den damaligen Leiter der Soko genau das zu fragen; es sei denn, er ist tot oder endgültig der geistigen Umnachtung anheimgefallen."

Dank Michael Strättges wussten sie anderthalb Stunden später nicht nur, dass der ehemalige KOK Peter Reinhardt noch lebte, sondern sie kannten auch seine Adresse, die praktischerweise ganz in der Nähe lag. Und Marte hatte für den späten Nachmittag einen Termin mit dem ehemaligen Ermittler vereinbart. Während sich Marie-Louise in ihren betagten Hosenrock zwängte, das einzige Kleidungsstück, das sich mit dem Gipsbein vereinbaren ließ, wunderte sich Marte, wie Strättges die Verabredung zuwege gebracht hatte. Eine Meisterleistung, selbst für ihn.

„Was machst du da?", fragte Marte von der Zimmertür aus.

„Wonach sieht es denn aus? Ich zieh mich an. In diesem Nichts", sie wies auf die Shorts auf ihrem Bett, die sie zu Hause der Bequemlichkeit halber und wegen der andauernden Hitzewelle trug, „kann ich schließlich schlecht unter Leute gehen."

„Unter Leute gehen, aha. Soll ich etwa daraus schließen, dass du mitkommen willst? Das ist doch der blanke Unsinn. Der Mann kennt dich von früher. Der macht sofort dicht, wenn du da auftauchst."

„Oder auch nicht. Wahrscheinlich erkennt der mich ohnehin nicht mehr. Wie lange ist das her? Ich sehe inzwischen doch ganz anders aus. Und ich trage einen anderen Nachnamen."

„Kommt überhaupt nicht in die Tüte! Ich fahre da allein hin. Unsere gemeinsamen Hausbesuche und deren Resultate sind mir einen Tick zu spektakulär."

„Auf jeden Fall komme ich jetzt mit und damit basta!", verkündete Marie-Louise und stampfte mit dem Gipsfuß auf.

Marte breitete hilflos die Arme aus.

„In Peters Namen!"

Kriminaloberkommissar a. D. Peter Reinhardt ließ Marie-Louise doch nicht so kalt, wie sie gehofft hatte. Als sie klingelten, spürte sie ein leichtes Ziehen in der Schulter und einen Kälteschwall im Nacken. Vielleicht war das aber auch der leichte Sommerwind, der sich nun endlich, nach der großen Hitze am Tag abgekühlt hatte. Dem widersprach die bittere Galle, die sich ihren Weg durch die Speiseröhre hinauf suchte.

Niemals würde sie den selbstgerechten, eisigen Blick vergessen, mit dem Reinhardt sie betrachtet hatte, als sie vom Fall Bosman abgezogen wurde. Marie-Louise wusste, dass er die treibende Kraft dahinter gewesen war, und Reinhardt wusste, dass sie das wusste. Es schien ihn zu befriedigen, sie gehen zu sehen. Als wäre es eine persönliche Sache zwischen ihnen. Marie-Louise schüttelte den Kopf – fassungslos darüber, dass das damals passiert war –, um die Gedanken loszuwerden. Vielleicht hatte ihre große Schwester doch nicht unrecht gehabt, sie zu Hause lassen zu wollen. Wie so oft. Doch nun war es zu spät, die Haustür öffnete sich und der Mann stand vor ihr.

Wenig erinnerte an den Zweimetermann von damals. Er stand gekrümmt auf einen Stock gestützt mit nur einem Haarkranz um die hohe Stirn und in einen Bademantel gekleidet vor ihr und starrte sie grußlos an. Sie trat hinter Marte.

„Herr Reinhardt? Rechtsanwalt Strättges hat sie heute angerufen und einen Termin für uns vereinbart. Ich bin Marte Campferbrinck, und das ist meine Schwester Marie-Louise Rebell. Wir interessieren uns für Ihre damaligen Ermittlungen im Mordfall Bosman.“

Reinhardt nickte und trat zurück, sodass die Schwestern eintreten konnten. Marie-Louise stolperte über die Schwelle, fing sich aber sofort. Nicht schon wieder, dachte sie. Im Wohnzimmer lehnten die Schwestern den angebotenen Kaffee ab, und Marte setzte sich. Marie-Louise verzog sich in eine Ecke und sah sich scheu um. Nur nicht auffallen.

Der Raum glich nur noch aufgrund der beigen Neunzigerjahre-Sofagruppe, die den flachen Glastisch einrahmte, einem Wohnzimmer. Die Wände waren beklebt mit alten Zeitungsausschnitten und Fotos von Tatorten. Rundherum. Der Fall Bosman dominierte. Keine Ecke war mehr frei. Da konnte jemand nicht loslassen – wie sie selbst. Hier lebte garantiert keine Ehefrau.

Marte hatte sich besser im Griff. Sie schien die Wände nicht eines Blickes zu würdigen und sich ganz auf ihr Gegenüber zu konzentrieren.

„Vielen Dank, Herr Reinhardt, dass Sie uns empfangen, das ist wirklich sehr freundlich von Ihnen und keineswegs selbstverständlich. Wir untersuchen die alten Ermittlungen im Mordfall Bosman. Das hat Ihnen ja Rechtsanwalt Strättges schon berichtet."

Reinhardt nickte, sagte aber nichts.

„Darf ich mit der Tür in Haus fallen?"

„Sind Sie ja schon." Er schaute zu Marie-Louise hinüber.

„Der Gang der Ermittlungen interessiert mich besonders. Ich bin erstaunt darüber, dass Sie sich so schnell auf die Eheleute als Täter konzentriert haben. Schließlich wurden die Kinder an zwei Parkplätzen gefunden und nicht etwa zu Hause. Ich hätte da zunächst an eine Entführung gedacht", provozierte Marte.

„Haben wir auch. Bis wir sehr schnell herausgefunden haben, dass die Ehe der Eltern im Arsch war. Dass diese Schlampe Bosman mit einem Nigger rummachte und mit ihm nach England abhauen wollte."

Marie-Louise sah es in Martes Gesicht zucken, die Stirn verzog sich zur Ziehharmonika. Das lag sicher an den Bezeichnungen „Schlampe" und „Nigger". Auch sie hatte Probleme, das zu schlucken. Doch Marte riss sich zusammen, wenn auch mit verkniffenem Mund.

„Es hat sich aber doch sehr schnell gezeigt, dass sie genau das nicht wollte. Sie wollte in Swalsen, oder wenigstens in Brüggen bleiben, und Mister Rhys hatte ihr erzählt, dass er das auch wollte. Sie hat sogar schon eine Wohnung gesucht – für die neue kleine Familie. Soweit ich mich erinnere, hat sie erst im Rahmen Ihrer Ermittlungen erfahren, dass er gar keinen Verlängerungsantrag für seine Dienstzeit in Deutschland gestellt hatte. Was schließlich dazu führte, dass sie mit der Nachtversion rauskam.“

„Da sind Sie aber schiefgewickelt. Tatsächlich war es anders. Selbst der Nigger hatte die Nase voll von ihr und wollte abhauen. Die Schlampe hatte ihn hingehalten mit der Scheidung. Wahrscheinlich hat die ihm auch immer das Blaue vom Himmel runter gelogen. Der war angepisst und wollte an dem Abend vor den Morden mit ihr Schluss machen. Da hat er ihr auch gesteckt, dass er den Verlängerungsantrag nicht gestellt hat. So hat er später ausgesagt. Außerdem hat er an dem Abend mit einer anderen rumgeknutscht. Und die Bosman hat ihn dabei erwischt.

Mit der Nachtversion kam die erst raus, als wir sie mit all ihren Lügen konfrontiert haben. Und nachdem sie uns nicht vormachen konnte, dass sie die Windschutzscheibe beim Pimpern eingetreten hat, wie die uns vorher weismachen wollte. Wozu also einen Fremden suchen? Das Wohnhaus der Bosmans lag relativ einsam an einer wenig befahrenen Nebenstrecke. Trotzdem war da immer eine Menge los. Wenigstens acht Kinder lebten da, die ständig den Spielplatz nutzten. Die Nachbarn schauten regelmäßig aus den Fenstern. Das haben die als Zeugen auch bestätigt. Ebenso, wie sie bezeugten, dass die Kinder morgens noch auf dem Spielplatz waren und somit nicht in der Nacht von dem Vater getötet worden sein konnten. Welcher pädophile Dreckskerl sollte da zufällig vorbeigekommen und unbemerkt geblieben sein?"

„Bleiben wir bei dem Morgen und dem Spielplatz und gehen davon aus, dass die Kinder doch von jemand anderem mitgenommen wurden ..."

„Hören Sie nicht zu? Ein Fremder wäre da sofort aufgefallen."

„Und eine Heidrun Bosman, die zwischendurch zurückgekommen sein soll, um ihre eigenen Kinder vom Spielplatz zu locken, nicht? Ich finde, Sie haben sich trotzdem verblüffend schnell darauf festgelegt, dass die Kinder erst am Morgen vom Spielplatz verschwunden sein können. Und dass nur ihre Mutter sie heimlich mitgenommen haben konnte. Warum Heidrun Bosman?"

„Weil sie einen Grund hatte!"

„Und der wäre? Soweit ich weiß, fand den noch nicht mal das Gericht heraus. Wenn Sie ihn kennen, dann raus damit."

„Den habe ich Ihnen genannt."

„Nicht sehr überzeugend."

„Vielleicht hatte sie einfach Gefallen daran gefunden, sich von Niggern bumsen zu lassen. Vielleicht standen ihr die Kinder im Weg. Vielleicht hatte sie auch ein schlechtes Gewissen. Vielleicht wollte sie keine Mutter mehr sein, sondern ein Flittchen, das sich von jedem anmachen ließ, der es angeblich besser konnte als ihr Ehemann. Vielleicht hatte sie auch Angst, dass Roland Bosman Ernst machte und ihr die Kinder wegnahm, zumindest aber das Sorgerecht für die Kleine. Bei ihrem Lebenswandel hätte bestimmt jedes Vormundschaftsgericht ihm recht gegeben. Der hatte doch schon ein Eheinstitut kontaktiert und suchte nach einer Frau, die auch kinderlieb war und bereit, zumindest die Claudia großzuziehen. Und da hat sie beide kaltgemacht, damit er die Kinder nicht kriegt. Keine der beiden. Die mit ihren eisigen Augen, der musste man doch alles zutrauen."

Jetzt platzt Marte, dachte Marie-Louise. Die Gesichtsmuskeln arbeiteten unter der Wangenhaut, als würde sie auf Leder kauen, und der Mund wurde so schmal, dass sie ihn bei ihren nächsten Worten kaum öffnen konnte. Doch ihre Schwester riss sich zusammen. Beeindruckend, fand Marie-Louise, die sich die Fingernägel in die Hände eingrub, um ruhig zu bleiben.

So war Reinhardt schon damals gewesen. Immer provozieren, immer die Leute zur Weißglut bringen. Das war seine Spezialität.

„Okay. Zurück zum Spielplatz. Niemand sah, wie Heidrun die Kinder anlockte. Niemand sah um 11.30 Uhr den weißen Opel-Kombi. Zu der Zeit soll Heidrun nach Ihrer Version die Kinder abgeholt haben. Wie hat sie das unentdeckt geschafft? Es waren doch ach so viele Augen immer auf das Geschehen gerichtet. Wenn sie nicht dabei beobachtet worden ist, wie die Kinder in ihr Auto gestiegen sind, wieso soll einem Dritttäter das nicht auch gelungen sein? Warum ist es ausgeschlossen, dass ein Fremder die Kinder anlockte? Vielleicht war ein pädophiler Dreckskerl – gerade in einem abgelegenen Provinznest – auf eine Zufallsbeute aus, weil er Druck hatte, sah die beiden und versprach ihnen wer weiß was. Sie stiegen ein, und weg waren sie."

„Und warum sollte die Schlampe dann erzählen, dass sie ihren Mann nachts bei den toten Kindern gefunden hat?"

„Weil ihr die Wahrheit niemand mehr geglaubt hat."

„Wen wundert's bei den ständigen Lügen."

„Vielleicht ließen Sie ihr keine andere Wahl? Und jeder, der Ihnen widersprach, wurde rausgeschossen."

„Wie die dahinten. Glauben Sie, ich wüsste nicht, wer Sie sind?" Reinhardt blickte zum ersten Mal direkt zu Marie-Louise. „Nur weil Sie inzwischen einen anderen Nachnamen haben? Dachten Sie, ich wäre schon so senil, dass ich Sie nicht erkenne, auch wenn Sie älter und rundlicher geworden sind?" Sein rechter Zeigefinger war in ihre Richtung geschossen. „Mein Oberstübchen funktioniert einwandfrei. Sie scheinen aber wohl noch immer an ihrer fixen Idee zu hängen. Vielleicht sollten Sie das mal behandeln lassen."

Erst fühlte sich Marie-Louise ertappt wie ein Einbrecher auf frischer Tat. Dann überkam sie die blanke Wut. Aber sie rang ihren Impuls nieder, ihm entgegenzuschleudern, dass er pathologisch vernagelt und ein nicht therapierbarer Chauvinist sei, der sie immer noch in seiner versammelten Selbstgefälligkeit ankotze. Sie bremste sich. Ein bisschen jedenfalls.

„Herr Reinhardt, dass Sie sich neben dem Papst für den einzigen Sterblichen halten, der unfehlbar ist, scheint mir auch therapiebedürftig. Und ich wollte Sie nicht täuschen, das ist nicht meine Art. Ist es Ihnen nicht wenigstens einmal möglich, ein sachliches Gespräch zu führen?"

„Ich bin hier in meinem Haus. Da kann ich reden, wie ich will. Ihr Problem ist, dass Sie Klartext nicht verstehen. Noch nie verstanden haben. Und behaupten Sie bloß nicht, ich hätte es nicht versucht. Am Ende sogar in einem Vier-Augen-Gespräch, um das ich Sie gebeten hatte, bevor ich Ihren Vorgesetzten eingeschaltet habe. Ich bin alles, aber kein Kollegenschwein. Und das gilt auch nach oben."

Der Mann hatte recht. Das wurde ihr schlagartig bewusst. Marie-Luise hatte dieses Gespräch völlig verdrängt. Jetzt sah sie sich ihm in ihrem damaligen Dienstzimmer wieder gegenübersitzen. Er war ungehobelt wie immer. Aber man konnte das Gespräch durchaus als den Versuch zum Bau einer goldenen Brücke verstehen. Denn er wollte ihr damals wegen der schwierigen Indizienlage nahelegen, nur Totschlag anzuklagen, obwohl er felsenfest von einem kaltblütigen Doppelmord überzeugt war und Heidrun für die Ausgeburt des Teufels hielt. Ausgehend von dem Schaden an der Windschutzscheibe hatte er überlegt, ob es nicht eine Affekttat gewesen sein könne. Wie konnte sie das vergessen haben?

Er polterte unterdessen weiter.

„Sie sind immer noch angefressen, weil ich die Wahrheit herausgefunden habe, nicht Sie. Sie hatten sich auf Roland Bosman als Täter viel zu früh öffentlich festgelegt, und wir einfachen Bullen durften keine andere Lösung finden. Das passte nicht in Ihre Karriereplanung, hat Ihnen die Tour vermasselt. Sie brauchten Sporen, um weiterzukommen, stimmt's? Aber ich hatte Sie

durchschaut! Und trotzdem wollte ich Sie nicht einfach
so in die Pfanne hauen. Ihren tiefen Fall haben sie sich
selbst zuzuschreiben."

Marie-Louise schwieg, fühlte sich überfahren, steckte
wieder mitten in ihren Selbstzweifeln von damals.

„Herr Reinhardt", mischte sich Marte mit bösem Blick
zu Marie-Louise ein, „wir sind nicht hier, um alte Feind-
schaften aufleben zu lassen, sondern nicht zuletzt, weil
meine Schwester mit dem Fall abschließen will. Endgültig. Sie ist angesprochen worden, weil neue Indizien
aufgetaucht sein sollen, die auf Roland Bosman als Täter hindeuten. Und ich bitte Sie sehr, uns dabei zu unterstützen."

„Dann machen Sie mal weiter." Er deutete auf Marte.

„Warum kann es aus Ihrer Warte nur Heidrun Bosman gewesen sein?"

„Weil Heidrun Bosman gelogen hat wie gedruckt.
Weil sie ihre Aussagen immer pünktlich den neuesten
Entwicklungen anpasste. Und weil sie eiskalt genug
war, ihre eigenen Kinder zu ermorden, um das Leben
zu führen, das sie gerade erst für sich entdeckt hatte.
Darum!"

„Das spricht alles gegen Frau Bosman, jetzt Mulders,
das gebe ich zu. Aber ein Beweis ist es nicht. In dem
Mordfall steht doch nichts fest. Nicht die Zeitspanne, in
der sie wirklich weg war, um Erledigungen zu machen.
Nicht die Zeitspanne, in der sie mit dem Pkw auf dem
Parkplatz neben der Landstraße nach Roermond, also
am ersten Fundort, gestanden hat. Nicht, *wann* die Kinder tatsächlich gestorben sind. Das Obduktionsergebnis lässt auch die Nachtversion zu. Es steht überdies
nicht fest, *welches* Kind zuerst getötet wurde. Es ist

nicht bekannt, *wo* die Kinder getötet worden sind. Im Auto? Im Freien? Das ist nach dem Ergebnis der Ermittlungen offen. Es wird lediglich wegen des Risses in der Windschutzscheibe vermutet, dass ein Kind im Auto getötet worden sein könnte. Ob ein Kind im Todeskampf derlei Kräfte entwickelt, ist nicht geprüft worden. Ob ein Kind von vergleichbarer Größe überhaupt mit den Füßen bis an die Scheibe heranreichen konnte, ist nicht rekonstruiert worden. Und schlussendlich gibt es kein überzeugendes Motiv."

„Und deswegen suchen Sie jetzt einen Dritten. Nur damit wir zwanzig Jahre später als die Deppen, die verblödeten Bullen, dastehen."

„Nein, Herr Reinhardt. Ich will die Wahrheit herausfinden. Und zwar nichts als die Wahrheit."

„Dann müssen Sie akzeptieren lernen, dass es Heidrun war, so wahr ich hier vor Ihnen sitze", konterte Reinhardt.

„Laut zwei Gutachtern, Professoren Ihres Faches, haben die Kinder höchstens, ich wiederhole, höchstens eine Stunde vor ihrem Tod etwas Weizenhaltiges und Schokoladiges gegessen. Heidrun und die Kinder haben nach dem Ermittlungsergebnis und den Feststellungen des Gerichts zwischen halb zehn und zehn gefrühstückt. Getötet worden sein müssten sie dann zwischen halb elf und elf. Die Zeugen der Anklage wollen sie nach elf aber noch lebend gesehen haben. Ab Viertel vor elf war Heidrun Mulders unstreitig im Opel-Kombi unterwegs nach Bracht. Sie soll die Kinder – wiederum Ihr Ermittlungsergebnis als richtig unterstellt – zwischen halb zwölf und zwanzig vor angelockt haben. Binnen weniger Minuten soll sie am Tatort an der

Landstraße nach Roermond gewesen sein und die Kinder sofort hintereinander getötet haben. Hätte Heidrun Mulders die Kinder mit Süßigkeiten in den Wagen gelockt, hätte aus dem Obduktionsergebnis folgen müssen, dass die Kekse oder Milchschnitten noch beinahe unverdaut im Magen lagen. Können Sie mir bitte diese Diskrepanz erklären?"

„Was weiß ich? Vielleicht haben die Mädchen sich vorher selbst was aus der Wohnung geholt. Da lag schließlich die Packung De Beukelaer im Esszimmer."

„Der Schlüssel steckte nicht. Die Kinder wären nicht in die Wohnung gekommen, wie Sie von der älteren Schwester Heidruns wussten. Zudem hat keiner der Verwandten oder Nachbarn ausgesagt, den Kindern nach dem Frühstück Kekse oder dergleichen gegeben zu haben. Und die Prinzenrolle lag auch schon nachts da. Wenn man Ihrem Argument folgt, dann hätten die Kinder sich auch am späten Abend oder in der Nacht zuvor daran bedienen können. Das haben Sie aber nie angenommen."

„Na und?"

„Das Argument konnten Sie nicht zulassen, weil es für Heidruns Nachtversion gesprochen hätte. Genauso wenig wie Sie gelten lassen konnten, dass ein Fremder die Kinder mit einer Milchschnitte in seinen Wagen gelockt haben könnte."

„Das ist aus der Luft gegriffen."

„Ist es nicht. Hat nicht Sybille, das neunjährige Nachbarskind, bezeugt, dass sie ihre Freundinnen in einen roten Toyota einsteigen sah? Dass ein Fremder die beiden Mädchen am Arm gepackt und in den Wagen gezerrt habe? Sie selbst habe Angst bekommen bei dem Anblick."

„Ich bitte Sie! Das hat das Kind ausgesagt, nachdem die ganze Ortschaft über das Verschwinden und eine mögliche Entführung spekulierte. Das entsprang der kindlichen Einbildungskraft. Da hat sich blühende Fantasie mit der Erinnerung vermischt. Außerdem wussten wir da schon, dass es zwischen den Eheleuten Bosman Stress gab."

„Und genau das ist der Punkt. Sie haben sich frühzeitig festgelegt. Haben sich sofort für Vater oder Mutter als Täter entschieden. Jedes Argument gegen die Mutter hat den Vater entlastet – und umgekehrt. Damit haben Sie die Ermittlungen in eine Richtung gelenkt, ohne andere Möglichkeiten zuzulassen. Was war denn mit dem Bruder der Zeugin Grede? Schmittka, Klaus-Dieter Schmittka. Der die Kinder am Sonntagabend beim Grillen gesehen haben will. Dabei waren die Kinder unstreitig nicht mehr draußen, nachdem Heidrun zu ihrem Date mit Leroy gefahren ist. Dann, am nächsten Morgen, hat der Zeuge nicht nur die beiden Mädchen am Straßenrand winken sehen, sondern auch seinen Schwager, der aber nach eigener Aussage bereits im Keller war."

„Worauf wollen Sie hinaus? Dass er es war, der die Kinder entführte?" Reinhardt lachte laut auf. „Der war die ganze Zeit mit seiner Verlobten zusammen. Das kann nicht sein."

„Es gibt viele, die sich in dem Fall seltsam verhalten und geäußert haben. Nicht nur Heidrun. Darauf will ich hinaus. Denken Sie doch nur an den Busfahrer, wie hieß er noch? Der, statt die Polizei zu rufen, erst einen Kollegen kommen ließ, als er die Beine von Susanne sah. Haben Sie sich damals nicht über das Verhalten gewundert?"

„Nein. Finden Sie erst mal eine Leiche. Und dann auch noch eine Kinderleiche. Dann reden wir weiter. Die Leute machen die verrücktesten Sachen in so einer Situation. Wir sind schon froh, wenn sie den Fundort nicht vollkotzen."

„Kommen wir zum Punkt."

Marie-Louise hörte nicht mehr zu. Achtete nicht auf den Punkt, von dem es so viele gab. Sie hatte an der Wand neben sich ein Foto entdeckt, das sie magisch anzog. In dichtem Grün leuchtete es karottenrot.

Mühsam humpelte sie hin. Verdammter Gips. Das Foto kannte sie, hatte es aber noch nie so groß gesehen. Man erkannte hochstehende Brennnesseln, die wie eine Wand kaum das Rot dahinter durchscheinen ließen. Sie erinnerte sich, dass sich das lange rote Haar von Susanne wie ein Heiligenschein um ihren Kopf gelegt hatte. Von den Beinen sah man nichts. Auch aus dem besagten Busfenster hatte man sie nur erahnen können. Ihr Blick schweifte zu dem Pressebericht des Grenzland-Kuriers daneben. Sie las ihn und stutzte.

„Schmittka, Dieter Schmittka. Der Busfahrer hieß wie der Bruder der Zeugin? Von dieser Annemarie Grede? Die zu genau wusste, wann sie die Bosman-Kinder zuletzt auf dem Spielplatz gesehen hatte?", platzte sie mitten in die Diskussion.

„Ja, und?", konterte Reinhardt, als müsse er sich verteidigen. Dabei hatte sie ihn – noch – gar nicht angegriffen. Das folgte umgehend.

„Das haben Sie mir damals verheimlicht! Den Namen habe ich nirgendwo in der Akte gefunden. Als ich damals zu dem Bus kam, hatten Sie ihn schon vernommen und nach Hause geschickt. Angeblich, weil es ihm so schlecht ging. Danach ist der Name untergegangen. Dieter Schmittka, der Busfahrer, und Klaus-Dieter Schmittka, der Bruder dieser publicitygeilen Grede. Das haben Sie für nicht erwähnenswert gehalten?"

„Ich habe Ihnen nichts verheimlicht, das zeigt nur wieder, wie oberflächlich Sie gearbeitet haben. Abgesehen davon, hat das nichts zu bedeuten, wir haben das damals überprüft. Reiner Zufall, dass die den gleichen Nachnamen hatten."

„Ach, und warum stand das Ergebnis Ihrer Prüfung nicht in meiner Akte? Weil Sie Ihre Arbeit immer so vorbildlich und perfekt gemacht haben?"

„Ihre Akte. War nicht lange Ihre Akte. Am Ende der Ermittlungen stand es drin."

Marie-Louise wusste, dass das nicht stimmte. Schließlich hatte sie sich die letzten Tage und Wochen hindurchgewälzt. Eine solch frappierende Namensgleichheit wäre ihr aufgefallen. Sie durfte sich aber nicht dazu hinreißen lassen, ihn jetzt damit zu konfrontieren. Erstens ging es ihn nichts an, dass sie über Strättges Zugriff auf die Akten hatte. Und zweitens konnte sie nicht ausschließen, dass das Unterlassen von Reinhardt vielleicht gar keine Schlamperei gewesen war. „Aha, dann ist das wohl so", antwortete sie daher nur knapp.

Marte beobachtete sie und schwieg. Offenbar wusste sie, was auch für Marie-Louise nun feststand: Sie würde keine Ruhe mehr geben, bis geklärt war, wer Dieter

Schmittka war, in welchem Verhältnis er zu Klaus-Dieter Schmittka und der unsäglichen Grede, aber auch Peter Reinhardt stand.

Es war Marte, die nun zum Rückzug blies.

„Vielen Dank, Herr Reinhardt, für Ihre Bereitschaft, mit uns nach all den Jahren diesen aufwühlenden Fall nochmals zu besprechen. Und ausdrücklichen Dank auch für Ihre Offenheit. Dass Sie all die Details noch gegenwärtig haben, bewundernswert."

„Als wenn mir die Kinder nicht nachgingen. Ich habe inzwischen eine Urenkelin in dem Alter. Und als wenn ich nicht immer wieder darüber nachgedacht hätte, was ich übersehen haben könnte." Er stockte, stierte auf einen Punkt, nach dem er plötzlich griff. Seine Hand umschloss das fixierte Nichts. Zur Faust geballt schien sie ihren Fang zerquetschen zu wollen. „Um die Bosman zu knacken, sie in die Enge zu treiben, bis sie nicht mehr rauskommt aus ihrem Lügengebäude und endlich ein Geständnis ablegt. Auch wenn es strafrechtlich nichts mehr bedeutet."

Kapitel 43

2010

„Ich schwöre dir, dass ich den Namen nicht wusste. Er hat mir damals irgendwas Falsches eingeflüstert, es geschickt umgangen, den Namen zu nennen. Darauf wäre ich sofort eingestiegen. Klaus-Dieter Schmittka und Dieter Schmittka." Marie-Louise tippte mit dem Zeigefinger an ihre Stirn. „Das wäre dir beim Lesen doch auch aufgefallen, oder? Keine Ahnung, woher der Reporter den Namen hatte. Ich konnte während der laufenden Ermittlungen ja nicht jeden Artikel zum Mord lesen. Das hat die Kripo übernommen. Und die haben mir das vorenthalten."

„Ist ja schon gut. Reg dich nicht auf. Ich glaub dir ja. Und nein, mir ist der Name Schmittka auch nicht zweimal vor die Brille gesprungen. Und ja, komisch finde ich das auch. Sehr komisch. Wir müssen der Sache nachgehen. Außerdem kommt es mir höchst verdächtig vor, wie Reinhardt darauf reagiert hat. Strättges soll uns die Adressen der Schmittkas besorgen. Dem gehen wir auf den Grund!"

Marie-Louise nickte, tief betroffen. Der Leichenfinder hatte also den gleichen Nachnamen wie der Zeuge, der als einer der Letzten die Mädchen lebend gesehen haben wollte. Schon damals hätte sie sich darauf gestürzt, wenn sie es verdammt noch mal nur gewusst hätte. Ein solches Unterlassen roch nach Absicht. Das konnte die schmalzige Erklärung von Reinhardt am Ende auch nicht kaschieren.

Nur warum? Warum hatte man es ihr, aber auch ihrem Nachfolger, schlimmer noch, der Verteidigung vorenthalten?

Sie saßen schon eine ganze Weile am Esszimmertisch. Marie-Louise stierte auf den Bildschirm ihres Laptops und scrollte und scrollte. Besser als schmollte und schmollte, dachte Marte.

„Hier, hier. Ich hab's. Wusste ich's doch. Hier steht nur, dass Frieder Kleinschoenmakers die Anzeige erstattet hat. Der gab zu Protokoll, dass ein Kollege ihn über Funk gerufen hatte. Ohne Namensangabe. Die fehlt. Und später wird das gar nicht mehr aufgegriffen. Da ist immer nur von diesem Kleinschoenmakers die Rede. Von wegen geprüft und nachgetragen. Hier steht genau nix von dem zweiten Schmittka."

„Irgendwem hätte doch auffallen müssen, wenn plötzlich der gleiche Schmittka als Zeuge aufgelaufen wäre, der die Kinder an jenem besagten Montagmorgen noch gesehen haben will."

„Nee, das muss nicht unbedingt sein. Die Beamten am Fundort sind nicht zwingend die Vernehmungsbeamten der Soko."

„Mag sein. Aber für mich ergibt das keinen Sinn. Erst achtet der Finder darauf, dass er nicht die Polizei ruft und den Fund meldet. Dann aber meldet er sich freiwillig als Zeuge und richtet so den Fokus auf sich und seinen Namen. Er konnte doch gar nicht sicher sein, dass sein Name nicht in den Akten auftaucht. Und er konnte auch nicht sicher sein, dass nicht doch ein Kripobeamter, der auch am Fundort war, über ihn und seinen Namen stolpert."

„Wenn Reinhardt mit drinhängt, schon. Dann ist das ein abgekartetes Spiel. Und er lenkt mit seiner Aussage den Verdacht von sich auf Heidrun Bosman. Der kam ja auch erst später ins Spiel, dieser ehrenwerte Zeuge."

Marte seufzte. „Weißt du, was? Bevor wir hier weiterspekulieren, bitten wir unsere Allzweckwaffe um Hilfe."

„Beam her down, Scotty!" Marte stupste ihre Schwester an. Die zuckte zusammen und sah Marte erschrocken an. „Andreas van Gongeren, mein Nachbar. Der kennt doch die Grede. Du erinnerst dich? Oder muss ich mir Sorgen machen?"

Marie-Louise nickte.

„Okay, glotz du weiter Löcher in den Kasten. Ich fahre nach Hause und schaue mal wieder bei den van Gongerens vorbei."

„Ich habe eine bessere Idee."

„Oh weh, ich gehe in Deckung."

„Hans ist doch Klatschkolumnist beim Stadtexpress."

„Und wer ist Hans?" Marte zog betont affektiert eine Augenbraue hoch.

„Mein Nachbar Hans Schimmelpfennig. Als Herold anfing, Probleme zu bekommen, hat er mir immer wieder geholfen. Netter Kerl. Er könnte die Grede anrufen und sagen, dass sein Blatt sie zu der neuen Entwicklung im Fall Bosman/Mulders interviewen will."

„Och, das hatten wir doch schon. Bitte keine Finten mehr."

„Wieso Finte? Er ist Journalist. Er ist beim Stadtexpress. Und eine kleine Meldung kriegt er bestimmt in der Online-Ausgabe unter."

„Und wenn er wirklich eine Story draus macht?"

„Quatsch, auf Hans ist Verlass."

Marte wiegte ihren Kopf hin und her. Noch bevor sie antworten konnte, war Marie-Louise schon losgehumpelt, um eine Viertelstunde später mit einem frisch geduschten Hans im Türrahmen zu stehen. Sein noch wassertriefendes Haar stand über der Stirn wie hochgegelt irokesenhaft ab. Vermutlich lag das einem Haarwirbel, denn ansonsten war der mittelgroße, mittelschwere Mann vom Typus und Outfit eher unauffällig.

Hans hatte sich formidabel geschlagen und Gredes Vertrauen dadurch gewonnen, dass er ihr die Nummer der Zentrale des Stadtexpress gegeben und sie gebeten hatte, sich mit ihm verbinden zu lassen. Eine halbe Stunde später wussten die Schwestern mehr. Sie hatten an den Lippen des Klatschkolumnisten geklebt, der mit Volkstümelei, Kumpanei und Geschick wie beiläufig die alles entscheidende Frage platziert hatte.

„Und – Moment, ich hab's mir doch aufgeschrieben, ach hier – Ihr Bruder, der Dieter Schmittka, der kann uns das auch noch mal bestätigen."

Pause.

„Ach, Klaus-Dieter. Hm, die sind doch sonst so genau, meine Rechercheure. Da haben die mir einen Klaus unterschlagen." Er lachte aufgesetzt.

Pause.

„Ach so, es gibt mehrere Dieter in Ihrer Familie, die sich von Ihrem Großvater ableiten. Ja, ja. Wir hier in

Köln kennen die Tradition auch: Vom Opa auf den Vater auf den Sohn."

Pause.

„Hahaha. Ja, genau."

Pause.

„Da hat es Ihren Bruder und den Sohn Ihrer Tante, also Ihren Cousin, erwischt, den aber ohne Klaus. Verstehe. Na, hoffentlich sind die nicht in die gleiche Schule gegangen oder waren gleichzeitig beim Bund. Schmittka, Dieter, vortreten. Und keiner wusste, wer gemeint war. Hahahaha."

Pause.

„Ich stell mir gerade vor, einer meiner Kollegen hieße so wie ich. Und dann flöge ich raus, weil der Mist gebaut hat." Hans schüttete sich aus vor Lachen.

Pause.

„Konnte denen nicht passieren. Der eine war Schlosser und der andere Busfahrer", wiederholte Hans. „Na, Gott sei Dank."

Marie-Louise schien wie elektrisiert. Marte war wirklich beeindruckt, wie der vielseitige Hans der Grede die Informationen nonchalant entlockt hatte.

„Ach, wissen Sie, was? Ihre Aussage reicht mir eigentlich völlig. Da muss ich Ihren Bruder gar nicht mehr befragen. Am Ende vertue ich mich noch mit den Vornamen und jubele dem Cousin etwas in Sachen Bosman unter." Wieder lachte er, wenn auch einen Tick zu laut, was die Grede aber nicht zu bemerken schien. Denn wieder hatte Hans Pause.

„Ja wie? Der Cousin war auch an der Aufklärung beteiligt? Der hat eine der Leichen im Gebüsch entdeckt, als er auf dem Parkplatz Richtung Roermond gefrühstückt hat? Die Susanne? Oh, Gott, wie furchtbar."

Pause. Marie-Louise riss Augen und Mund weit auf.

„Ein Schock. Ja, verstehe ich. Ich hätte auch Verstärkung gerufen."

Pause.

„Auf jeden Fall."

Pause.

„Ja, nein."

Pause.

„Oh, das tut mir leid. Schon verstorben. So jung."

Pause.

„Nee, tut ja auch nichts zur Sache."

Pause.

„Genau."

Pause.

„Versprochen."

Pause. Hans verdrehte die Augen.

„Frau Grede, der Redaktionsschluss naht. Ich muss meine Kolumne noch in die Tasten hauen. Morgen erhalten Sie den Entwurf meines Artikels. Wie kann ich Ihnen den denn zukommen lassen?"

Pause.

„02163, ja, hab ich." Er zog einen Kuli aus der Innentasche seines Leinensakkos und kritzelte sich eine Nummer auf die Innenseite seines Unterarms. „Und die 42 am Ende. Okay, da schicke ich den hin. Ist Ihre Tochter. Prima. Vielen Dank, Frau Grede."

Pause.

„Leider nein. Kein Bild von Ihnen. Die Redaktion legt mehr Wert auf Text. Sonst wären wir ja die Bild-Zeitung, sagt der Chefredakteur immer." Hans grinste breit.

Diese Selbstironie stand ihm gut, konstatierte Marte. Pause.

„Ja, so ist es. Ich danke Ihnen herzlich für Ihre Offenheit. Einen schönen Abend für Sie. Ich melde mich. Tschüss."

Hans legte auf, fuhr sich mit den Händen durchs Gesicht und verlangte nach einem Espresso. Und dann platzte es aus ihm heraus.

„Op der künnt mer mich dropschweiße, ich wöd mich lossroste."

Unappetitlich. Ungebildet. Unbelehrbar. Unerquicklich. Und noch ein Un. Und noch eins. Hans kriegte sich gar nicht mehr ein über diese Unperson. Marte hingegen kriegte sich gar nicht mehr ein über den Mann mit den unvermuteten Standards.

Kapitel 44

2010

Hans hatte sich getrollt, und Marie-Louise hing wieder am Rechner. Die Suchfunktion hatte es ihr angetan. Sie ackerte sich durch die Dokumente, in denen der Name Schmittka vorkam. Ganz analog schrieb sie ihre Erkenntnisse in eine Kladde, die neben ihr auf dem Esstisch lag. Die Zeiger von Martes Armbanduhr rückten auf Mitternacht vor.

„Also entweder du kochst uns einen Kaffee, oder ich leg mich aufs Ohr. Ich bin ja zu blöd für deine Wundermaschine."

Marie-Louise hob den Kopf und reckte den Hals mit schmerzverzerrtem Gesichtsausdruck. „Ich hab Nacken, aber frag nicht nach Sonnenschein. Und einen Kaffee könnte ich auch gebrauchen." Sie stieß sich mit den Händen von der Tischplatte ab, stand auf und stöhnte. „Rücken hab ich auch."

„Du wirst alt, meine Liebe", stellte Marte fest.

„Ja, ich werde alt und du nur älter", gab ihre Schwester zurück.

Dann machte sie sich humpelnd in Richtung Küche auf und kam kurze Zeit später mit zwei Bechern Kaffee zurück.

„Sag mal, was machst du eigentlich die ganze Zeit, während ich hier Fakten zusammensuche?“

„Denken.“

„Aha. Schon irgendwelche Ergebnisse?“

„Nein, nur Fragen.“

„Welche?“

„Wieso scheint Reinhardt in einem so leicht überprüfbaren Punkt zu lügen? Er sagt, die Namensidentität wäre bloßer Zufall. Ein Gespräch mit der Grede und schon weiß der Stadtexpress es besser.“

„Ja, aber Hans hat ja auch gesagt, die Grede wollte nicht, dass er das verwendet.“

„Hm, ja. Und das bringt mich zu folgender Vermutung. Gehen wir mal davon aus, dass der Reinhardt ein korrekter Bulle ist. Er hat die Namensidentität gesehen, hat den Leichenfinder gefragt, in welcher Beziehung er zu dem Zeugen Klaus-Dieter Schmittka steht. Und der antwortet, in keiner. Dann fragt er noch den Zeugen und die Grede. Aber alle lassen ihn auflaufen. Da er inzwischen sowieso einen Pik auf Heidrun Bosman hat, geht er dem nicht weiter nach. Und schreibt auch nichts in die Akte, weil er es wirklich für geklärt und daher irrelevant hält.“

„Du glaubst noch an das Gute im Menschen“, spottete Marie-Louise.

„Nein, ich spekuliere. Guck mal, das wäre doch viel zu gefährlich für den Reinhardt gewesen, wenn er bei diesem Fall, in dem es von Pressegeiern wie in Hitchcocks *Die Vögel* nur so wimmelte, eine Verbindung zu Klaus-Dieter Schmittka verheimlicht hätte. Außerdem bin ich geneigt, seinem schmalzigen Schlusswort Glauben zu schenken. Denk doch nur mal an dessen Bude. Dem geht der Fall nach. Die ganzen Zeitungsausschnitte hat der doch nicht kurz vor unserem Besuch an die Tapeten gekleistert."

„Das stimmt. Worauf willst du hinaus?"

„Cui bono? Wem nützte es, dass die Verwandtschaft zwischen Dieter und Klaus-Dieter Schmittka nicht ruchbar wurde?" Ohne abzuwarten, beantwortete sich Marte die Frage selbst. „Richtig, den Schmittkas, denn niemand stellte sich in der Folge die Fragen, die wir uns nun stellen."

„Ja, aber welcher Dieter profitierte am meisten?"

„Der Klaus-Dieter. Er hat die Kinder an dem Wochenende gesehen. Er war vor Ort. Und er stierte auf die kurzen Höschen und die nackten Mädchenbeine, die wie ein Trigger auf ihn gewirkt haben könnten."

„Wieso und wann kommt der andere Dieter, der Cousin, ins Spiel?"

„Vielleicht hat er wegen der Ortskenntnisse dem Klaus-Dieter nach der Tat beim Verschwindenlassen der Kinder geholfen? Auffällig ist, dass der Finder, unser Stand-alone-Dieter, nicht ins Zentrum des Interesses gelangen wollte. Gehen wir mal davon aus, das war nicht der Schock über den Leichenfund, sondern Verschleierungstaktik, seinen Kollegen die Polizei rufen zu lassen. Dann doch nur, weil er etwas wusste. Von wem? Doch nur vom Täter. Und für wen geht man ein Risiko ein? Für wen lügt man? Doch für jemanden, der einem nahesteht, zum Beispiel der eigene Cousin."

„Aber warum hat der überhaupt gemeldet, wo die Kinder liegen? Einfacher wäre es doch gewesen, gar nichts zu sagen." Marie-Louise war noch nicht ganz von Martes These überzeugt.

„Es soll Leute mit Gewissen geben. Wenn es sich auch manchmal zu spät rührt. Vielleicht hat ihm die Vorstellung zugesetzt, dass die Kleinen draußen liegen und Wildfraß etc. ausgesetzt sind."

„For sentimental reasons also?"

„Warum nicht?" Marte zuckte mit den Schultern. „Was hast du denn zusammengetragen?" Sie deutete auf Marie-Louises Kladde.

„Tja, ich habe versucht, Klaus-Dieters Montag zu rekonstruieren. Bisher hat der für den Tag ein Alibi. Hat bei der Grede übernachtet mit Lebensgefährtin. Dann hätten sie gemeinsam gefrühstückt und danach seine Freundin, die Grede und er Besorgungen gemacht." Marie-Louise blickte enttäuscht auf. „Demnach hatte der keine Gelegenheit, die Kinder abzufischen, bevor er mit seiner Freundin gegen Viertel vor elf wieder heim nach Niederaußem gefahren ist."

„Wer hat das denn ausgesagt, dass Klaus-Dieter an dem Morgen immer in Begleitung der Damen war?"

„Die Grede, seine Lebensgefährtin und er."

„Entweder die lügen alle, was bedeuten würde, die beiden Damen waren eingeweiht und haben ihm auf diese Weise ein Alibi verschafft. Oder die sagen alle die Wahrheit."

„Es sei denn, wir haben hier wieder so eine Erinnerungsüberblendung. Vielleicht sind die ja in regelmäßigen Abständen zusammen einkaufen gefahren. Klaus-Dieter erinnert sich nach Wochen an den gemeinsamen Waschpulver-Einkauf, und die Lebensgefährtin wie auch die Grede plappern ihm nach. Oder die Grede schmückt aus, und er greift das dankbar auf, die Lebensgefährtin zieht mit. In Wirklichkeit ist er allein losgefahren. Und unsere erinnerungsfreudigen Zeugen überblenden mit vorherigen gemeinsamen Einkaufstouren."

„Waschpulver?"

„Ja, die Grede hat – wohlgemerkt, Wochen später – ausgesagt, dass sie losgefahren seien, um Großeinkäufe in zwei Supermärkten zu machen. Sie hätten Sachen geholt, die schwer zu tragen seien, wie zum Beispiel Waschpulver."

„Gesetzt den Fall, du hast recht, wie viel Zeit hätte der Schmittka denn gehabt, einzukaufen, die Kinder anzulocken, sie zu entkleiden, seinen Trieb zu stillen, sie zu töten, wieder anzuziehen und an den Fundorten abzulegen?"

„Eine knappe Stunde. Um zehn sind die Kinder raus zum Spielen, sagt Heidrun. Um spätestens elf sei er mit seiner Lebensgefährtin abgefahren, sagt Klaus-Dieter."

„Das ist deutlich mehr Zeit, als Heidrun laut Gericht hatte. Allerdings hätte er zwei Punkte mehr zu erledigen gehabt: nämlich sich zu befriedigen und die Kinder wieder anzuziehen, unterstellt, sie waren nackt."

„Was machen wir nun als Nächstes?"

„Wir nehmen erst mal eine Mütze Schlaf. Morgen ...", Marte schaute auf ihre Armbanduhr, „äh, heute rufen wir Michael an und berichten ihm diese Wendung."

Michael Strättges war am nächsten Morgen ebenso sprach- wie fassungslos, als die Schwestern ihm ihre neuesten Erkenntnisse mitteilten. Er wetterte gegen Reinhardt, Marie-Louises Nachfolger und die ganzen „Trantüten" der Soko. Völlig entrüstet war er von dem

Umstand, dass die meisten von ihnen sich inzwischen unbehelligt in die Altersrente geflüchtet hatten.

Tatsächlich hatte der kleine Mann auch einen Moment innegehalten und laut darüber nachgedacht, ob ihm die Namensgleichheit nicht auch hätte auffallen müssen. Er tröstete sich rasch damit, dass er erst nach Heidruns erster Verurteilung und der fehlgeschlagenen Revision mandatiert worden war, die lokale Berichterstattung also nicht mitverfolgt hatte.

„Michael, entschuldige, wenn ich dich unterbreche", Marte wurde ungeduldig, „es ist nun, wie es ist. Wie gehen wir weiter vor? Und wie kannst du uns unterstützen?"

„Ich prüf über meine Quellen, ob der Typ einschlägig vorbestraft oder zumindest auffällig geworden ist. Vielleicht gab es ein Ermittlungsverfahren gegen ihn ohne spätere Anklage und Verurteilung. Ich organisiere euch auch dessen Adresse. Auch die von dem Nur-Dieter."

„Nee, ist nicht nötig. Die Grede sagt, der sei inzwischen verstorben", warf Marie-Louise ein.

„Das überprüf ich. Am Ende stimmt das gar nicht. Der glaub ich noch nicht mal die Tageszeit."

Schon zwei Stunden später hatte Strättges wieder angerufen.

„Fehlanzeige!" Klaus-Dieter Schmittka ist nie einschlägig aufgefallen, sein Cousin, den Strättges gleich mit unter die Lupe genommen hatte, auch nicht. Der sei inzwischen tatsächlich tot. „Aber das muss ja nichts heißen. So spießbürgerlich, wie dieser Klaus-Dieter damals schon auftrat, ist der wahrscheinlich nie in den

Fokus geraten. Konfrontiert ihn doch einfach mal mit eurem Verdacht, und seht, wie er reagiert. Das gewaltmonopolisierte Riechorgan zur Strafverfolgung können wir außen vor lassen. Die haben genug damit zu tun, genug zu tun zu haben. Die lassen so einen Uralt-Fall liegen.“

Kapitel 45

2010

Klaus-Dieter Schmittka wohnte immer noch in Bergheim. Aus seiner Lebensgefährtin war inzwischen seine Ehefrau geworden.

Die Schwestern hatten entschieden, dem geschickten Hans den Job zu überlassen. Er hatte erneut Annemarie Grede angerufen und ihr erklärt, dass die Redaktion nun doch auch die Aussage ihres Bruders wünsche. Man wolle mal den Schwerpunkt weg von der sich in der Opferrolle sonnenden Mulders legen und stattdessen die Zeugen würdigen, die wieder und wieder angegriffen würden, obwohl sie doch nichts als die Wahrheit gesagt hätten. Wenig überraschend war die Grede bezuckert von der Absicht, ihr und ihrem Bruder endlich Gerechtigkeit widerfahren zu lassen. Man hatte sich also verabredet. Der rüstige Rentner hatte am gleichen Tag Zeit.

Hans stellte Marte als Rechercheurin vor. Da Schmittka nicht nachfragte, kam der Klatschkolumnist nicht in Verlegenheit, sie namentlich vorstellen zu müssen. Der Kaffeetisch war gedeckt, der Apfelkuchen auch. Marte setzte sich artig lächelnd an den Tisch und sah sich um. Die Einrichtung entsprach den Vorstellungen des Möbelhauses Siegmöller von modern für alte Leute.

„Meine Rechercheurin hat herausgefunden, dass die damalige Staatsanwältin, die ja dann wegen ihres großen Könnens weggelobt wurde", Hans unterbrach sich für sein obligatorisches „Hahaha", „also die mit den hochfliegenden Karriereplänen, auch gegen Sie ermittelt hat."

„Gegen mich?" Schmittka wirkte plötzlich völlig verunsichert. „Wie? Wegen was?" Der Mann schien in seinen Grundfesten erschüttert.

„Wegen der Namensgleichheit", gab Marte das Stichwort, das Hans sogleich aufgriff.

„Ja, der Busfahrer, der die tote Susanne entdeckt hat, soll ihr Cousin gewesen sein. Der ist ja dann später nicht mehr in den Akten aufgetaucht – warum auch? –, aber die emsige Staatsanwältin hat da gleich eine Bedeutung hineingeheimnisst."

Hans holte im großen Bogen aus. Schmittka wurde blass und blasser.

„Die hat gedacht – das glaube ich jetzt nicht –, ich hab die Kinder unsittlich ...? Nee, und dann kaltgemacht ... das, das ... nee." Schmittka legte die Hände auf seine Wangen. Sein Mund stand offen. Er blickte Hilfe suchend zu seiner Frau. Die saß totenstarr in ihrem Sessel, augenscheinlich nicht minder geschockt.

Ihr Mann schüttelte sich. „Die ist ja völlig verrückt geworden. Durchgedreht ist die. Ich doch nicht." Sein Entsetzen paarte sich mit Wut. „Ich bin doch kein Kinderschänder. Die mach ich fertig." Er stupste seine Frau an. „Nun sag doch auch mal was."

Sie wirkte wie in Trance. Ganz langsam drehte sie den Kopf von links nach rechts und zurück. „Mein Mann tut so was nicht", brachte sie krächzend hervor.

„Die stell ich zur Rede. Damit kommt die nicht durch", echauffierte sich Schmittka weiter.

„Na ja, die Namensgleichheit ist schon auffallend. Erstaunlich, dass das damals nicht thematisiert wurde", schüttete Hans Öl ins Feuer.

„Das ... das gibt's doch nicht. Was kann ich denn dafür ...? Daraus was zu drehen ... Mich zum Kinderschänder machen, also nee! Die hat schon damals versucht, mich als Lügner darzustellen."

„Zu schade, dass Sie damals nicht danach befragt wurden, dann wäre das Thema jetzt sicher gar nicht mehr aufgekommen. Na ja", mischte sich Marte ein, „vielleicht hat sie das ja inzwischen auch vergessen." Ihre hochgezogenen Augenbrauen sollten das Gegenteil suggerieren. Es klappte.

„Bestimmt hat die das nicht vergessen. Und bestimmt denkt die das noch, so verbohrt wie die war. Außerdem ist die doch wieder zugange, hat meine Schwester mir erzählt. Na, der werd ich helfen. Ich rufe gleich meinen Anwalt an."

„Lass das!", fauchte Petra Schmittka, die wirkte, als wäre sie in der Mitte zwischen Verstocktsein und Verärgerung stecken geblieben.

„Was ist los?"

„Reg dich ab. Das bringt uns nicht weiter. Und ein Anwalt schon gar nicht. Ich will nicht, dass das rauskommt."

„Was?", fragte Schmittka mit krächzender Stimme. Er kam Marte mit der Frage zuvor.

Petra Schmittka sackte zusammen, schniefte einen Moment, dann strafften sich die Schultern, und sie sah Hans direkt in die Augen.

„Der Klaus-Dieter war das nicht. Ich will aber nicht, dass das in die Zeitung kommt. Können Sie mir das garantieren? Ich will nur, dass Sie aufhören, in der falschen Richtung zu suchen. Ich will unseren Namen nicht in der Zeitung sehen. Können Sie mir das versprechen?"

Hans sah Marte an, die unmerklich nickte.

„Sicher, ich gebe Ihnen mein Ehrenwort."

Marte entging die Ironie nicht, Petra Schmittka und ihrem Mann schon.

Petra nickte. „Mein Mann kann das nicht gewesen sein." Pause, sie schluckte. „Mir vorjammern, du seist impotent, dass ich nicht lache. Schwul ist er, stockschwul!", wandte sie sich von ihrem Mann zu Hans. „Sein Kegelbruder Roger aus Köln-Nippes ist in Wirklichkeit ein warmer Bruder und sein Freund. Und die beiden, pfui Teufel ..." Sie brach in Tränen aus. „Der hat mir dieses Bild geschickt von ihm zusammen mit Klaus-Dieter. Da haben die sich selber geknipst bei ..." Sie schluchzte, stand auf, ging in den Flur und kam schließlich mit einem Bild zurück. Das Foto zeigte Schmittka in eindeutiger Pose. Der lief dunkelrot an und verbarg sein Gesicht in beiden Händen.

„Petra, wa... warum ...?", stotterte er voller Scham.

„Ach, sei ruhig", fertigte sie ihn ab. „Scheiden soll ich mich lassen, hat dieser Roger gefordert, damit die beiden heiraten können. Können Sie sich das vorstellen? Und ich hab diesen Mann aus Mitleid genommen und

verzichtet, weil er so lieb zu mir war und mich auf Händen getragen hat. Dabei hat der gelogen, die ganze Zeit."

Marte reichte ihr ein Taschentuch. Sie schlug es aus.
„Und jetzt ist Schluss, bevor alles nur noch schlimmer
wird."

„Wie meinen Sie das?"

„Die Lügerei in dieser Familie. Jetzt ist mir alles egal.
Jetzt sag ich, was war. Ich bin mir gar nicht sicher, die
Kinder an dem Montagmorgen gesehen zu haben. Ich
war es auch nie."

„Sie waren sich nie sicher, die Kinder an jenem Montagmorgen gesehen zu haben? Ihnen ist schon bewusst,
dass Sie Heidrun Bosman mit Ihren Aussagen ins Gefängnis gebracht haben?"

Petra starrte sie einen Moment an. Dann nickte sie.
„Ich hab mich so erinnert, die Kinder gesehen zu haben,
weil mein Mann sich so erinnert hat. Und der hat ins
gleiche Horn wie seine Schwester geblasen. Ich war mir
nie sicher. Aber als die beiden so überzeugt waren, war
ich es eben auch."

„Stimmt das, Herr Schmittka?" Der saß noch immer
wie schockgefrostet auf seinem Stuhl.

„Warum hast du mir das mit dem Foto nie erzählt?",
fragte er seine Frau.

Die lachte hysterisch auf. „Ich? Das erzählen? Warum
warst du seit Beginn unserer Ehe, ach, was sage ich,
vorher schon, nie ehrlich zu mir?"

Klaus-Dieter ließ den Kopf hängen. „Weil ich das einfach nicht konnte. Ich wollte doch dein Mann sein, weil
du mir so gefallen hast. Lieb hab ich dich. So sehr, dass
ich viele Jahre dagegen angegangen bin. Ich wollte ein
normales Leben führen. Unbedingt. Aber dann kam der

Roger. Es tut mir so leid. Die Annemarie, die hat schon früh geahnt, was mit mir los war. Die hatte ja gesehen, dass ich mich seit meiner Pubertät mit Mädchen schwertat."

Die sei ihm damals fast auf die Schliche gekommen. Die habe ihn immer so schamlos beobachtet, ihm immer auf den Hosenschlitz geschaut, wenn ihm in ihrer Gegenwart ein junger Mann begegnet sei. Ausgerechnet der Rhys habe ihm gefallen, der ja manchmal bei der Bosman gewesen sei. Und die Annemarie habe der das Glück missgönnt. Sie war der Meinung, dass die Bosman ihren Schlappschwanz von Roland genauso aushalten müsse wie sie ihren. Und damit seine Schwester ihm nicht auch noch alles kaputt mache, habe er sich mit ihr solidarisiert. Seine Falschaussage sei also auch ein Ablenkungsmanöver gewesen.

Die Schwägerin sei ja Monate damit beschäftigt gewesen, an ihrer Aussage zu feilen. Er habe sie in ihrem Glauben an ihre Beobachtung bestärkt, damit sie sich nicht weiter mit ihm und ihrer Ahnung beschäftigt hätte. Während des ersten Prozesses hätte er seine Petra schließlich geheiratet. Da wäre die Welt für seine Schwester endlich in Ordnung gewesen. Annemarie selbst hätte ihm Jahre später, nachdem sie von ihrer Krebserkrankung erfahren hatte, in einer stillen Stunde gestanden, dass sie auch nicht sicher gewesen wäre, die Kinder gesehen zu haben. Aber nachher wäre sie ja gar nicht mehr von ihrer Aussage runtergekommen.

Im Übrigen hätte die Oma Erika ihr damals ja auch erzählt, die Kinder gesehen zu haben.

Da hätte sie sich doch darauf verlassen dürfen.

Kapitel 46

2010

Marte hatte ein schlechtes Gewissen, weil sie nicht das Abholen des Hofhundes von Roland Bosmans Hof durch den Tierschutzverein Viersen e. V. abgewartet hatten. Auf nochmalige telefonische Nachfrage hatte man ihr und Marie-Louise zwar versichert, sich um das Tier zu kümmern. Aber davon wollte Marte sich nun selbst überzeugen. Bekanntermaßen war Vertrauen gut, aber Kontrolle besser. Nur zu ihrem Seelenfrieden beschloss sie, auf dem Rückweg nach Köln über Lüttelbracht zu fahren und sich zu überzeugen. Hans war trotz des erheblichen Umwegs einverstanden.

„Tolle Geschichte, das mit den Schmittkas", resümierte er, „überhaupt die ganze Story Bosman. Interessiert mich, wie er aktuell lebt."

Marte stutzte. „Das werden Sie doch nicht wirklich verwenden und veröffentlichen?"

„Wieso?"

„Sie haben Petra Schmittka Ihr Ehrenwort gegen. Sie wollen doch nicht dem unrühmlichen Beispiel Ihres Vorgängers Barschel folgen?"

Hans warf ihr einen doppeldeutigen Blick zu. Bevor sie nachhaken konnte, verkündetet er: „Wir sind da."

So einfach würde Marte ihm das nicht durchgehen lassen. Sie setzte an, aber da hörte sie schon lautes Hundegekläff. Das konnte doch nicht wahr sein.

Der Hofhund war gar nicht mehr zu beruhigen, als sie den Hof betraten. Er riss und zerrte so stark an der Kette, dass Marte Angst bekam, er würde sich selbst erdrosseln. Wutentbrannt zückte sie ihr Handy und rief beim Tierschutzverein an. Die junge Frauenstimme entschuldigte sich wortreich, verwies aber auf ihre Überbelegung und darauf, dass sie keine weiteren Tiere abholen könnten.

„Hätten Sie das nicht gleich sagen können?", tobte Marte.

Doch die Frauenstimme hatte das Gespräch bereits beendet.

„Und was jetzt?", fragte Hans.

So genau wusste Marte das auch nicht. Nur eins war klar: Hierbleiben würde der Hund heute nicht.

„Wir nehmen ihn mit!"

„Diesen aggressiven Köter? Ohne mich."

Marte warf ihm nur einen Blick zu. Der reichte. Hans hob kapitulierend die Hände. „Aber Sie sitzen mit ihm hinten, dass das klar ist."

Marte nickte. „Gut, ich gehe rein und sage Herrn Bosman Bescheid."

Die Tür war nur angelehnt, niemand reagierte auf ihr Klopfen. Marte hielt das nicht ab. Sie stieß die Tür auf. „Herr Bosman? Hallo, Herr Bosman?"

Nichts rührte sich.

„Marte Campferbrinck hier. Wo stecken Sie?"

Keine Reaktion. Wahrscheinlich lag Roland irgendwo sturzbetrunken in der Ecke. Auch gut, dann würde sie ihm eben einen Zettel und fünfzig Euro in der Küche hinterlassen.

Der strenge Geruch im Haus hatte in den paar Tagen noch zugenommen. Marte rümpfte die Nase. Die Küche war in einem so heruntergekommenen Zustand, dass es ihren Ekel erregte. Der Geruch, der aus ihr drang, war noch widerlicher. Er stammte wohl vom Mülleimer oder dem, was keinen Platz mehr darin gefunden hatte. Und das war eine Menge. Wie konnte Bosman nur mitten in einem Müllberg leben?

Sie beschloss, sich aus dem Unrat schnell einen Zettel zu fischen und schleunigst wieder zu verschwinden. Auf dem Tisch fand sie keinen. Sie sah zur Arbeitsplatte und entdeckte eine leere Zigarettenschachtel. Auch gut, dann musste die eben reichen. Ob Roland überhaupt das Fehlen des Hundes bemerken würde, wagte Marte zu bezweifeln. Sie bahnte sich den Weg, blieb aber mit dem Fuß an irgendetwas hängen.

War das ein Fuß, der aus dem Müllberg hervorlugte?

Vier Stunden später standen sie vor Marie-Louises Haus und Marte verabschiedete sich von Hans, der gar nicht schnell genug wegkam. Seine Redaktion erwartete ihn, hatte er doch den Aufmacher des nächsten Tages von unterwegs angekündigt. Seine Kamera hatte er dabeigehabt und noch vor dem Eintreffen der Polizei und des Notarztes auf alles draufgehalten und ungezählte Male den Auslöser gedrückt. Marte hatte das unter der Bedingung geduldet, dass er dafür die Schmittkas mit ihrer Geschichte in Ruhe ließ. Das Ehrenwort hatte ihr nicht genügt, sie hatte im Auto rasch eine Verpflichtungserklärung aufgesetzt, die Hans, wenn auch säuerlich, unterzeichnet hatte.

Er hatte sich nicht einmal die Zeit genommen, wegen des Hundes, der erbärmlich stank, zu meckern, sondern eine alte Decke aus dem Kofferraum spendiert.

Erstaunlicherweise hatte der Schäferhundmischling sofort mit dem Kläffen aufgehört, als sich Marte näherte, und ihr sogar die Hand abgeleckt, als sie ihn losband. Die Polizisten hatten nicht darauf geachtet, sie waren mit dem toten Roland zu beschäftigt gewesen, nachdem der Gerichtsmediziner Einblutungen in den Augenlidern und der Mundschleimhaut entdeckt hatte. Zudem hatte er kleine Verletzungen in den Mundwinkeln gefunden.

Marte stand noch nah genug, um zu hören, als er feststellte: „Ohne Garantie, aber ich gehe davon aus, dass der arme Kerl erstickt wurde. Ganz einfach durch das Zuhalten von Mund und Nase. Wenn er in so einem erbärmlichen Zustand war, wie es aussieht, dann hatte es der Mörder einfach."

Sie hatte wenig zur Aufklärung beitragen können und Hans noch weniger. Also hatte man sie gehen lassen. Nach drei Stunden. Dass sie ihre Aussage noch zu Protokoll geben mussten, hatten ihr die Beamten nicht sagen müssen, das war selbstverständlich. Sie wie auch Hans hatten versprochen, am nächsten Tag ins Kriminalkommissariat Nettetal zu kommen.

Marte schnappte sich das Seil, an dem sie den Hund festgebunden hatte, und klingelte bei Marie-Louise. Die bekam sich gar nicht mehr ein, als der Hund wie auf Kommando mit dem Schwanzwedeln begann, kaum dass er Marie-Louise erblickt hatte. Ganz anders als bei Hans, den er nur angeknurrt und ihm fletschend seine Zähne gezeigt hatte.

„Sag nichts", verkündete Marte. „Außerdem habe ich eine Menge zu erzählen. Aber erst einmal bekommt der Hund was zu fressen und zu trinken. Und ich einen doppelstöckigen Whisky."

Strättges war über die Neuigkeiten ebenso entsetzt gewesen wie Marie-Louise. Er wollte sofort vorbeikommen, doch Marte wiegelte ab. „Mehr weiß ich nicht zu berichten, außer dass Roland offenbar erstickt worden ist. Armer Kerl. Gott weiß, warum. Was mir außerordentlich seltsam vorkommt, ist der Umstand, dass erst Heidrun verschwindet und dann Roland ermordet wird. Sie wird doch wohl nicht ...? Nee, nach all den Jahren, nee, das schließe ich aus."

„Was brabbelst du da? Hattest du in Erwägung gezogen, sie habe Roland ermordet? Möglich ist alles. Aber warum jetzt, so kurz vor Verbüßung der Strafe? Das schließe ich auch aus."

„Obwohl es ja zu ihr passen würde, immer das nächstdämliche zu tun, was ihre Situation verschlimmert und sie garantiert in den Knast bringt."

„Ich humple mit Caesar eine Runde ins Grün", hatte Marte noch vernommen, die auf dem Sofa döste. Sie hatten sich gestritten. Marte hatte darauf bestanden, den Hund in einem Tierheim abzugeben, Marie-Louise hatte ihn stattdessen Caesar getauft. Marte ahnte, was das bedeutete.

Plötzlich riss sie jemand aus den bunten Bildern heraus, die ihr Unterbewusstsein vor die Innenseite ihrer Lider projiziert hatte.

„Was … was ist denn?“

Marie-Louise stand völlig aufgelöst vor ihr.

„Caesar ist weg.“

„Wie weg?“

„Er hat sich losgerissen.“

„Einfach so?“

„Ich weiß auch nicht. Ich war hinten im Garten, hatte ihn fest an der Leine, und auf einmal hat er völlig verrückt gespielt. Er muss was gehört haben. Er hat so gezogen, dass ich umgefallen bin, und dann war er weg, mit einem Satz über den Zaun. Ich bin noch hinterher, nachdem ich mich aufgerappelt hatte, aber da war er schon nicht mehr zu sehen. Ich versteh das nicht.“

„Ach, du Scheiße! Und was jetzt?“

Kapitel 47

2010

„Ich kann es nicht fassen, dass Caesar abgehauen ist. Er schien sich doch wohl bei uns zu fühlen. Kein Auge hab ich heute Nacht zugetan. Ganz schlimme Vorwürfe mach ich mir. Das Tier kennt sich hier doch überhaupt nicht aus. Es wird elendig verhungern. Und ich bin schuld.“

„Nun beruhige dich mal. Er wird schon noch zurückkommen.“

„Nein, das wird er nicht.“

Marie-Louise schnappte sich ihre Jacke und die Krücke und wandte sich der Haustür zu, um erneut nach Caesar zu suchen. „Du wirst sehen, wir finden ihn nie ...“

Ein lauter Aufschrei stieg ihre Kehle hoch, blieb im Rachen hängen, bevor er als Wimmern ihren Mund verließ.

„Was ist denn los?“, hörte sie Marte, die im Sturmschritt herbeieilte. Doch Marie-Louise konnte nur auf das blutige Bündel zu ihren Füßen starren, das leise winselte.

Marte zupfte einen handgeschriebenen Zettel von Caesar und streichelte dem sie hilflos anschauenden

Hund liebevoll den Kopf. „Bleib hier, ich hol die Schlüssel und eine Wanne, in die wir ihn legen können. Und dann rasch zum Tierarzt. Das wird wieder."

Es hatte schlimmer ausgesehen, als es tatsächlich war. Caesar hatte eine stark blutende Kopfwunde und eine Prellung am rechten Vorderbein. Trotzdem bestand der Tierarzt darauf, Caesar ein paar Tage bei sich zu behalten. „Auch Hunde können eine Gehirnerschütterung haben. Da muss man vorsichtig sein. Außerdem tun ihm ein paar Infusionen bestimmt gut, abgemagert wie er ist. Hat er überhaupt alle Schutzimpfungen?"
Marie-Louise konnte vor Kummer und Heulen nicht antworten. Das übernahm wieder Marte.

Vor der Haustür lag noch der weiße Zettel, gesprenkelt von Caesars Blut. Marie-Louise hob ihn auf.

Erst der Hund, der nur zur Quahl, jetzt seit ihr dran

entzifferte sie mühsam. Wortlos reichte sie ihn an Marte weiter. Nachdem auch sie gelesen hatte, gingen die Schwestern wortlos ins Haus. Wortlos zogen sie die Schuhe aus, wortlos setzten sie sich an den Frühstückstisch. Wortlos tranken sie den inzwischen erkalteten Kaffee.
„Schmittka? Mulders? Reinhardt? Bosmans? Was meinst du?", stellte Marte in den Raum.
„Das weiß ich noch nicht. Aber wir werden es herausfinden", verkündete Marie-Louise, deren Tränen versiegt waren. „Nicht nur, dass es eine Schweinerei sondergleichen ist, dem armen Hund, unserem Caesar, das

anzutun. Da will uns jemand stoppen. Mit Brachialgewalt. Aber der kennt uns nicht.“

Marte nickte. „Jetzt nehme ich das persönlich. Höchstpersönlich.“

Kapitel 48

2010

„Dem Tier geht es den Umständen entsprechend gut. Aber Sie haben ein Problem." Der Tierarzt räusperte sich, schaute erst auf seine bandagierte Hand und dann beide mit ernster Miene an. „Der Hund reagiert hochaggressiv auf Männer."

„Tja, das soll vorkommen. Das tun manche Frauen aus gutem Grund auch. Der Hund wurde jahrelang schlecht behandelt, schlecht versorgt und an einer kurzen Kette gehalten. Und das von seinem Herrchen", Marte betonte das „Herrchen".

„Sie verstehen mich nicht."

„Dann versuchen Sie es doch noch mal. Vielleicht in ganzen Sätzen. Und ohne den Anspruch an uns, Ihre Gedanken erraten zu müssen."

„Von dem Hund geht ein hohes Bedrohungspotenzial aus. Er hat unmotiviert nach mir geschnappt und mich gebissen."

„Das tut uns leid", schaltete sich Marie-Louise ein.

„Was heißt unmotiviert?", fragte Marte ohne erkennbaren Ansatz irgendeines Bedauerns für den Arzt.

„Der Hund ist stark verhaltensgestört. Er beißt grundlos."

„Kein Hund beißt grundlos. Behandeln Sie sonst Kühe, oder warum haben Sie keine Ahnung?" Marte konnte sich nicht bremsen.

„Das wird sich zeigen, wer keine Ahnung hat." Der Weißkittel war verärgert, gelinde ausgedrückt. „Wir empfehlen, den Hund vorsorglich einzuschläfern, bevor seine Gefährlichkeit in einer schweren Beißattacke manifest wird. Ich meine, Sie tun auch sich keinen Gefallen ..."

„Es interessiert mich nicht, was Sie meinen. Und Ihrer Empfehlung folgen wir ganz sicher nicht", unterbrach ihn Marie-Louise schroff. „Sind Sie verrückt geworden? Der Hund ist schwer traumatisiert. Er braucht liebevolle Pflege, eine verantwortungsvolle Haltung und ein kompetentes Hundetraining. All das können und werden wir sicherstellen. Allein meine zwanzig Jahre Hundeerfahrung sollten reichen, um das unter Beweis zu stellen. Selbstredend werden wir ihn an der Leine ausführen und nicht frei herumlaufen lassen. Meinethalben auch noch mit Maulkorb. Zumindest fürs Erste."

„Mit Verlaub, Ihre Einschätzung interessiert mich nicht. Sie können mir viel erzählen. Unsere Klinik steht nicht nur in der Verantwortung für das Wohlergehen der Tiere, sondern auch für das Allgemeinwohl. Ich werde den Amtstierarzt einschalten, wenn Sie meiner alternativlosen Empfehlung nicht folgen. Der wird die Gefährlichkeit und mangelnde Therapierbarkeit feststellen. Dann bekommen Sie eben eine Anordnung, das Tier einschläfern zu lassen. So lange werden wir ihn auch hierbe..."

„Hierbehalten? Dazu fehlt Ihnen jede Rechtsgrundlage", keilte Marie-Louise dazwischen.

Marte wurde mulmig. Heftete Marie-Louise sich die Haltung und Erziehung der wechselnden Teckel im elterlichen Haushalt, die ihrem Vater als Jagdgenossen ebenso treu wie eigenwillig gedient hatten, nicht allzu großzügig ans eigene Revers?

Aber sie hielt den Mund, während der Streit zwischen ihrer Schwester und dem Arzt eskalierte. Jeder Versuch einer Intervention, jeder Appell an die Vernunft würde nur dazu führen, dass Marie-Louise aggressiv reagierte. Am Ende so aggressiv, dass der Tierarzt sich unweigerlich die Frage stellen müsste, von wem höheres Gefährdungspotenzial ausginge und wer besser zuerst dem Abdecker zuzuführen wäre. Nein, das Risiko in Bälde allein dazustehen, wollte Marte nicht eingehen.

Marte schritt ein. „Mein lieber Herr Doktor, gewiss sprechen Sie aus Erfahrung und Sorge." Wenn Blicke töten könnten, hätte Marte sich zwei finale Kugeln eingefangen. Eine von jedem Kontrahenten. „Bitte, jeder hat seinen Standpunkt klargemacht. Eine weitere Eskalation führt doch zu nichts."

Sie wandte sich dem Arzt zu. „Wir danken für Ihre Mühe und Ihre Umsicht. Wir werden verfahren, wie es meine Schwester angekündigt hat. Ihre Warnung halten wir auf dem Schirm, möchten dem Tier aber zunächst eine Chance geben, ohne sein Schicksal gleich in die Hände des Veterinäramtes zu legen. Wir werden keine Kosten und Mühen scheuen und fangen auch gleich mit der Zahlung Ihrer Rechnung an. Einverstanden?"

„Nein. Die Rechnung müssen Sie ohnehin bezahlen. Und damit das klar ist: Ich werde noch heute den Amtstierarzt einschalten!"

„Wie machen wir jetzt weiter? Was fangen wir mit dem Zettel und der grenzdebilen Nachricht an?“, fragte Marte angriffslustig, nachdem beide sich über die Stupidität des Tierarztes ausgetobt hatten. Nun saßen sie wieder am Katzentisch in Marie-Louises Küche und hatten Kaffee nachgeschenkt. Caesar lag tief und fest schnarchend zu ihren Füßen. Nichts mitbekommen hatte er von dem Drama um sein Leben, wie Marie-Louise fast neidisch dachte.

„Eins ist klar. Der Text lässt darauf schließen, dass die Anschläge eins zu eins mit unseren Ermittlungen zusammenhängen. Niedlich, diese eingebauten Schreibfehler. Das ist die freie Abwandlung des anonymen Briefes, den Heidrun sich selbst geschickt hat. Man will uns einschüchtern. Ganz klar.“

„Schaffen sie aber nicht“, konstatierte Marte mit ihrem ganz besonderen Marte-Blick: in ihre Augen war Eiseskälte eingezogen, ihr Mund zum Strich zusammengepresst. Die Eiserne Lady war im Kampfmodus.

„Das alles ist doch kein Zufall: Erst wird Herolds Wagen zertrümmert, dann verschwindet Heidrun nach einem Selbstmordversuch. Roland wird ermordet, nachdem wir bei ihm waren, und nun hat es auch noch unseren armen Caesar getroffen. Das kann kein Zufall sein. Über zwanzig Jahre passiert nichts, bis wir anfangen zu ermitteln. Da will jemand, dass wir etwas nicht herausfinden. Also lass uns genau das tun, was wir nicht tun sollen, nämlich das herausfinden, was Heidrun und Roland bisher verheimlicht haben.“ Das „und“ betonte sie.

„Dann haben wir den Schweinhund, der unserem Caesar das angetan und Roland umgebracht hat“, stellte Marte fest.

„Unserem Caesar?“

„Ja, in Peters Namen, unserem. Ich frage mich die ganze Zeit, wie Heidruns Verschwinden da reinpasst.“

„Es gibt doch nur zwei Möglichkeiten: Sie ist geflohen, oder sie wurde entführt. Wenn sie geflohen ist, stellt sich die Frage nach dem Warum. Fürchtet sie eine Entdeckung, die ihr nach all den Jahren, die sie rechtskräftig verurteilt bereits absitzt, noch schaden kann? Will sie nach drei Beweisaufnahmen nun, dass ihre Unschuld nicht bewiesen wird? Schräger geht nicht! Nein, das passt nicht.

Aber was könnte es sonst sein? Hat sie etwas erfahren, das sie zum Handeln zwingt? Hattest du ihr nicht bei deinem letzten Besuch etwas von der Dritttäterspur gesagt, die du damals verfolgen wolltest? Vielleicht ist ihr etwas klar geworden, das so unfassbar ist, dass sie es selbst regeln musste.

Wenn sie nicht freiwillig das Krankenhaus verlassen hat, dann gibt es ihn am Ende wirklich, den Dritttäter, der sich nach zwanzig Jahren – und immerhin einem erfolgreichen Wiederaufnahmeverfahren – zum Handeln gezwungen sieht. Das bedeutet allerdings auch, dass Heidrun in Lebensgefahr schwebt. Schließlich ist Roland ermordet worden. Das spricht für die zweite Variante, oder?“

„Stimmt.“

„Und die Begleitumstände ihres Verschwindens lassen darauf schließen, dass es nicht freiwillig war. Zumindest folgt das aus der Beobachtung der Pflegerin.“

„Dann müssen wir davon ausgehen, dass da draußen ein mehrfacher Mörder frei herumläuft. Einer, der offenkundig nicht will, dass die Wahrheit von damals rauskommt“, spann Marte laut den Gedanken weiter.

Marie-Louise nickte nachdenklich. „Was mir nicht einleuchtet, ist der Umstand, dass der Dritttäter, wenn es ihn gibt, erst jetzt mit Vertuschungsmaßnahmen beginnt, ja sogar zur Verdeckung seines über zwei Jahrzehnte zurückliegenden Doppelmordes tötet. Wieso können ihm Roland und Heidrun jetzt noch gefährlich werden? In der Vergangenheit hat es in all den Prozessen drei Beweisaufnahmen gegeben. Wieso hat er sich nicht vor deren Ergebnis gefürchtet?“

„Gute Frage.“

„Das ist doch absurd. Was lockt ihn denn jetzt aus der Deckung? Was ist anders?“

Marte stutzte. „Sag das noch mal.“

„Was ist anders?“

„Ja, natürlich.“ Marte verfiel in ein tiefes Schweigen.

„Erde an Marte. Lass mich bitte an deiner Eingebung teilhaben.“

„In den Ermittlungen und den Prozessen ging es immer nur um die Frage, ob er es war oder sie. Ein Dritttäter war doch gar nicht mehr im Fokus. Es drehte sich immer nur um Heidrun und Roland. Was sie belastete, sprach für ihn. Und umgekehrt. Für einen Dritttäter eine gemütliche Ausgangsposition, findest du nicht?“

„Durchaus.“

„Aber dann kommen wir daher und ermitteln plötzlich ergebnisoffen, erweitern das Blickfeld, um auch das scheinbar Undenkbare zu denken, nämlich die Dritttäterschaft.“

„Ja, trotzdem hätte er doch abwarten können, ob wir an dem Verdacht festhalten oder unser Elan in die Richtung verpufft. Wir haben doch noch gar nichts Konkretes, geschweige denn Beweise. Wieso handelt er dann schon und lenkt unseren Verdacht erst recht in seine Richtung?“

„Vielleicht haben wir etwas gefunden, das wir nur noch nicht richtig gedeutet haben.“

Marte raufte sich die Haare und versank wieder in tiefes Schweigen.

Marie-Louise ließ sie in Ruhe denken. Nach einer Weile griff Marte nach ihrer Kaffeetasse, nippte daran und verzog ihr Gesicht. Der Kaffee war längst kalt.

„Aus der Warte des Drittträters war die Gefahr, entdeckt zu werden, so lange marginal, wie Heidrun davon ausgegangen ist, dass Roland der wahre Täter ist, und Roland angenommen hat, dass er es allenfalls während eines Blackouts gewesen sein könne. Und die Ermittlungen engten sich auf beide ein, bis Heidrun durch ihren Drang nach verschlimmbösernden Entlastungslügen als die wahrscheinlichere Täterin ausgezählt worden war.“

Beide schwiegen eine Weile.

„In jedem Fall bin ich der festen Überzeugung, dass weder Roland noch Heidrun die Kinder getötet haben, aber sich jemand die Situation zunutze gemacht hat, dass nur die beiden für die Ermittler und später für die Gerichte als Täter infrage kamen. Rätselhaft bleibt mir allerdings Heidruns Nachtversion. Und wo waren die Kinder in jener Nacht zum Zeitpunkt ihrer Heimkehr wirklich?“

„Aber warum tötet dieser Mister oder am Ende gar diese Mistress Unbekannt Roland? Was hätte ihn denn heute noch gefährlich machen können?", fragte Marie-Louise.

„Gegen Tote wird nicht ermittelt. Und da besteht auch nicht die Chance, dass der ganze Apparat, inklusive Kriminaltechnik, am Ende die Eltern entlastet und als Beifang einen Dritttäter findet. Und wenn wir weiter Staub aufgewirbelt und die These vom Dritttäter schlüssig propagiert hätten, wer weiß, vielleicht hätte dann der ganze Apparat die Spur aufgenommen und plötzlich im Türrahmen gestanden."

„Und Heidrun? Warum störte die rechtskräftig verurteilte Heidrun einen möglichen Dritttäter zwanzig Jahre später?"

„Das liegt doch auf der Hand."

„Tatsächlich?", erwiderte Marie-Louise.

„Ja doch. Stell dir mal vor, Heidrun wird klar, dass sie die Schuld für Roland ganz umsonst auf sich genommen hat; dass sie ihn eben nicht zur Tat getrieben hatte, sondern jemand anders all die Jahre gedeckt hat; dass sie verarscht worden ist und nicht nur sie, sondern auch Roland. Und stell dir mal vor, ihr wird klar, dass sie beide am Ende um die Würde trauernder Eltern betrogen und als Sündenböcke ausgestellt worden sind, die sie nicht waren. In Wirklichkeit hat Heidrun einen anderen Täter durch ihre Loyalität und Zuverlässigkeit geschützt. Was würdest du tun? Ich kann nur für mich sagen, dass ich zu einem unkalkulierbaren Risiko für denjenigen würde, der mir das angetan hätte."

Kapitel 49

2010

Marie-Louise wirkte nachdenklich. Sie schien noch nicht überzeugt.

Ein lauter Knall ließ die Schwestern hochfahren. Ein Hagelsturm aus Glassplittern aus der ehemaligen Terrassentür verstreute sich auf dem Teppichboden vor ihnen. Ein zweiter Knall folgte aus der Küche. Caesar nebenan bellte wie verrückt.

Erst sackte Marie-Louises Blut aus dem Kopf bis in die Nieren, dann stieg das Cortisol daraus den umgekehrten Weg hinauf bis in ihr Hirn. Und ließ sie hochfahren. Genug! Sie humpelte im Eiltempo zu Herolds Geheimversteck hinter der Minibar, öffnete es und holte das Mauser Modell 98 heraus. Herold hatte das Gewehr seines Großvaters aus dem Ersten Weltkrieg dort versteckt. Geladen und gesichert.

Marte saß versteinert da. Hätte sie reagieren können, hätte sie Marie-Louise sicherlich gestoppt, das war ihr klar.

Sie legte noch einen Zahn zu, gab alles, was ihr gerade dem Gips entschlüpftes Bein hergab. Im linken Fuß pikste es von einem Splitter, als sie durch das Loch, das eben noch Scheibe gewesen war, auf die Steinterrasse trat und sich umschaute, das entsicherte Mausergewehr im Anschlag. Rechts sah sie zwei Gestalten, die sich vor Lachen den Bauch hielten. Bestens. Sie gaben ein gutes Ziel ab.

Marie-Louise drückte den Abzug.

Kapitel 50

_2010_

Marte rannte an ihr vorbei. Auf den einen der beiden zu, der am Boden lag. Der andere war verschwunden. Das Lachen war beiden vergangen.

Marie-Louise stieß die angehaltene Luft aus. Das hatte ihr Herold beigebracht: Beim Schießen immer die Luft anhalten, nach dem Schuss ausatmen. Sonst trifft man nicht, hatte er ihr eingebläut. Sie lud neu durch, schließlich waren da zwei Kerle gewesen, und folgte Marte langsam nach.

Sie kannte den Typen nicht, der da mit schmerzverzerrtem Gesicht vor ihr lag. Er schrie und jammerte, hielt seine blutende Wade fest und verfluchte die verrückte Alte. Meinte er sie? Sie sah sich um. Musste wohl so sein.

„Legen Sie das Scheißgewehr weg, Sie bringen mich noch um", brüllte der dunkelhaarige Fremde.

„Gute Idee!", verkündete Marie-Louise und zielte mitten auf sein Gesicht. Marte stand mit offenem Mund neben ihm, offenbar unfähig, einzugreifen. Gut so.

Schützend hielt der Mann die Hände hoch, der Mund zum nächsten Schrei geöffnet.

„Psst", zischte Marie-Louise in ihrem besten Bühnenflüstern. „Wir wollen doch nicht die Nachbarn wecken.

Wohnen schließlich lauter alte Leute hier. Hilflose alte Leute. Wie wir. Kommen wir zur wichtigsten Frage dieser Talkshow: Wer sind Sie, und was wollen Sie von uns?"

„Nichts, gar nicht."

„Und deswegen haben Sie unseren Hund fast erschlagen, ihren", sie wies auf Marte, „Oldtimer zertrümmert und meine Terrassentür eingeworfen. Bisschen viel für nichts. Meinen Sie nicht auch?"

„Das waren wir nicht. Keine Ahnung, wovon Sie reden. Rufen Sie einen Krankenwagen, ich verblute."

„Ach was, junger Mann. So schnell verblutet man nicht. Aber wenn Sie nicht bald antworten, muss ich höher zielen."

„Halt, nein. Hören Sie auf. Helfen Sie mir", wandte er sich an die offenbar noch immer versteinerte Marte. Die reagierte nicht.

„Meine Schwester wird Ihnen nicht helfen. Also, warum haben Sie das gemacht? Und wer in drei Teufels Namen sind Sie überhaupt?"

Erst kam nur ein Wimmern. Dann: „Mein Name ist unwichtig. Mich kennen Sie nicht. Wir haben einen Tausender pro Nase kassiert, um Ihnen Angst zu machen. Heute Abend hier ein bisschen zu randalieren. Keine Ahnung, warum. Wir haben nur gemacht, was man uns gesagt hat."

„Okay, dann raus mit dem Namen Ihres Auftraggebers."

„Kenn ich nicht."

„Oh, oh. Soll ich doch höher zielen?"

„Nein, nein, warten Sie. Den Namen kenn ich nicht. Nein, wirklich nicht“, versicherte er, als Marie-Louise das Gewehr anhob.

„Das reicht nicht, junger Mann. Wenn Sie das hier überleben wollen, dann müssen Sie mit mehr rausrücken.“

„Okay, okay. Der hat mit Wirtschaft zu tun, muss einflussreich sein.“

„Mit Politik?“

„Ja, der ist irgend so ein großes Tier in der Partei. Und er lebt in Viersen.“

„Das reicht immer noch nicht, junger Mann. Wissen Sie, wir waren Richterinnen. Und mit Leuten, die keine Namen kennen, haben wir viel Erfahrung. Insbesondere haben wir gelernt zu erkennen, wann jemand lügt. Und Sie lügen! Tja, dann muss ich leider wohl nochmals Ihr Gedächtnis aktivieren“, verkündete Marie-Louise und zielte auf die andere Wade.

„Nein, stopp. Helfen Sie mir doch“, flehte er Marte an. Doch die starrte wie gebannt ihre Schwester an. Und schüttelte den Kopf. Ob es als Antwort gedacht war oder um ihre Schwester zu stoppen, wusste Marie-Louise nicht. Abhalten ließ sie sich ohnehin nicht.

„Der Typ hat sich nicht vorgestellt.“

„Glaub ich nicht, dass Sie nichts wissen und nicht nachgefragt haben.“

„Okay, okay. Der ist mit ’ner Limo abgerauscht. VIE – TT 111. Mehr weiß ich nicht. Wirklich.“

Aus der Ferne waren Martinshörner zu hören.

„Oh, Scheiße. Lassen Sie mich gehen. Ich will keinen Ärger kriegen. Ich sag auch nix zu Ihrem Scheißschießgewehr da.“

Marie-Louise schaute zu Marte. Die zuckte die Schultern.

„Okay, junger Mann. Das ist ein Deal. Aber erst will ich Ihren Namen und Adresse. Nur für den Fall der Fälle. Nicht, dass Sie hier nochmals Unfug treiben. Am besten geben Sie mir irgendein Pfand.“

„Ein Pfand?“

„Ja, irgendwas, womit ich Sie später wiederfinden kann. Könnte ja sein, dass wir noch was zu klären haben. Geben Sie mir Ihr Portemonnaie.“

„Was?“

„Sie haben schon richtig gehört, das Portemonnaie. Her damit, und zwar flott, die Polizei ist gleich da.“

Die Sirenen klangen, als würden sie nur noch wenige Hundert Meter von Marie-Louises Grundstück trennen. Mühsam zog der Verletzte ein Ledermäppchen aus der Hosentasche und reichte es Marie-Louise. Nach einem kurzen Blick auf den Inhalt entnahm sie einen Metro-Ausweis. Auf dem kleinen Foto erkannte sie den Mann vor sich. Das Mäppchen warf sie ihm zu.

„Okay, und nun weg mit Ihnen. Ich will Sie hier nie mehr sehen.“

Erstaunlich flink kam der auf die Beine und humpelte auf den Zaun zu. Auf der anderen Seite wartete der andere Mann, nur halb verdeckt von der Forsythie.

Die Martinshörner fuhren vorbei. Keiner der Nachbarn hatte die Polizei alarmiert. Hans schlief offenbar wie ein Stein. Und die restlichen Nachbarn, deren Häuser ein gutes Stück von Marie-Louises Grundstück entfernt lagen, waren höchstens von einem Knall wach geworden, der nicht zwingend auf eine Schießerei schließen ließ.

Nur Marte war völlig außer sich. „Sag mal, wer, glaubst du, dass du bist? John Wayne? Bist du bescheuert, hier herumzuballern? Der hätte tot sein können. Der hätte dir das Ding entreißen und uns beide abknallen können. Du tickst doch nicht mehr sauber. Du bist eine Gefahr für dich und andere. Dich lass ich unter Betreuung stellen."

„Ja, ja. Nun krieg dich mal wieder ein. Ich habe das Problem schließlich gelöst", versuchte Marie-Louise ihre Schwester zu beschwichtigen.

„Ich rufe jetzt die Polizei."

„Das wirst du nicht tun. Du fegst jetzt die Scherben auf. Dann rufen wir Michael an und finden heraus, wer der Auftraggeber für die Anschläge auf uns war. Basta."

Marie-Louise eierte mit dem von der Scherbe lädierten Fuß an dem noch nicht ganz funktionstüchtigen Bein zur Minibar, sicherte und verstaute das Gewehr. Auf dem Rückweg brachte sie einen Tullamore D.E.W. und zwei Gläser mit. Sie goss beiden ein.

Marte schob das Glas zur Seite, griff zur Flasche und setzte sie an den Hals.

Strättges brauchte eine halbe Stunde, dann rief er zurück. „Der Wagen ist auf die Firma TecTrack zugelassen. Und die gehört Gerd Mankow."

„Und der ist wer?", knurrte Marie-Louise in den Telefonhörer.

„Er ist der neue Ehemann von Jutta, Heidruns Schwester."

Schweigen an beiden Enden der Leitung, das Marie-Louise brach. „Das ist ja ein Ding. Bist du sicher?"

„Natürlich bin ich sicher."

Die Schwestern sahen sich fassungslos an.

„Was ist los? Woher habt ihr das Kennzeichen?"

„Das ist nicht so einfach. Wir rufen wieder an."

Marie-Louise legte den Hörer auf, während Marte die Flasche neu ansetzte.

Kapitel 51

2010

„Wieso hetzt uns dieser Mankow zwei Idioten zum Einschüchtern auf den Hals?", fragte Marie-Louise ihre Schwester am nächsten Morgen. Es war Sonntag, die Kirchenglocken läuteten Sturm. Es war also gleich Gottesdienst, wie immer um zehn. Die zertrümmerte Terrassentür und das Küchenfenster waren nachts noch notdürftig von Hans, der Allzweckwaffe unter den Nachbarn, mit Holzlatten verschlossen worden. Morgen musste ein Fensterbauer her.

„Das weiß ich nicht, aber ich werde ihn genau das fragen", verkündete Marte. „Such mir seine Nummer raus. Nein, besser, seine Adresse."

Eine Stunde später standen sie vor der Tür eines schicken weißen Bungalows in Viersen. Nach dem zweiten Klingelsturm öffnete ein Mann um die fünfzig, selbst im Bademantel eine Bella Figura machend, die Tür. Allerdings beeinträchtigte das griesgrämige Gesicht die stattliche Erscheinung.

„Was gibt's?", fragte er wenig freundlich.

„Das würden wir gerne von Ihnen wissen", verkündete Marte, schubste die Haustür nach innen auf und marschierte in den Flur, orientierte sich kurz und ging weiter ins Wohnzimmer, in der eine riesige Wohnlandschaft wie aus *Schöner Wohnen* dominierte. Marie-Louise humpelte hinterher. Mankow folgte Ihnen.

„Was ist denn mit Ihnen los? Raus hier, sind Sie verrückt geworden? Los, raus, sonst rufe ich die Polizei!"

„Gerne, rufen Sie die Polizei. Dann können wir Sie gleich abführen lassen. Anstiftung zum versuchten Mord", polterte Marte los. Nach einem Blick zu ihrer Schwester fügte sie hinzu: „Wenigstens schwere Körperverletzung."

„Ich glaub, ich spinn. Jetzt drehen Sie ja völlig durch. Wer sind Sie überhaupt?"

„Gestatten, Dr. Marte Campferbrinck und Marie-Louise Rebell, die deutsche Sektion der *Judges find Justice*. Und Opfer Ihres Anschlags letzte Nacht. Wir haben ein Geständnis Ihrer Handlanger", behauptete sie frech.

Der Mann vor ihr wurde blass. Dann sackte er auf einen überdimensionierten Ledersessel vor dem ebenso übergroßen offenen Kamin. Ob man darin ganze Schafe braten konnte?, fragte sich Marte. Ihn, das schwarze Schaf, würde sie zu gerne grillen.

„Das ist noch nicht einmal das Schlimmste", legte sie nach. „Sie haben auch noch Ihren ehemaligen Schwager umgebracht und Ihre Schwägerin entführt."

Die rechte Hand des Mannes fuhr vor seinen Mund.

„Und jetzt rufen wir selbst die Polizei und lassen Sie verhaften", setzte sie einen drauf. Tatsächlich hatte sie damit ihr Ziel erreicht, sie entdeckte glitzernde Schweißtropfen auf seiner Stirn im hereinfallenden Sonnenlicht.

„Das stimmt alles nicht, legen Sie das Handy weg!"

Marte hatte es provokant gezückt und auf irgendwelchen Ziffern ziellos herumgetippt.

„Dann müssen Sie uns was bieten. Wie wäre es denn mit der Wahrheit?"

„Hören Sie, ich hab mit all dem nichts zu tun."

„Ich habe gesagt: die Wahrheit!"

„Ja gut, die beiden habe ich geschickt. Aber nicht, um Sie zu verletzen oder gar zu töten. Auf keinen Fall. Die sollten Sie nur ein wenig einschüchtern."

„Einschüchtern? Sie haben meine Scheiben zertrümmert", fauchte Marie-Louise.

„Das tut mir auch sehr leid. Das bezahle ich natürlich."

„Damit, Herr Mankow, ist es nicht getan."

Der krümmte sich zusammen wie ein geprügelter Hund.

„Ich weiß. Ich hab Herbert gleich gesagt, dass das eine Scheißidee ist. Und dazu auch völlig unnötig. Aber Jutta hat die Krise gekriegt und darauf bestanden, dass ich helfe, Sie von den Ermittlungen wegen der Kindermorde abzubringen. Und wenn meine Frau das sagt, dann muss ich das machen. Sie kennen Jutta nicht."

„Wo ist sie überhaupt?"

„Liegt noch im Bett. Vor zwölf steht sie nie auf."

„Dann würde ich vorschlagen, dass der heutige Tag eine Ausnahme ist. Holen Sie sie!"

„Das geht doch nicht. Dann tobt sie."

„Wenn Sie sie nicht holen, tobe ich. Und lasse Ihre Frau von der Polizei aus dem Bett holen!"

„Schon gut, schon gut." Er verschwand auf einer frei schwebenden Treppe ins erste Stockwerk. Marte hörte leises Gezänk, dann lautes Gestänker, dann etwas an die Wand knallen. Drei Minuten später tauchte am oberen Ende eine Frau im Morgenmantel mit ungekämmtem Haar auf. Ihr Gesichtsausdruck wechselte zwischen wütend rot, blass-vergrämt und schlimmen Kopfschmerzen. Die dunklen Ringe unter den Augen sprachen Bände. Da war jemand mächtig verkatert. Und schlecht gelaunt.

„Was wollen Sie? Wer zum Teufel sind Sie?", fauchte sie wie eine Wildkatze, kaum dass sie das Treppenende erreicht hatte.

„Wir sind die, die Ihnen jetzt gewaltig Ärger machen", zischte Marte.

„Ich kann mich noch gut an Sie erinnern: Ein wenig oberflächlich, aber immer nett. Frisch, lebendig. Was ist nur aus Ihnen geworden?", fragte Marie-Louise, die sichtlich erschüttert wirkte.

Jutta kniff die Augen konzentriert zusammen und fokussierte sie auf Marie-Louises Gesicht. „Das kann doch nicht wahr sein! Sind Sie das wirklich? Diese verbissene Staatsanwältin von damals?" Sie lachte auf, nicht erheitert, wie Marte annahm. „Was erlauben Sie sich, hierherzukommen?"

„Und was fällt Ihnen ein, uns zu bedrohen und angreifen zu lassen?"

Jutta zuckte zurück. „Was reden Sie da? Lassen Sie uns einfach in Ruhe. Auch meine Schwester. Vor allem meine Schwester. Sie sind schuld, dass sie versucht hat, sich umzubringen, und abgehauen ist. Alles Ihre Schuld!"

Marie-Louise nickte. „Ich suche mit legalen Mitteln nach der Wahrheit. Wie nennen Sie das, was Sie Roland und unserem Hund angetan haben? Ich habe mir nichts vorzuwerfen.“

„Ha! Nichts vorzuwerfen. Ich lach mich tot. Hätten Sie mal damals Ihren Job gemacht. Aber was schwafeln Sie da von Roland? Und welchem Hund?“

„Das wissen Sie ganz genau, oder wollen Sie behaupten, Ihr Mann habe das alles ohne Ihr Wissen getan? Ganz sicher nicht. Das glaubt Ihnen niemand.“

Erst fixierte Jutta noch Marte, dann drehte sie sich zu ihrem Mann um. Der sichtlich litt. Fast hätte man glauben können, er müsse dringend zur Toilette, so sehr schrie seine Körperhaltung und Mimik nach Flucht. Doch er stand wie versteinert. Wer hier die Hosen anhatte, war Marte klar. Und wer sie voll hatte, ebenso.

„Was bedeutet das alles, Gerd?“

Der zuckte die Schultern.

Jutta trat näher auf ihn zu. Der versuchte einen Schritt zurückzuweichen, stieß aber gegen den Kamin.

„Du sagst mir jetzt auf der Stelle, was hier los ist!“

Erst drrucksste der Mann noch rum, dann brach aus ihm heraus: „Ich habe das alles nur für dich getan. Du wolltest doch, dass ich mich um die *Judges find Justice* kümmere.“

„Was getan?“ Juttas Stimme war ganz leise geworden.

„Na, die zwei Typen zu den Frauen da geschickt. Sie sollten Ihnen Angst machen, damit sie mit den verdammten Ermittlungen aufhören. Damit endlich wieder Ruhe bei uns einkehrt.“

„Das ist jetzt nicht wahr, oder?“

„Es tut mir leid. Aber du hast doch andauernd getobt, weil die alles wieder aufwühlen. Weil du Angst hattest, dass dein Name wieder in der Presse erscheint.“

„Mein Name? Da hattest du wohl eher Angst um deinen, so kurz vor der Wahl!“

Gerd Mankow schluckte.

„Stimmt das, was die beiden sagen? Hast du etwa was mit dem Tod von Roland zu tun?“

„Nein, natürlich nicht. Spinnst du?“

„Womit hast du dann was zu tun?“

„Nur mit dem Zertrümmern der Scheiben gestern Abend. Mehr sollten die beiden nicht machen.“

„Aber Roland ist tot“, mischte sich Marte ein. „Ermordet. Und unser Hund wurde fast erschlagen. Mit dem demolierten Oldtimer fange ich gar nicht erst an. Den zahlen Sie auch!“

„Damit habe ich nichts zu tun. Ich schwöre, das war ich nicht.“

„Wer dann?“, kam wie aus einem Munde von Jutta und Marte.

„Herbert. Herbert Küppers, dein Schwager“, fügte er in Richtung Jutta hinzu.

„Wieso das? Warum macht der so was?“, kam Jutta diesmal Marte zuvor.

„Jetzt tu nicht so. Herbert hat mir alles erzählt. Wie ihr damals die toten Mädchen gefunden und sie aus Angst vor Konsequenzen beseitigt habt. Einfach auf einem Parkplatz abgeladen. Schäbig, nenn ich das. Schämen solltest du dich“, fügte er mutiger an. Jutta wirkte unbeeindruckt. „Herbert hat mir klargemacht, was mit meiner Wiederwahl passiert, wenn das rauskommt.“

„Und da hast du irgendwelche Schläger zu denen da“, ihr Kopf wies in Richtung der Schwestern, „geschickt? Du bist ja noch blöder, als ich dachte. Mir ist es scheißegal, was mit deiner Wiederwahl geschieht. Sieh zu, wie du da wieder rauskommst!“ Stampfend marschierte sie die Treppe hoch. „Blöder Idiot“, verkündetet sie vom oberen Ende.

„Soll das heißen, dass Ihr Schwager Sie unter Druck gesetzt hat?“

Betreten auf den Boden blickend nickte Mankow.

„Können Sie schwören, dass Sie mit dem Rest nichts zu tun haben?“

Mankow schaute auf, direkt in Martes Augen. „Ja, das kann ich schwören. Hören Sie, ich bringe das wieder in Ordnung. Meinetwegen auch das mit dem Oldtimer, wenn Sie das nur nicht alles publik machen. Bitte glauben Sie mir, dass ich keine Ahnung von dem Rest hatte.“

„Und was hat Heidrun damit zu tun?“

„Ebenfalls keine Ahnung. Jutta hat ihr versprochen, dass sie nach der Haftentlassung bei uns leben kann und ich ihr einen Job besorge. Im Gegenzug solle sie darauf verzichten, wieder alles durch ein neues Verfahren aufzuwirbeln.“

Die Schwestern hatten ihm geglaubt. Und das Versprechen abgenommen, niemandem von ihrem Besuch und ihrem neu gewonnenen Wissen zu erzählen. Und auch seine Frau zum Schweigen zu verpflichten. Marte zweifelte zwar daran, dass er sich gegen Jutta durchsetzen konnte, doch sie hatten ihm die Konsequenzen klargemacht, wenn Jutta ihren Verwandten in Swalsen von dem Besuch berichten würde.

„Wir hatten also recht. Aber was bedeutet das für Heidrun?", fragte Marie-Louise, als sie wieder zu Hause angekommen waren.

„Kannst du dir vorstellen, dass Heidrun gemeinsame Sache mit Herbert macht? Dass der sie rausgeholt hat, damit sie abtauchen kann?"

„Nein, ich bleibe bei meiner Vermutung, dass Herbert die beiden, also Roland und Heidrun, gegeneinander ausgespielt hat. Jeder hat vom anderen angenommen, er habe die Kinder in jener Nacht getötet, wobei Roland zeitlebens gegen die Ungewissheit angekämpft hat, es während eines Blackouts selbst gewesen sein zu können. Und Herbert war der angebliche Retter in der Not, der den Verdacht von beiden abgelenkt hat, indem er durch das Wegschaffen der toten Kinder alles wie eine Entführung hat aussehen lassen."

„Wenigstens wissen wir jetzt, wie wir Heidrun finden können. Wir müssen Herbert überwachen."

Marte lachte trocken auf. „Mal wieder so eine todsichere Idee, wie wir uns Ärger einhandeln können. Erstens wird der uns sofort erkennen, schließlich haben wir uns ihm mit Sicherheit bei unserem Besuch im Mulders-Haus eingeprägt. Und zweitens habe zumindest ich nie einen Kurs in unauffälliger Überwachung Verdächtiger belegt. Wir fallen spätestens nach fünf Minuten auf und vermasseln damit alles, weil Herbert dann gewarnt ist."

„Mag sein, aber ich kenn da jemanden, der das gelernt hat. Ist zwar schon ein paar Jährchen her, aber so was verlernt man nicht."

„Wen meinst du?“
„KOK a. D. Reinhardt!“

„Sie schon wieder?“, lautete die Antwort, als Marte
sich gemeldet hatte.
„Ja, ich.“
„Und was wollen Sie diesmal? Mich weiter nerven?“
„Ja. Oder aus Ihrer Langeweile retten. Waren es nicht
Sie, der die Wahrheit im Mordfall Bosman herausfin-
den wollte? Wir bieten Ihnen die einmalige Chance, das
zu tun.“
Das folgende Schweigen dauerte mindestens zwei Mi-
nuten.
„Was genau soll ich tun?“

Kapitel 52

2010

„Ich bin ihm über die niederländische Grenze nach Herkenbosch gefolgt. Ich hab mir gleich gedacht, dass es jetzt spannend wird, denn es war schon nach halb elf nachts, als er losfuhr. Er hat nicht geahnt, dass ich ihm folge, ist direkt zu dem Ferienhaus nahe diesem Kasteel gefahren. Es liegt ziemlich abseits, mindestens zweihundert Meter vom nächsten Wohnhaus entfernt. Geblieben ist er bis nach Mitternacht, dann ist er wieder los. Ich hab mir gedacht, dass es einen Grund geben muss, warum er so spät abends dahin fährt, und bin hin zu dem Haus. Niemand hat auf mein Klopfen reagiert. Alles stockdunkel, die Tür abgeschlossen. War aber kein Problem für mich. Das lernt man bei der Kripo, also nur für besondere Fälle." Zufrieden grunzend holte Reinhardt am anderen Ende der Telefonleitung Luft.

„Sie lag auf dem Bett, völlig weggetreten. Ich hab sie nicht wach bekommen, auch nicht mit kaltem Wasser. Als sie anfing, komisch zu atmen, so mit langen Pausen, war mir klar, dass da was nicht stimmt, und ich hab die Ambulanz gerufen. Ich sitze hier vor der Intensivstation im Laurentius Krankenhaus in Roermond. Der Notarzt hat gesagt, dass sie vollgepumpt ist mit Barbituraten. Die sollte nicht mehr aufwachen. Ganz klar.

Meine Kollegen sind schon unterwegs, um Herbert Küppers festzunehmen."

„Herr Reinhardt?"

„Ja?"

„Gut gemacht!", stellte Marie-Louise anerkennend fest.

Reinhardt lachte kehlig. „Und das aus Ihrem Munde? Nanu!"

„Ehre, wem Ehre gebührt. Wir sind gleich bei Ihnen!"

Marie-Louise schaute Marte erleichtert an. „Rufen wir Strättges an."

Sie hatten zu viert die Nacht vor der Intensivstation verbracht. Zwei Stunden später waren zwei niederländische Streifenpolizisten aufgetaucht, die die halb tote Heidrun von einem weiteren Fluchtversuch abhalten sollten. Idiotisch, dachte Marie-Louise. Strättges als ihr Anwalt durfte zu ihr.

Kurze Zeit später kam er wieder heraus. „Marie-Louise, kommst du bitte? Heidrun will dich dabeihaben."

Heidrun lag wie eine wächserne Leiche in dem Krankenhausbett. Ihr Haar strähnig, die Augen geschlossen. Marie-Louise setzte sich auf einen der beiden Stühle, die Strättges neben das Bett gerückt hatte. Langsam öffneten sich Heidruns Augen.

„Wie fühlen Sie sich?", fragte Marie-Louise.

Heidrun schüttelte nur den Kopf.

„Fangen wir nochmals von vorn an", begann Strättges. „Sie haben mir eben gesagt, dass Sie Herbert freiwillig gefolgt sind, als er nach Ihrem Selbstmordversuch ins Krankenhaus kam. Was hat er gesagt? Warum sind Sie mitgegangen?"

„Er meinte, die Familie hätte das so beschlossen. Damit ich sie nicht doch noch verrate nach all den Jahren. Dass ich eine Gefahr für sie geworden wäre. Dass Jutta und Barbara Angst um ihre Zukunft hätten. Dass alles umsonst gewesen wäre, wenn ich jetzt einknicken würde. Dass Mutti das nicht überleben würde, wenn sie jetzt erfahren würde, was wir damals gemacht haben. Da konnte ich doch nicht anders!"

„Weil Sie was gemacht haben?", hakte Marie-Louise nach.

Kapitel 53

1987

Es war ein wunderbarer Tag gewesen. Wir waren zusammen mit den Kindern und Jutta samt deren neuen Freund baden gewesen. Leroy hatte den Kindern das Schwimmen beigebracht und ihnen gesagt, sie sollen ihn Daddy nennen. Dann hatte ich die Kinder heimgebracht, mich umgezogen, mit Roland gestritten, weil ich gleich wieder wegwollte, obwohl meine Mutter nicht auf die Kleinen aufpassen konnte, schließlich lag sie im Krankenhaus.

„Du wirst doch wohl mal auf deine eigenen Kinder aufpassen können", hatte ich ihn angefaucht. Er hatte zurückgeschlagen, auf meine rechte Wange. Daraufhin war ich grußlos gegangen. Nicht einmal von den Kindern hatte ich mich verabschiedet. Ich wusste damals noch nicht, dass ich das den Rest meines Lebens bereuen würde.

Wir hatten im BaCa getanzt, uns anschließend geliebt, mein Fuß war abgerutscht gegen die Frontscheibe unseres Opels, gottlob war sie heil geblieben. Ich hatte Leroy zur Kaserne gefahren und dann nach Hause. Es war Viertel nach drei, halb vier gewesen. So genau wusste ich das hinterher nicht mehr.

Im Esszimmer war die Deckenlampe an, die übrige Wohnung dunkel. Weil das ungewöhnlich war, ging ich ins Kinderzimmer, die Tür war nur angelehnt. Roland saß auf der Bettkante von Claudia, nach vorn gebeugt, heulend und durcheinander. Neben ihm auf dem Fußboden stand eine Flasche Bier, leer. Die Kinder lagen zugedeckt in ihren Betten. Mir schoss die Frage durch den Kopf, warum sie so still waren, obwohl Roland so einen Lärm veranstaltete mit seinem lauten Heulen. Ich fasste erst Susanne am Arm und schüttelte ihn. Sie wurde nicht wach. Der Arm schaukelte in meiner Hand, als hätte er keine Knochen. Da wusste ich Bescheid. Ich ging rüber zu Claudia, da war es dasselbe. Ich brüllte Roland an, was er getan hätte, doch der heulte nur weiter. Ich wusste nicht, was ich tun sollte, war fassungslos, hilflos. Dann rannte ich los und schrie das ganze Haus zusammen. Zuerst kam Herbert, Barbara blieb in der Wohnungstür stehen. Dann kam Jutta angerannt, Matthew dicht hinter ihr. Obwohl ich laut brüllte: „Meine Mädchen sind tot", verschlief Oma alles.

Ich zeigte nur auf das Kinderzimmer, alle drei rannten rein. Jutta schrie, Matthew kam würgend raus, und Herbert zerrte Roland aus dem Zimmer. Ich taumelte wieder zu meinen Mädchen, meinen Babys.

„Was ist passiert?", fragte Jutta.

Ich zuckte nur die Schultern. Ich wusste es nicht. Doch dass ich daran, was geschehen war, schuld war, war mir klar.

„Hast du versucht, sie wiederzubeleben?"

Ich konnte Jutta nur anstarren und den Kopf schütteln.

Jutta zerrte die Decke von Carola und versuchte sie zu beatmen. Doch das brachte nichts. „Ruft den Notarzt", brüllte sie irgendwann. Doch da kam Herbert zurück. Er hatte Roland in unser Schlafzimmer gebracht.

Nun beugte er sich über Susanne, fasste an ihren Hals und schüttelte den Kopf.

Inzwischen stand auch Barbara im Kinderzimmer. „Du bist schuld", brüllte sie. „Du mit deinem Schwarzen hast uns ins Unglück gestürzt. Wir werden nur noch die Familie dieser Mörderschlampe sein. Wie konntest du nur? Du hast Roland dazu getrieben. Ich hab dich immer gewarnt. Und jetzt zahlen wir alle den Preis. Wir werden nur noch die Kindermörder-Familie sein. Hast du mal einen Moment an unsere Kinder gedacht, wenn du deine schon opferst, nur, um es mit diesem Ami treiben zu können?"

„Aber es war doch Roland, nicht Heidrun!", versuchte Jutta, mich zu verteidigen.

„Na und? Du verteidigst sie natürlich. Du hast sie ja erst zur Schlampe gemacht, blöde Kuh!"

„Lasst gut sein. So kommen wir nicht weiter. Also sollten wir überlegen, wie wir aus dieser Scheißsituation heil rauskommen. Wir sollten es so aussehen lassen, als wären die Kinder entführt worden. Am besten morgen vom Spielplatz. Da könnte sie jeder mitgenommen haben", mischte sich Herbert ein.

Ich hielt es nicht mehr aus, wankte ins Schlafzimmer und ließ mich aufs Bett sinken. Wie durch eine Wolke hörte ich, wie Türen auf- und zuschlugen, ein Wagen startete, zurückkam, erneut Türen schlugen.

Dann schlief ich ein, rettete mich ins Vergessen.

Am nächsten Morgen stand ich wie gewohnt auf, öffnete die Vorhänge, setzte Kaffee auf und ging ins Kinderzimmer, um die Mädchen zu wecken.

Es traf mich wie ein Felsbrocken, ein Tsunami, ein Schlag auf den Kopf: Die Kinder waren weg. Tatsächlich weg. Tot. Es war nicht nur ein Albtraum gewesen. Ich bekam kaum

Luft, japste, hechelte, nichts half. Mir wurde schwarz vor Augen.

Als ich aus meiner Ohnmacht erwachte, lag ich auf dem Boden zwischen den Kinderbetten. Ich wollte das nicht wahrhaben, schob alles weg, jeden Gedanken, dass meine Kinder wirklich tot sind, und ging in die Küche. Mutti hatte mich gebeten, für sie eine Neckermann-Überweisung zu machen und sie zur Bank zu bringen. Also zog ich mich an, mechanisch, ging in ihre Wohnung, rief sie an, weil ich plötzlich nicht mehr wusste, wie man eine Überweisung ausfüllte, dabei hatte ich das schon dutzende Male gemacht. Entdeckte den Brief von Oma auf dem Küchentisch, den sollte ich sicher mitnehmen, und traf sie beim Rausgehen im Flur. Natürlich musste Oma mir die sechzig Pfennig unbedingt gleich mitgeben, als könne ich die nicht auslegen. So war sie eben. Rannte extra zu Barbara, um einen Fünfzigmarkschein zu wechseln, und brachte mir dann das Geld in die Wohnung, aus der ich meine Handtasche holen wollte. Verließ das Haus und sah unseren Wagen. Hatte ich ihn letzte Nacht anspringen gehört? Hatten sie damit unsere Mädchen weggebracht? Oder mit Juttas? Der stand daneben. Hatte ich nicht ihn gehört? Man brauchte manchmal zwei Anläufe, bis er ansprang.

Meine Mädchen, meine Kleinen. Wohin nur? Und dann wurde mir klar: Ich musste meine Kinder finden. Wenigstens ein einziges, letztes Mal wiedersehen. Waren sie wirklich tot?

Ich drehte auf dem Absatz um und rannte zurück ins Haus, zückte Juttas Wohnungsschlüssel und stürmte in deren Schlafzimmer. „Wo habt ihr sie hingebracht? Sag mir sofort, wo sie sind", brüllte ich die beiden an, die einfach so in ihrem Ehebett schliefen, als wäre nichts geschehen.

Jutta schreckte hoch, Matthew rieb sich die Augen.

„Los, sag mir, wo sie sind!"

„Beruhige dich. Du kannst da nicht hin. Wenn du entdeckt wirst, war alles umsonst."

„Das ist mir egal. Ich muss sie sehen, vielleicht leben sie noch. Vielleicht war das alles nur ein schrecklicher Irrtum. Vielleicht lagen sie nur im Koma, und nun wachen sie auf und wissen nicht, wo sie sind. Rufen nach ihrer Mutter, und ich bin nicht da, um sie zu trösten. Ihnen zu helfen. Wo sind sie?"

„Bleib ruhig. Sie sind nicht weit weg. Aber du kannst da nicht hin. Ist so schon alles schlimm genug."

Ich sank an das Fußende des Bettes und schluchzte auf. „Was soll ich denn jetzt machen? Wie soll ich denn weiterleben? Gebt mir meine Kinder wieder."

Ich heulte, schrie, wusste nicht mehr weiter. Jutta versuchte, mich zu beruhigen.

„Hör zu. Wir können die Mädchen nicht wieder lebendig machen. Wir können euch nur noch schützen. Mach dir doch klar, dass wir alle nicht mehr hier leben können, wenn das rauskommt. Und wir können nichts dafür, was passiert ist. Du hättest Roland nicht mit den Kindern allein lassen dürfen. Das weißt du auch. Das ist deine Schuld. Und nun reiß dich zusammen. Nun machst du ein paar Erledigungen, wie wir dir das eben schon eingebläut haben."

Mir eingebläut? Ich erinnerte mich nicht.

„Du fährst jetzt mit dem Wagen weg, und wenn du zurückkommst, tust du so, als ob die Kinder vom Spielplatz verschwunden wären. Komm dann einfach zu mir, und ich erledige alles, rufe die Polizei und so weiter. Du bist die entsetzte Mutter, die nur heulen kann. Musst gar nichts sagen,

nur, dass es war wie immer: Frühstück um halb zehn, dann hast du sie rausgeschickt. Ist doch ganz einfach."

Einen schönen Plan hatten sie sich zurechtgelegt. Aber es stimmte. Ich war an allem schuld. Ich hatte Roland so weit getrieben. Ich musste mitspielen, wenn ich wenigstens meine Familie vor Schaden bewahren wollte.

„Aber wenn meine Mädchen nicht gefunden werden? Sie können doch nicht irgendwo da draußen im Wald liegen bleiben, wo Tiere ... Nein. Oder habt ihr sie etwa im See ...?" Bei dem Gedanken, dass sie schutzlos im Wald lagen oder ihre kleinen Körper von Nutrias ... Ich hätte mich beinahe übergeben.

„Nein, glaub mir. Sie liegen nicht so, dass sie bald gefunden werden müssen."

„Bist du sicher? Versprichst du es?"

„Ja, wir haben sie an Parkplätzen abgelegt. Irgendwer wird dort anhalten und sie finden. Glaub mir. Wir halten alle zusammen. Wir tun das für dich."

Wie eine Aufziehpuppe funktionierte ich. Nachdem mir Jutta die Tränen abgewischt hatte, setzte ich mich in unseren Opel und fuhr nach Bracht zur Post. Eigentlich war sie schon geschlossen, es war fünf nach elf. Aber der Postbeamte hatte immer etwas länger geöffnet. Dann zur Bank und schließlich zum Supermarkt. Mir fehlte Schmand fürs Mittagessen. Ich nahm noch zwei Eis für meine Kleinen mit. Zu spät fiel mir ein, dass sie nie mehr Eis essen würden. Ich saß im Wagen und heulte wieder drauflos, konnte nicht aufhören. Halb blind fuhr ich zu dem Parkplatz an der Landstraße in Richtung Roermond. Die Kinder sind dort, hatte Jutta gesagt. Und dass sie leicht zu finden seien. Ich hielt an, stieg aus und schritt den Platz langsam ab. Mehrfach. Ich suchte auch den Waldrand ab. Doch ich konnte sie nicht entdecken. Hatte Jutta gelogen? Waren sie gar nicht hier?

Plötzlich hörte ich ein Motorrad. Verzweifelt sah ich mich um. Man durfte mich hier nicht entdecken. Auf keinen Fall. Mit einem Satz hechtete ich neben das Auto und machte mich ganz klein. Zu meinem Glück fuhr das Kraftrad vorbei und verschwand hinter der nächsten Kurve.

Mich verließ all mein Mut. So würde ich die Kinder niemals finden können. Ich setzte mich in den Wagen und verließ den Parkplatz. Wollte nur noch nach Hause, mich verkriechen. Jutta alles überlassen.

Der kürzeste Weg führte über den Limesweg, auch wenn man am Anfang nur ganz langsam fahren konnte. Den nahm ich. Doch plötzlich, nach nur hundert Metern, knackte die Frontscheibe und ein Spinnennetz überzog die ganze Scheibe. Ich erschrak. Wie konnte das passiert sein? Ich hatte keine Ahnung. Es war doch kein Stein dagegengeflogen. Siedend heiß fiel mir mein Ausrutscher von letzter Nacht ein. Mitten im Liebesspiel war ich abgerutscht und mit der Ferse gegen die Scheibe geknallt. Aber es war doch nichts zu sehen gewesen? Oder hatte ich den kleinen Sprung einfach nicht bemerkt?

Egal. Ich wollte nur noch nach Hause.

Kapitel 54

2010

„Schöne Geschichte. Da haben wir doch sehr nahe an der Wahrheit gelegen", stellte Marte fest, als sie zusammen mit Michael Strättges auf Marie-Louises Terrasse mit einem Kaffee, aber ohne Caesar, saßen.

„Wo habt ihr den denn her?", hatte Strättges gepoltert, nachdem er den Schock über die provisorisch reparierte Terrassentür und Küchenfensterscheibe und Caesar, der ihm offensichtlich am liebsten an die Kehle gegangen wäre, verwunden hatte.

„Lange Geschichte", antwortete Marie-Louise genervt. Wie sollten sie dem Hund nur seinen Hass auf Männer abgewöhnen, bevor der Amtstierarzt am nächsten Tag kam?

Doch sie hatten akutere Probleme.

„Reicht das für ein Wiederaufnahmeverfahren?"

„Tja, wir müssen abwarten, was Herbert aussagt."

„Der verweigert die Aussage", erklärte Strättges.

„An was denkst du?", fragte Marte.

Marie-Louise holte tief Luft. Das wusste sie selbst nicht. Nur dass sich ein Ziehen in ihrem Hirn, in der hinteren Hälfte, wie sie zu spüren meinte, eingestellt hatte, als Heidrun ihre Geschichte erzählte. Als sie die

Frau im Krankenhausbett liegen gesehen hatte, vergiftet von ihrem Schwager mit dem Ziel, es wie einen endlich gelungenen Selbstmordversuch aussehen zu lassen.

„Und was, wenn es gar nicht Roland war? Wenn er selbst die Kinder nur tot auffand und zu benebelt war, um weiterzudenken?"

„Wer sollte es denn dann gewesen sein?", fragte Strättges.

„Die Antwort liegt doch auf der Hand. Nur das Motiv ist mir noch nicht klar!", konstatierte Marie-Louise.

„Dass Herbert Küppers einen Mord und einen versuchten auf sich genommen hat, um eine nicht strafbare Beseitigung von Leichen vor über zwanzig Jahren zu vertuschen, ist nicht nachzuvollziehen, wenn er damit nicht noch viel schlimmere Taten vertuschen wollte. Und da fällt mir Mord ein. Mord an zwei kleinen Mädchen in ihren Betten. Und bekanntermaßen verjährt Mord nicht!"

„Verdammt, also doch ein Dritttäter. Alles andere macht wirklich keinen Sinn." Strättges wirkte niedergeschlagen, so niedergeschlagen, wie jemand, der immer recht hatte und trotzdem falschlag.

„Wie überführen wir Herbert Küppers?"

„Keine Ahnung", gab Marte zu. „Ich war Zivilrichterin. Ich habe in meinen Fällen nicht von Amts wegen ermittelt. Bei mir mussten die Kläger darlegen und beweisen, dass ihnen zusteht, was sie eingeklagt hatten. Und fertig. Also müsst Ihr Strafrechtler jetzt mal eure zwei einschlägig geschulten Gehirnzellen anwerfen." Sie blickte aufmunternd von Marie-Louise zu Strättges und grinste.

„Und ich hatte einen Moment angenommen, ich könnte sogar dich mögen lernen", frotzelte Strättges.

Marte grinste.

„So allmählich gibt mir euer fröhliches Geplänkel zu denken. Könntet Ihr euch bitte wieder mit Pfeil und Bogen angehen?", mühte sich Marie-Louise um Strenge. „Also, was tun wir?"

„Myladys, wir knacken das alte Alibi von Herbert Küppers", gab Strättges vor. „Der will ja in der Nacht, in der die Kinder getötet worden sind, neben seiner Frau geschlafen haben und morgens zur Frühschicht gegangen sein. Gehört haben will er in der Nacht nichts, auch nicht das Geschrei von Claudia, das aber eine Etage darüber Jutta und Matthew weckte."

„Und wie stellen wir das an?", fragte Marie-Louise. „Seine Frau wird ihn doch kaum in die Pfanne hauen. Und nur sie könnte, sofern sie nicht durchgeschlafen hat, mitbekommen haben, ob ihr Herbert zwischendurch aufgestanden ist."

„Käme auf einen Versuch an. Irgendwo hat jeder Mensch eine Grenze, die er nicht überschreitet, schon gar nicht für einen anderen, selbst wenn er ein Angehöriger ist. Den Punkt müssen wir finden."

Über Reinhardts Vermittlung hatte die Kripo Barbara Küppers einbestellt. Ebenfalls Reinhardt war es zu verdanken, dass die Schwester Heidruns nicht nur dem Leiter der Soko, KHK Böhmer, sondern auch Strättges und Marie-Louise im Vernehmungsraum gegenübersaß. Reinhardt und Marte standen auf der anderen Seite der Glasscheibe, die im Vernehmungszimmer als

Spiegel getarnt war. Noch mehr „Zivilisten“, wie Böhmer meinte, hatte er nicht zugelassen.

„Können Sie sich erklären, warum Ihr Mann versucht hat, Ihre Schwester zu ermorden?“, fragte Marie-Louise sofort nach den Formalien. Mehr Geduld hatte sie nicht.

„Natürlich nicht“, giftete Barbara.

„Wir sind uns aber einig, dass er einen Grund haben muss“, setzte Strättges nach. „Und mal ganz ehrlich: Sie wollen uns doch nicht erzählen, dass er ein Verbrechen begeht, um mögliche Vergehen zu vertuschen, die inzwischen längst verjährt sind? Heißt übersetzt: Da kräht heute kein Hahn mehr nach, dass Ihr Mann und Matthew Stevens die Leichen von Claudia und Susanne weggeschafft haben.“

Heidrun Mulders Schwester rutschte auf ihrem Stuhl hin und her. Sie schwieg.

„Also warum?“

„Woher hätten wir das mit dieser Verjährung denn wissen sollen?“

„Wollen Sie uns verarschen? Erstens kann man sich beim Anwalt seines Vertrauens schlaumachen. Und zweitens kaschiert man doch nicht ein Vergehen mit einem Verbrechen, dessen Strafandrohung lebenslang ist“, parierte Strättgens die Ausflucht scharf.

„Heißt übersetzt: Wenn man jemanden den Arm gebrochen hat, ist es wohl übertrieben, die Körperverletzung durch Totschlag vertuschen zu wollen“, ergänzte Marie-Louise in ruhigem Tonfall.

„Ich bin kein verdammter Jurist. Wir hatten einfach Angst davor, dass rauskommt, dass die Familie all die Jahre Bescheid wusste, ja sogar mitgemacht hat bei der

Beseitigung der Leichen. Es wäre wieder alles durch die Presse gegangen. Juttas Mann zum Beispiel, der ist Politiker, die nächste Wahl steht an. Wissen Sie, dass ihn das sein Landtagsmandat kosten könnte?"

„Oh, wie schlimm", kommentierte Marie-Louise. „Da hätte er doch echt ein Problem! Und was ist mit Roland? Der ist jetzt echt tot. Wegen eines Landtagsmandates? Kann das sein, dass Ihre Familie so ein bisschen ein Unterscheidungsproblem hat? Nicht nur, dass Sie richtig und falsch nicht auseinanderhalten können, sondern auch eine Mücke von einem Elefanten nicht unterscheiden können. Und was ist mit Ihrer Schwester? Über zwanzig Jahre Knast. Und dann hat Ihr Mann sie aus dem Krankenhaus nach einem Selbstmordversuch entführt und fast umgebracht. Alles wegen eines Landtagsmandates? Ich glaube Ihnen das nicht. Und ich glaube, dass Sie mehr wissen. Viel mehr. Raus mit der Sprache!"

Barbara schwieg.

„Ist Ihnen klar, dass wir Ihnen eine goldene Brücke bauen?", mischte sich Strättges ein. „Wenn wir in einem neuen Fasergutachten und mithilfe neuer DNA-Analysen beweisen, dass Ihr Mann Roland und auch die Mädchen umgebracht hat, dann brauchen wir Ihre Hilfe nicht mehr. Dann gibt es aber auch keinen Rabatt mehr für Sie."

„Wieso Rabatt? Ich hab doch gar nichts getan!"

„Oh doch. Sie haben mit Ihrer Aussage Beihilfe eingeräumt. Sogar das Motiv haben Sie uns eben frei Haus geliefert. Sie fürchteten sich vor der Öffentlichkeit und dem Verlust von Status und Ansehen. Deswegen mussten Roland und Heidrun sogar jetzt nach zwanzig Jahren noch weg."

Barbara Küppers schwieg mit verkniffenem Gesicht.

Strättges schlug mit der Faust auf den Tisch, sprang auf und beugte sich zu ihr runter: „Decken Sie das Monster an Ihrer Seite, weil Sie ihm dankbar sind, dass er sich nicht an Ihrer eigenen Tochter vergriffen hat? Und Ihr Kind jetzt das Leben führen darf, das Susanne und Claudia von Ihrem Mann vorenthalten worden ist? Was unterscheidet Sie dann noch von diesem Monster?" Strättges lief zur Höchstform auf. So kannte man ihn aus den Gerichtssälen mit seinen brillanten Plädoyers.

Barbara Küppers sackte in sich zusammen und verlor jede Körperspannung. Er hatte sie geknackt, dachte Marie-Louise mit leiser Bewunderung. Das musste die rote Linie gewesen sein, von der Michael gesprochen hatte.

„Machen wir es uns doch einfach", übernahm sie mit sanfter Stimme. „Wie wäre es, wenn Sie uns einfach erzählen würden, was damals in der Nacht geschah? Tatsächlich passiert ist. Waren Sie dabei, als die toten Mädchen weggebracht wurden?"

„Natürlich nicht", empörte sich Barbara Küppers. „Ich habe sie nicht angerührt. Der Anblick war schon schlimm genug."

„Aber Herbert?"

„Ja, der hat geholfen, sie wegzubringen." Sie schluchzte auf. „Wir hätten da nicht wohnen bleiben können. Die Nachbarn, die Schule ... Wir wären Aussätzige gewesen." Sie stockte. Wahrscheinlich ging ihr gerade auf, was sie da sagte, dachte Marie-Louise.

„Dabei war es so schön, dass die ganze Familie im Haus wohnte. An allem war Jutta schuld. Die hat Heidrun den Floh ins Ohr gesetzt mit dem Tanzengehen. Und Mama hat nichts dazu gesagt. Sogar auf die Kinder hat sie all die Nächte aufgepasst. Ich habe gleich gefürchtet, dass das schiefgeht."

„Wieso?"

„Wieso? Na, ich bitte Sie. Das lässt sich doch kein Mann gefallen. Außer Matthew und Roland, diese Waschlappen. Mein Mann war ganz anders, dem wäre das nicht passiert." Wieder stockte Barbara Küppers. Marie-Louise sah die Erkenntnis in ihren Augen.

Trotzdem hakte sie nach. Das konnte man so nicht stehen lassen. „Was hätte Ihr Mann denn gemacht?"

„Da hätte es was gesetzt", kam mit gesenktem Blick und leiser Stimme. „Nicht, dass mir so was in den Sinn gekommen wäre. Aber mein Mann ist noch ein richtiger Mann!", fügte sie trotzig an.

„Ein richtiger Mörder, meinen Sie?"

Barbara wirkte wie ein angeschossenes Tier.

„Kommen wir zurück zu dem Abend. Ich kann mich erinnern, dass Herbert, Ihr Mann, damals ausgesagt hat, an jenem Abend ums Haus geschlichen zu sein, um bei Roland ins Fenster zu schauen. Können Sie sich erinnern?"

„Nein, davon weiß ich nichts. Was soll er gemacht haben?"

„Er ist nach acht ums Haus geschlichen und hat ins Wohnzimmerfenster der Bosmans geschaut. Angeblich, um zu sehen, wie Roland mit den Mädchen umgeht.“

„Das hat er gesagt?

„Er hat es damals jedenfalls so zu Protokoll gegeben.“

„Aber ...“

Marie-Louise schwieg, das konnte in solchen Situationen Zungen lösen. Den anderen gab sie Zeichen, es ihr nachzutun.

Eine Minute verging, eine weitere, nach drei Minuten schaute Barbara Küppers wieder auf. Sie hatte Tränen in den Augen.

„Ich versteh das alles nicht. Warum hat er das getan? Jetzt ist alles kaputt.“ Tränen liefen ihr die Wangen in Sturzbächen herunter.

„Bitte sagen Sie uns, was genau passiert ist.“

Barbara Küppers schniefte. „Ich hab doch nichts gesehen.“

„Denken Sie nach! An was erinnern Sie sich?“

„Ich weiß nur noch ...“ Barbara unterbrach sich und schaute auf.

„Ja? Ist Ihnen etwas eingefallen?“

„Das ist nicht so wichtig.“

„Alles ist wichtig. Sie wollen doch auch wissen, was passiert ist.“

Barbara nickte. „Mein Mann war noch mal draußen. Sicher wollte er sich nur überzeugen, dass alles okay ist. Wie um acht, als er durchs Fenster von Heidruns Wohnung schaute.“

„Wann war das?“

„Ich weiß nicht mehr. Ich hatte schon geschlafen. Wenn ich nicht auf Toilette gemusst hätte, hätte ich gar nicht bemerkt, dass er nicht da war."

„War das vor Heidruns Geschrei? Haben Sie eigentlich mitbekommen, dass Claudia laut geweint hat und Jutta zusammen mit Matthew zu ihr in die Wohnung gegangen ist?"

„Ja, ich habe das Weinen gehört. Aber Roland war schließlich zu Hause. Warum hätte ich mich kümmern sollen?"

Weil deine kleine Nichte nebenan mindestens eine Viertelstunde lang geweint und geschrien hat, dachte Marie-Louise, verkniff sich das aber.

„Hatten Sie einen Wohnungsschlüssel zur Wohnung Ihrer Schwester?"

„Das hatten wir doch alle von allen Wohnungen. Wir sind schließlich eine Familie!"

„Und war Herbert weg, bevor oder nachdem Claudia so laut geweint hat?"

„Das weiß ich nicht mehr genau."

„Und ungenau?"

„War es etwa zu der Zeit. Ich dachte noch, er wäre rübergegangen. Ich bin von dem Geheule wach geworden. Da war er nicht im Bett. Aber Jutta war ja drüben, ich habe sie die Treppe runterpoltern hören. Also warum sollte er dort gewesen sein."

„Und wann kam er zurück?"

„Das weiß ich nicht mehr. Aber als Heidrun losschrie, lag er neben mir. Das weiß ich genau."

„Kommen wir zu was anderem. Mochte Ihr Mann die beiden Mädchen?"

„Natürlich. Er hat immer mit Ihnen gespielt und ihnen auch Sachen geschenkt, wenn er unseren Kindern was geschenkt hat. Das hat mich ganz schön geärgert. So dicke hatten wir es ja auch nicht."

„Na ja, so kleine Mädchen sind schon niedlich und leichter zu bändigen als Jungs. Ich weiß das aus Erfahrung. Mein Junge hat meinen Mann immer zur Weißglut gebracht. Wie oft hat er gesagt: Hätten wir nicht ein hübsches, kleines Mädchen haben können?"

„Ja, genau. Genau so ist es." Sie lachte erleichtert auf.

„Jedes kleine Mädchen hat sich mein Mann auf den Schoß geholt und mit ihr geschmust. Unser Sohn war richtig eifersüchtig. Na ja, Männer halt", log Marie-Louise munter weiter. Herold hatte keine kleinen Mädchen gemocht, sie waren ihm zu zickig.

„Genau wie mein Mann."

„Hatte Ihr Mann für eine Ihrer Nichten eine besondere Vorliebe?"

„Er hat Susanne sehr gemocht, sie sich auf den Schoß geholt und mit ihr geschmust."

Sie war kalkweiß im Gesicht, riss plötzlich beide Hände vor den Mund und übergab sich.

Kapitel 55

2010

„Drei Stunden hat er durchgehalten. Dann hat er es zu-
gegeben", berichtete Strättges Marie-Louise und Marte.
„Er war schon immer scharf auf Susanne mit ihren roten Haaren gewesen. So erwachsen sei sie schon gewesen. Dieser Drecksack! Und dann sah er seine große
Chance gekommen, als seine Schwiegermutter im
Krankenhaus lag und Heidrun die Kinder mit Roland
zurückließ. Er wusste schon vorher, dass sich Roland
wieder volllaufen lassen würde. Am Abend hat er sich
dann vergewissert, dass Heidrun wirklich weggefah-
ren war. Deswegen ist er zum Fenster geschlichen. Aber
er hat gewartet, bis er sicher war, dass alle im Haus
schliefen. Auch Juttas Heimkehr hat er abgewartet, damit sie ihn nicht auf dem Flur erwischte. Gegen zwei
oder kurz danach hat er sich den Bosmanschen Wohnungsschlüssel geschnappt und ist rüber. Roland
schnarchte laut, also ist er zu den Mädchen, die beide
tief schliefen. Er wollte sie nur mal anfassen, hat er gesagt. Aber dann konnte er sich nicht lösen. Plötzlich hat
sie die Augen aufgeschlagen und ihn angesehen. Da hat
er Angst bekommen, dass sie gleich losplärrt. Er hat ihr
das Kissen aufs Gesicht gedrückt, bis sie nicht mehr

zuckte." Strättges verstummte. Marte war dankbar für die Pause, auch wenn sie ahnte, was nun kam.

„Claudia ist aufgewacht. Hat sofort losgeschrien wie am Spieß, hat sich wohl wegen dem schwarzen Mann im Zimmer erschreckt. Herbert war zu geschockt, um sofort zu reagieren. Er konnte sie nicht aufhalten, als sie zu ihrem Vater ans Bett gestürmt ist. Er hat sich nicht dahin getraut, hatte Angst, dass Roland aufwacht. Also ist er raus und zurück in seine Wohnung."

„Warum hat ihn Barbara nicht gesehen, als sie zur Toilette ging?", hakte Marte ein.

„Er sagt, dass er zunächst im Flur geblieben ist. Als Barbara aufstand, hat er sich in die Küche verdrückt. Sie sollte nicht sehen, dass er angezogen war. Zehn Minuten lang hat Claudia geschrien. Die ganze Zeit über dachte er, dass Roland doch aufstehen müsse. Doch nichts geschah. Dann hörte er Jutta mit Matthew die Treppe runterkommen. Da war er sicher, dass sie die tote Susanne finden. Durch den Türspion beobachtete er alles: wie Matthew an der Tür stehen blieb, wie Claudia nur japsen konnte vor Angst, wie Jutta mit dem Höschen ins Bad ging und wie sie wieder rauskam.

Nichts war passiert, niemand hatte gemerkt, dass Susanne tot war. Die Katastrophe war ausgeblieben. Zumindest vorläufig. Doch dann hat er Angst bekommen, dass Claudia ihrer Mutter alles erzählt. Sie konnte sich ja eigentlich schon gut ausdrücken, hat er gesagt. Es muss die Panik gewesen sein, die verhinderte, dass sie Jutta alles berichtete.

Die ist völlig ahnungslos wieder hoch. Er hat einen Moment abgewartet, ob es im Haus ruhig bleibt, dann ist er wieder rüber. Claudia war wieder eingeschlafen.

Er hat sie erwürgt. Schließlich ist er wieder in seine Wohnung zurück, hat sich ausgezogen und schlafen gelegt. Bis Heidrun losschrie.

Als seine Frau dann anfing, dass es eine Katastrophe für die Familie wäre, wenn das rauskäme, sah er seine Chance gekommen: Er schlug die Beseitigung der Leichen und das Vortäuschen einer Entführung vor. Damit wurden alle Beweise gegen ihn beseitigt. Das nenne ich ein fast perfektes Verbrechen", endete er. „Aber er hat nicht mit euch gerechnet!"

Strättges schwieg einen Moment. „Alles andere war seiner Angst geschuldet, dass alles rauskommt. Als publik wurde, dass ihr in dem Fall ermittelt, hat er zunächst versucht, euch Angst zu machen, indem er Marie-Louise anfuhr."

Marie-Louise schnappte nach Luft.

„Ja, du hast richtig gehört, er war das, der dich mit seinem Mercedes angefahren hat. Er ist dir zum Gefängnis und danach gefolgt und hat dann die Nerven verloren. Und wir haben uns über die Unfallflucht gewundert."

„Und er hat all diese Taten begangen, bloß weil wir eine Dritttäterschaft für möglich gehalten haben?"

„Ja, er sagte, dass in all den Jahren sowohl von den Ermittlern als auch von den Gerichten nur die eine Frage gestellt wurde: Sie oder er? Heidrun oder Roland. Als das wegen euch anders wurde, wurde er nervös. Bisher hatte Heidrun das Blaue vom Himmel heruntergelogen, sich dabei aber wegen ihres ach so schlechten Gewissens an die Versprechen ihrer Familie gegenüber gehalten. Deswegen wähnte er sich aus dem Schneider. Und dann kamt ihr. Dass nach der von Heidrun halb erdichteten Nachtversion überhaupt jemand auf die

Idee kam, es könne jemand anders als Roland neben Heidrun als Täter in Betracht kommen, hat bei ihm die Panik ausgelöst, ihr könntet schon mehr wissen. Er war sich auch nicht sicher, ob Heidrun standhalten würde, vor allem, wenn ihr jemand plausibel machte, dass sie sich geirrt hatte. Und zwar die ganze Zeit. Alle haben angenommen, es war Roland. Er selbst ja auch. Faselte ja immer was von Blackout.

Tja, und als ihr zu ihm gefahren seid und ihn befragt habt, hatte er Angst, der könnte sich vielleicht doch an mehr erinnern. Deswegen hat er Roland beseitigt. Er ist euch dahin gefolgt. Kaum wart ihr aus dem Haus, ist er rein. Eigentlich wollte er es wie einen Unfall aussehen lassen. Aber Roland hat ihn zu früh entdeckt und sich gewehrt.

Und Heidrun hat er aus dem Krankenhaus entführt, um sie unter Kontrolle zu haben. Ihr Selbstmordversuch war ja leider misslungen. Also für ihn leider. Ob und was sie ausplaudern könnte, schon gleich gar, wenn sie erführe, dass Roland es definitiv nicht war, sondern jemand sie beide reingelegt hatte, löste bei ihm Panik aus. Er nahm an, dass aus Heidruns Warte nur er der Dritte sein konnte, weil von ihm der Vorschlag stammte, es wie eine Entführung aussehen zu lassen. Also musste auch Heidrun weg. Und da kam ihm ihr Selbstmordversuch sehr gelegen. Den musste er nur noch erfolgreich zu Ende bringen.“

Marte, die ihrer Schwester am nächsten Morgen beim anstehenden Besuch des Amtstierarztes beistehen wollte, hatte den Frühstückstisch eingedeckt und das Radio eingeschaltet. Der Moderator der Sendung hatte soeben den Pressesprecher der Staatsanwaltschaft interviewt, der über die spektakuläre Wendung im Bosman-Fall Auskunft gegeben hatte. Ein zufriedenes Grinsen huschte über ihr Gesicht.

„Was lächelst du so?" Marie-Louise schlurfte im Pyjama herein, die Haare auf Sturm.

„Wenn das kein guter Einstieg ist!"

„Einstieg?"

„Tja, da gibt es offenbar tatsächlich ein paar Fälle auch in Deutschland, denen man nachgehen sollte. Was meinst du?"

Noch bevor Marie-Louise nicken konnte, schlug jemand heftig gegen die inzwischen reparierte Scheibe der Terrassentür. Die Schwestern schauten erschrocken auf. Caesar sprang wild kläffend und die Zähne fletschend gegen das Glas. Wie kam nur Terporten in den Garten von Marie-Louise? Den Knilch hatten beide völlig vergessen. Trug er ihnen nun nach, dass sie ihn nie wieder kontaktiert hatten? Am Ende hatte er auch nichts zur Aufklärung beigetragen. Roland Bosman war es nicht, der seine Töchter getötet hatte.

Marte hatte den Gedanken noch nicht zu Ende gedacht, da ertönte die Türklingel.

Das würde doch nicht schon der Veterinär sein?

Epilog

Ich näherte mich über den Hof dem Gefängnistor, begleitet von einer unwirsch wirkenden Vollzugsbeamtin. Ich kannte sie nicht, sie musste neu sein.

Die letzten Tage hatten sich unendlich gezogen. Unerträglich gedehnt. Wie Gummi. Jetzt war ich frei. Endlich. Ich blieb direkt vor dem Tor stehen, schaffte noch nicht den Schritt hinaus. Meine Begleiterin sah mich fragend an. „Haben Sie nicht genug Zeit hier drin verschwendet?"

Ich nickte, doch blieb ich weiter stehen. Was, wenn niemand mich erwartete? Oder schlimmer noch, der Pöbel von damals vor dem Tor stand und mich wieder beschimpfte? Würde ich das aushalten?

Ich schaute in den Himmel, der noch immer so blau war wie damals, als ich ohnmächtig und hilflos durch die Massen mich beschimpfender Menschen getaumelt war, mich demütigen lassen musste, beschützt werden musste vor ihren Schlägen, weil das Gericht mich für schuldig hielt. Weil alle mich für schuldig hielten.

Nun war ich frei. Nicht nur physisch. Wichtiger war die Freiheit von der Schuld. Der Schuld, durch Rücksichtslosigkeit und Egoismus den Tod meiner Kinder verschuldet zu haben. Weil ich weg war, als sie mich brauchten. Weil ich durch meine Abwesenheit den Mord an ihnen möglich gemacht hatte. Aber so war es gar nicht gewesen. Nicht durch meine Schuld. Nicht durch meine Schuld.

Ich hatte mir nicht vorstellen können, wie wichtig das für mich war. Welche Last ich all die Jahre mit mir herumgeschleppt hatte. Nun war ich sie los. Nicht weil ich einfach tanzen gegangen war, waren meine Kinder, meine Mädchen, gestorben, sondern weil meine Schwester den falschen Mann geheiratet hatte.

Ich trat durch das Tor, das sich wie von Geisterhand vor mir öffnete.

Ein wahres Blitzlichtgewitter ging los, Blumensträuße wurden mir entgegengehalten, und Jutta nahm mich in den Arm. Jutta, meine Schwester. Ich hatte es nicht zu hoffen gewagt, dass sie käme. Mein Anwalt umarmte mich, die beiden Schwestern, die mich gerettet hatten, schüttelten mir die Hände und ich hörte Hurra-Rufe.

Waren das die gleichen Leute, die vor so vielen Jahren gerufen hatten, man solle mich aufhängen?

Mich, die Kindsmörderin, die ich nie war.

Ende

Nachwort

Am 1. April 2021 erschien unser True Crime Krimi unter dem Titel Schwesterntod, den Sie gerade als Neuauflage gelesen haben. Er basiert auf dem Fall Monika Böttcher (geschiedene Weimar), die als Mörderin ihrer beiden Töchter Melanie (7) und Karola (5) zweimal verurteilt und einmal freigesprochen wurde.
Wir haben den Fall in unserem Krimi frei mit eigenen Figuren nachgestellt.
Bei der Suche nach der Wahrheit haben wir Teile der Originalakten durchforstet. Stets lautete die Frage der Ermittler, Richter und breiten Öffentlichkeit: Wer von den Eltern hat die eigenen Töchter umgebracht? Einen möglichen Dritttäter schlossen die Ermittler von vornherein aus, sodass auch die Staatsanwaltschaft und die Verteidigung nur der Frage „Sie oder Er?" folgten, ja folgen mussten.
Stimmte die Tagversion der Mutter, nach der sie ihre Töchter am Morgen des 4. August 1986 zum letzten Mal lebend gesehen habe oder die Nachtversion, in der sie die Kinder bei ihrer Heimkehr in der Nacht zuvor um drei Uhr morgens tot im Bett mit ihrem Ehemann am Bettrand sitzend vorfand? Es entspann sich ein Kampf um die Wahrheit, den Monika Böttcher verlor: Sie, die während der Ermittlungen zu oft gelogen hatte, die als verheiratete Frau ihren Ehemann offen mit einem US-

Soldaten als Geliebten betrog, die ihn damit in die Verzweiflung trieb, die angeblich ihre Kinder zugunsten der Liebschaft vernachlässigte, wurde zu lebenslänglicher Haft verurteilt und musste fünfzehn Jahre – mit Unterbrechung durch das freisprechende Urteil – auch absitzen.

Doch je tiefer wir in die Akte einstiegen, umso mehr drängte sich uns die Frage auf: Kann das sein? Denn wenn man genau hinschaute, hatte Monika Weimar kein Motiv. Ihr Liebhaber akzeptierte nach seiner eigenen Aussage die Kinder und war bereit, sie mitzunehmen in eine gemeinsame Zukunft in den USA (was er, wie sich erst im Gerichtsverfahren zeigte, nicht wirklich ernst meinte; Monika Böttcher wusste das aber zum Zeitpunkt der Morde nicht). Und Reinhard Weimar hatte nach unserer ermittelten Zeitschiene, die wir im gerade gelesenen Buch darstellten, keine Gelegenheit.

Und so kamen wir zur Drittäter-Theorie: Wenn es keiner von beiden war, muss es ein Dritter gewesen sein, der die Mädchen tötete!

Die Möglichkeit bestand theoretisch. Immerhin lebten neben der Mutter von Monika Weimar auch ihre beiden Schwestern samt Ehemännern im Haus.

Und so kamen wir nach dem uns zur Verfügung stehenden Aktenmaterial des Ausgangsfalles zu dem Schluss, dass es einer von ihnen gewesen sein könnte, wobei unser Konzentration auf den Schwägern lag, schließlich waren die Opfer zwei kleine Mädchen. Auch wenn kein Missbrauch bewiesen wurde, so zogen wir in Betracht, dass es bei dem Versuch dazu zur Tötung gekommen sein könnte.

Wir haben in unserem Krimi mit unseren eigenen Figuren eine Lösung gefunden, die einen Schwager als möglichen Täter darstellt. In unserem Fall der Ehemann der älteren Schwester unserer Protagonistin.

2022 dann der Knall: Bei Recherchen findet ein deutsches Reporterteam heraus, dass der ehemalige Schwager von Monika Weimar Raymond Elliot (Ehemann der jüngeren Schwester), der wenige Jahre nach den Morden in die USA zurückgekehrt war, dort rechtskräftig zu 16 Jahren Haft wegen des Missbrauchs zwei kleiner Mädchen verurteilt worden war. Die Taten fanden zeitgleich mit Monika Böttchers drittem Prozess statt!

Monika Böttchers Strafverteidiger Gerhard Strate ließ daraufhin die Bettwäsche der ermordeten Töchter, deren Aufbewahrung er über 35 Jahre durchgesetzt hatte, erneut untersuchen und es wurde mit neuen, feineren Untersuchungsmethoden männliche DNA fremden Ursprungs darauf entdeckt.

Das alles belegt zwar nicht Elliots Schuld im Mordfall Melanie und Karola Weimar, gebietet aber, die Ermittlungen nochmals aufzurollen und nun endlich die Möglichkeit einer Dritttäterschaft ernsthaft zu prüfen. Strate kündigte an, dass er im Namen seiner Mandantin ein neues Wiederaufnahmeverfahren anstrebt. Denn wie sie selbst entschied, sei sie das ihren Töchtern schuldig!

Wenn sich die Täterschaft Elliots bewahrheiten würde, lägen wir mit unserer fiktiven Auflösung zwar gewissermaßen „einen Schwager daneben", aber das stört uns nicht. Uns geht es um die Wahrheit und die Gerechtigkeit. Beide scheinen nicht Eingang in das Schlussurteil gefunden zu haben.

In diesem Sinne wünschen wir Herrn Kollegen Strate
viel Erfolg!

Danksagung

Wir danken Petra Cichos, deren Sachbuch „Mordakte Monika Weimar" (eine Zusammenstellung von Originalaussagen und -fotos aus den von ihr im Staatsarchiv Wiesbaden eingesehenen Ermittlungs- und Prozessakten) höchst informativ war.